现代化与公民理性构建

曲丽涛 著

中国社会科学出版社

图书在版编目(CIP)数据

现代化与公民理性构建 / 曲丽涛著. —北京：中国社会科学出版社，2018.5

ISBN 978-7-5203-2396-3

Ⅰ.①现… Ⅱ.①曲… Ⅲ.①公民教育-研究-中国 Ⅳ.①G648.3

中国版本图书馆 CIP 数据核字(2018)第 085173 号

出 版 人	赵剑英
责任编辑	梁剑琴
责任校对	王 龙
责任印制	李寡寡

出　　版	中国社会科学出版社
社　　址	北京鼓楼西大街甲 158 号
邮　　编	100720
网　　址	http://www.csspw.cn
发 行 部	010-84083685
门 市 部	010-84029450
经　　销	新华书店及其他书店

印刷装订	北京君升印刷有限公司
版　　次	2018 年 5 月第 1 版
印　　次	2018 年 5 月第 1 次印刷

开　　本	710×1000　1/16
印　　张	12.5
插　　页	2
字　　数	201 千字
定　　价	58.00 元

凡购买中国社会科学出版社图书，如有质量问题请与本社营销中心联系调换
电话：010-84083683
版权所有　侵权必究

序　言

　　现代化是近百年来中西方社会发展脉络和世界秩序变动的最深刻内涵，而精神层面的变革又是现代化过程中最重要的变革。公民理性作为现代社会中基本的精神蕴涵，其对于我国的现代化进程发挥着重要的功能，这种功能不仅仅局限于它对我国传统社会政治意识的超越，而且还体现在它对现代政治、经济和文化发展的精神揭示和观念引导上。在政治领域，公民理性既是民主政治确立和发展的思想先导，也是民主政治有效运行的心理基础，更是维护政治稳定的重要保障；在经济领域，公民理性既通过颂扬人的主体性而满足了市场经济对于市场主体独立性的要求，也通过契约精神的彰显而有助于市场经济中契约关系的确立，更通过对社会法治化的引导与推动而保证了市场经济的规范运行；而在文化领域，公民理性则是人的观念现代化的重要标志，它不仅使现代人更加崇尚自由、平等、民主、宽容等精神，而且还培养了现代人对于公共性价值深刻的体认与关怀。现代社会中公民理性的要义在于它的现代化思维，其侧重于公民在人格上的独立性与平等性，在权利义务上的对等性与统一性以及在公共政治参与中的理性和有序性。从这个意义上说，公民理性就是现代社会成员对于公民角色及其价值的自觉反映，其主要体现了公民对于自身在政治上和法律上的地位、自身的权利和义务以及公共政治参与的理性认知和价值观。公民理性以公民主体身份为前提和基础，公民主体身份表达了公民之间独立、自由和平等的社会关系，即公民在人格上是独立的，在身份上是平等的，而在权利和义务方面则是对等的。公民理性主要反映的是公民和国家的关系，它意味着公民与国家间存在彼此尊重又相互制约的权责体系。公民理性是以公民的公共政治参与为其基本表征，现代社会中公民角色的重要特征就在于每位公民都能理性地参与政治生活并影响政治过程。从结构内容上来说，公民理性主要包括公民的主体意识、权利意识、责任意识、理性参与意识。公民理性的核心是公民主体意识的觉醒，公民角色的意义就在于其对人主体性的颂扬，它要实现传统依附性人格的现代性转变，塑造公民的主体性人格，并培养公民的主体意识。权利意识是人的主体意识发展到一定阶段的必然产物，权利是对人的主体地位的现实性肯定，更是人的主体性价值的本质体现。而责任义务意识则是权利意识的内在规定，权利本身就包含责任的要素，任何一种行为既要遵循权利法则，同时也要遵循责任法则，从来就不存在不需要承担任何责任的主体权利。公民应该尊重他人的权利，应该具备社会责任感，应该对国家民族有强烈的自豪感和责任心。理性参与意识要求公民对待任何问题要具备理性的思维和能力，在参与的过程中要具有平和、开放、宽容的心态，拒绝非理性的冲动和盲目的行为，做成熟理性的现代公民。

公民理性是在漫长的历史发展过程中孕育出来的文化产物，也是特殊历史背景下政治、经济与社会之间互动作用的结果。从西方公民理性形成的历史轨迹来看，公民理性的发展有其必要的经济机制、社会机制和政治机制。从经济机制来说，市场经济引导了公民理性的最初发展。市场经济在发展的过程中以其巨大的渗透力实现了对传统自然经济的瓦解和超越，它要求社会成员摆脱根植于自然经济中的地缘界限、血缘伦理和等级依附，而以独立和平等的身份参与到市场交换体系中。市场主体间的自由和平等是市场经济的集中体现，更是市场经济在法权关系上的必然要求，这不仅构成了个体独立性的现实基础并使个人产生主体的意识，而且市场经济中法权关系意志形态化的结果就是权利意识和责任意识的凝结。同时作为一种普遍交换的体系，市场经济是以高度发达的社会分工为重要标志，社会分工的复杂化必然导致市场主体之间的依存关系越来越紧密，这也使个人摆脱了自然经济条件下那种寓于群体内的封闭式生存格局并逐步形成积极参与的意识。从社会机制来说，私人领域构成了公民理性发展的社会基础。作为一种社会交往的空间，私人领域是以个体独立性为核心，并以独立个体间的自主交往或结合为基础的社会关系，它与传统社会中带有依附性、等级性和同质性的个体结合形式有着本质的区别，可以说，正是私人领域的产生才真正实现了人类社会从"身份"到"契约"的革命性转变。私人领域是在市场经济发展的基础上逐步实现了与政治国家相分化的要求，并同时确立了与公共政治领域相对立的社会领域，其中包括家庭领域、社会中"需要的体系"以及文化领域。家庭生活作为私人领域的开始，它推动着个体公民理性的最初启蒙，社会中"需要的体系"作为私人领域的核心，它使公民理性获得了形式化的普及，文化领域作为私人领域的最高层次，它则实现了公民理性的实质性升华。从政治机制来说，现代民主政治是公民理性发展的制度保障。现代民主政治对于传统政治体系的颠覆是私人领域发展的结果，私人领域产生最大的政治意义就在于其真正实现了与政治公共领域的分化，并在两者互动与博弈的过程中推动着社会政治结构的分化和功能的专业化、政治权威的理性化与合法化、政治决策的科学化与民主化、政治运作的制度化与法治化以及政治参与的理性化与有序化。对于公民理性的发展来说，现代民主政治既为公民主体地位的确立提供着健全的制度保障，也通过民主制度的教育功能而塑造着良好的公民性格，更通过制度化的政治参与为公民理性的发展提供实践机会。

纵观我国社会发展的历史与现实，公民理性的发展也经历了一个长期的过程。在传统封建社会下，个体独立性明显先天不足，漫长的专制制度、悠久的小农经济以及严格的宗法族制塑造了古代社会民众根深蒂固的臣民思维，个人缺乏政治主体的内在自觉。在近代文化启蒙的过程中，由于先天缺乏现代性文化植根的土壤以及中西方政治文化内在价值系统的巨大差异，从西方引进的思想观念很难深入中国的文化价值体系中。当人们向西方寻求真理，接受有关平等、自由、权利、责任等观念时，主要是接受了这些观念的表层含义，而忽略了这些观念背后的内在价值准则和理论根源。而且在当时救亡压倒启蒙的历史背景下，个人的解放和主体内在的自觉也在救亡图存和振兴民族的浪潮冲击下受到了不同程度的消解而暗含局限性。之后从新中国成立、改革开放，一直到现在，随着我国经济、政治、文化各领域的大力改革，市场经济逐步发展起来，政治领域越来越民主化，文化领域也日益多元化，公民理性获得了长足的发展，大部分民众不仅能认识到自身的权利和责任，而且对待问题的理性判断能力也不断提高，并懂得通过有序的参与来反映和维护自身权益。然而，由于受到某些历史和现实因素的影响，有些公民的理性思维和能力还有待提升，尤其是针对一些社会问题和政治问题，这些民众还存在盲目的从众、情感的冲动、非理性思维以及不理智的行为，这不仅无益于问题的解决，而且还影响到社会的和谐与安定，并给他人、社会和国家造成许多不良的影响，这也意味着当前公民理性建构是非常重要而紧迫的。公民理性的发展是一个系统的工程，只有通过个人、社会和国家的共同努力才能完成。具体而言，公民理性的发展既需要公民个人的自发启蒙，也需要国家有针对性地培养与引导，更需要社会整体氛围的熏陶与感染。公民理性发展的模式既需要借鉴西方那种自发生成模式，同样也需要有计划的建构生成模式。私人领域可以为公民理性的发展提供坚实的社会根基，公民教育可以为公民理性的发展提供系统化的培养和训练，政治社会化可以为公民理性的普及与传播提供多样化的形式和渠道，有序的政治参与则可以为公民理性的发展提供必要的政治实践。可以说，公民理性的发展必将是多种力量、不同模式以及多元路径共同作用的结果。

曲丽涛

2018 年 1 月

目　录

导论 ……………………………………………………（1）
　第一节　问题的提出及研究的意义 ……………………（1）
　　一　问题的提出 ………………………………………（1）
　　二　研究的意义 ………………………………………（2）
　第二节　国内外研究 ……………………………………（4）
　　一　国外研究现状 ……………………………………（4）
　　二　国内研究现状 ……………………………………（7）
　第三节　研究的思路、方法与重点 ……………………（8）
　　一　研究的思路 ………………………………………（8）
　　二　研究的方法 ………………………………………（9）
　　三　研究的重点 ………………………………………（10）

第一章　公民理性概述 …………………………………（11）
　第一节　公民理性的历史发展 …………………………（11）
　　一　古希腊时期 ………………………………………（11）
　　二　古罗马时期 ………………………………………（14）
　　三　西欧中世纪时期 …………………………………（17）
　　四　近代时期 …………………………………………（18）
　　五　现代时期 …………………………………………（29）
　第二节　公民理性的内涵 ………………………………（31）
　　一　公民及相关概念 …………………………………（31）
　　二　公民理性的界定 …………………………………（35）
　第三节　公民理性的内容 ………………………………（38）
　　一　公民理性的结构界说 ……………………………（38）

二　公民理性的结构内容 …………………………………… (39)

第二章　公民理性发展的经济性机制 ……………………………… (48)
　第一节　从自然经济到市场经济：经济形态的演变 ………… (48)
　　一　传统自然经济形态 …………………………………… (49)
　　二　现代市场经济形态 …………………………………… (52)
　第二节　市场经济引导公民理性发展 ………………………… (55)
　　一　市场经济的主体性要求引发个人的主体意识 ……… (56)
　　二　权利意识是市场经济中法权关系的凝结 …………… (57)
　　三　市场经济中的契约式连接必然要求责任的约束 …… (59)
　　四　市场经济中的普遍交换体系引导个体参与意识 …… (60)

第三章　公民理性发展的社会性机制 ……………………………… (62)
　第一节　从传统共同体社会到现代私人领域：社会形态的
　　　　　变迁 ……………………………………………………… (62)
　　一　自然经济的确立与共同体社会的形成 ……………… (62)
　　二　市场经济的发展与私人领域产生的逻辑 …………… (66)
　　三　由共同体社会到私人领域：身份到契约的演进 …… (69)
　第二节　私人领域的演变 ……………………………………… (72)
　　一　黑格尔：相互需要的体系 …………………………… (73)
　　二　马克思：物质交往关系的总和 ……………………… (74)
　　三　葛兰西：文化意义和功能 …………………………… (75)
　　四　哈贝马斯：经济系统和文化系统 …………………… (76)
　第三节　私人领域的三个层级与公民理性的发展 …………… (78)
　　一　家庭领域的最初启蒙 ………………………………… (79)
　　二　市场经济的形式化普及 ……………………………… (81)
　　三　文化领域的实质性升华 ……………………………… (83)

第四章　公民理性发展的政治性机制 ……………………………… (87)
　第一节　共同体催生下的传统政治 …………………………… (87)
　　一　国家统合体制 ………………………………………… (87)
　　二　宗法伦理文化 ………………………………………… (88)
　　三　个人依赖国家 ………………………………………… (88)

第二节　私人领域孕育下的现代民主政治 (89)
　　一　政治结构分化和功能专业化 (90)
　　二　政治权威的理性化和合法化 (91)
　　三　政治决策的科学化和民主化 (91)
　　四　政治过程的制度化和法治化 (92)
　　五　公民参与的普遍化和有序化 (93)
第三节　民主制度对公民理性发展所发挥的三重功能 (94)
　　一　提供必要的制度保障 (95)
　　二　提供文化教育的功能 (95)
　　三　提供政治实践的训练 (96)

第五章　我国公民理性的发展 (98)
第一节　公民理性发展的历程 (98)
　　一　传统社会公民理性的不足 (98)
　　二　近代社会公民理性的启蒙 (107)
　　三　新中国成立到改革公民理性的不断提升 (108)
第二节　公民理性发展的意义 (109)
　　一　公民理性与政治民主化 (112)
　　二　公民理性与经济市场化 (115)
　　三　公民理性与人的现代化 (117)

第六章　当代中国公民理性的构建 (119)
第一节　重视公民教育 (119)
　　一　公民理性的发展得益于公民教育的培养和塑造 (119)
　　二　公民教育与道德教育 (121)
　　三　公民教育理念的转变以及公民教育体系的建构 (122)
　　四　发达国家公民教育的启示 (124)
第二节　推进政治社会化 (129)
　　一　政治社会化是政治文化形塑自身的重要手段 (129)
　　二　政治社会化过程中公民理性发展的形式 (131)
　　三　政治社会化过程的阶段性与公民理性发展规律的内在契合 (133)

四　政治社会化为公民理性的发展提供多样化的渠道 …… (135)
　　五　政治社会化引导公民理性发展的总体性评价 ………… (136)
第三节　实现有序参与 …………………………………………… (137)
　　一　公共参与是公民践行公民角色的重要形式 …………… (140)
　　二　新中国成立后公民参与模式的转换 …………………… (142)
　　三　当前公民参与模式的分析 ……………………………… (143)
　　四　健全公民有序参与制度 ………………………………… (144)
第四节　完善社会公共领域 ……………………………………… (145)
　　一　社会公共领域发展的历史 ……………………………… (148)
　　二　社会公共领域的基本内涵 ……………………………… (152)
　　三　社会公共领域与国家关系的理论透视 ………………… (154)
　　四　我国社会公共领域的发展 ……………………………… (158)
　　五　社会公共领域与国家的关系 …………………………… (160)
　　六　推进社会公共领域发展的对策 ………………………… (168)

参考文献 ………………………………………………………… (173)
后记 ……………………………………………………………… (192)

导　　论

第一节　问题的提出及研究的意义

一　问题的提出

现代化进程是我国当前社会中最深刻、最复杂的变迁过程，这一过程通常始于物质层面的变革，进而引发制度和文化层面的变革，其中精神层面的变革是现代化过程中最深层次的变革。现代化进程本身是一个多维度的整体变迁过程，它不仅体现在经济发展形式、政治体制架构以及社会组织模式的现代化转型上，其更体现为人们文化心理的现代化变迁。现代化过程必然需要现代人来主宰，人的因素也就在现代化进程中起着决定性的作用，从这个角度上说，国家发达或落后的根源其实并不在于外在的器物和制度，而在于人们的文化心理结构。伴随着我国近代现代化的起步，在传统文化和现代文化的激烈冲突中对于国民性的反思早已开始，甚至到今天这一自我认识之路也还没有结束，我们仍然处于从传统人到现代人的转变过程中，新文化价值体系的架构和整合任务还没有真正完成。作为现代化建设的主体，人们的文化心理还徘徊在传统和现代的交织和融合中，传统文化依然在很大程度上主导着我们的价值观念和行为模式，文化变迁滞后而导致的现代文化缺位已经成为我国现代化进程中所需要面对的最大困难和挑战，寻找新文化价值体系的支撑点并实现传统文化的蜕变和更新是我国当前任务的重中之重，对于公民理性问题的研究正是基于这样的现实背景。

公民理性作为一种现代社会意识，它是现代社会中基本的精神，其对于传统臣民意识的否定和超越是我国当前政治文化变迁的重要内容。从根源上来说，公民理性最初是在西方漫长的历史发展过程中孕育出来的产物，它在西方有着丰富而深厚的文化资源。人类学家告诉我们，文化借取是任何一种文化丰富和完善自己的重要途径，公民理性注定需要融合西方政治文化的优质资源来建构。而同时任何一个民族都不可能彻底抛弃自己的文化传统来实现文化变迁，这就意味着我国公民理性的发育必须要建立在我国传统文化的基础上，并经历中西方政治文化融合的过程。当然，这个过程中传统政治文化将会面临一定的冲击，但这是不可避免的文化自然淘汰过程，只要我们能真正把握文化之间融合与变迁的特点和规律，我们就没有必要悲观和恐惧。正如胡适在其晚年的一篇文字《中华传统及其将来》中所说的那样，对这些文化方面的伤亡，我们不必难过，它们的废除或解体应该视为中国从它孤立的文明枷锁中得到解放，新文化成分的接受，正可以使旧文化内容丰饶，增加活力，我们永远不畏惧中国文明于大量废弃本身事物及大量接受外国事物后，会发生变体或趋于消灭的危险。我国公民理性的建构应该是在理性地借取并吸收西方政治文化的优质资源以及对我国传统政治文化进行反思基础上的"文化重整"。这种"文化重整"其实就是有选择地实现中西方文化特质的互补与融合，并反省和再造我国的政治文化传统。我们现在已经自愿不自愿地步入现代化的潮流之中，从器物到制度再到观念，现代化的范畴正在不断地扩大和加深。我们不能回避，而只能通过做好这项"文化重整"的系统工程来培育我国的公民理性，我们也有理由相信，经过不懈的努力最后定会成功。正如罗素在《中国之问题》一书中所说，我相信，假如中国人对于西方文明能够自由地吸收其优点，而扬弃其缺点的话，他们一定能从他们自己的传统中获得有生机的成长，一定能产生一种糅合中西文明之长的辉煌业绩。

二 研究的意义

（一）研究的理论意义

应该说当前学界对公民理性分散性的研究较多而系统性的研究较少，本书力图在学界研究的基础上做更进一步的系统化研究。针对当前公民理性概念模糊不清的问题，首先要厘清公民理性独特的内涵。公民理性的本质主要体现在它的政治要义上，其侧重于公民在人格上的独立性和平等性，在权利义务上的对等性和统一性以及在公共参与中的理性和有序性，它是公民对于自身在政治和法律上的地位、自身的权利和义务以及公共政治参与的感受、认知和评价。这就将公民理性的内涵定位在公民和国家之间的结构关系中，从而使我们对公民理性的分析和理解真正回归到其本身的政治要义中。而作为一种社会意识形态，公民理性有其生成和发育的规律，而学界对此研究略显薄弱。公民理性是在漫长的历史发展过程中孕育出来的一种社会意识，其生成和发育也是特殊历史背景下政治、经济与社会之间互动作用的结果。本书通过追溯公民理性形成的历史轨迹而考察了公民理性发育的经济机制、社会机制和政治机制，对于这一问题的分析将有助于弥补学界对于公民理性形成机制研究的不足。而对于我国公民理性发育问题的研究，则重点分析了当前制约我国公民理性发育的诸多原因，其中主要包括经济因素、政治因素、文化因素以及社会结构因素四个方面，多元视角下的分析将会使我们更加明晰我国公民理性发育过程中将要面临的困境和挑战。而只有对这些问题有了明确的认识以后，我们才能做出培育我国公民理性的理性选择。应当说，我国当前公民理性培育过程中还存在许多理念上的偏差，主要表现为重国家轻社会、重现代轻传统、重教育轻实践。公民理性的培育其实是一个系统的社会工程，它需要个人、社会、国家的共同努力才能实现。我们既需要提供公民理性成长的宏观环境，也需要研究公民政治心理的变迁规律；既要注重借鉴西方政治文化的优质资源，也要重视反思我国传统政治文化；既要强调公民教育的培养，也要重视公民政治参与实践中的体验以及政治社会过程中多种渠道的普及和传播。对于公民理性培育路径系统化的分析不仅给我国公民理性的培育提供必要的理论指导，而且还充实并深化了对公民理性问题的相关研究。

（二）研究的现实意义

对于公民理性发育问题的研究不仅是一种理论上的探讨，更是基于我国社会的现实情况。公民理性是现代社会成员对于公民身份及其价值的自觉反映，其内容主要包括公民的主体意识、权利意识、责任意识和理性参与意识。作为现代社会的精神，公民理性是对传统臣民意识的否定和超越，它不仅表征着现代化过程中文化变迁的重要内涵，而且还推动着其他领域的现代化进程。在经济现代化的过程中，公民理性完全适应了市场经济发展的要求。市场经济是主体性经济，它以经济主体的相互独立和自主选择为前提，而公民理性主要体现为公民主体意识，通过对公民独立人格的颂扬来确立公民的主体性，从而符合市场经济对于经济主体独立性的要求。而且市场经济作为一种建立在法治基础上的契约式经济，它是通过契约的形式来确立经济关系并配置资源，契约是建立在自觉自愿基础上的彼此之间权利和责任的强制性约束。而公民理性中对于权利意识和责任意识的强调本身就体现为一种契约的连接，这将有助于市场经济中契约关系的确立。在政治现代化的过程中，公民理性则构成了现代民主政治的内在结构，它是民主政治确立和运行的心理基础。作为民主政治的隐形内核，公民理性是民主制度的理念内化于公民的政治心理而形成的认知、情感和评价，它既在民主政治的建立过程中发挥了重要的观念启蒙作用，也以其本身所特有的稳定性特质而有效平衡政治体系内部的矛盾和冲突，更能通过对公民政治行为的规范和引导以及为政治体系提供必要的合法性和权威性支持而保证民主政治的稳定运行。在文化的现代化过程中，公民理性在人的观念现代化过程中发挥着重要的功能，现代社会要求个人必须具备独立、开放、理性、参与等意识，而公民理性作为一种现代社会意识，它高扬公民的主体性和独立性，强调基于权利和责任相对等的理性认知，更崇尚对于公共利益或价值的参与和维护，公民理性本身就是人的观念现代化的重要体现。

第二节　国内外研究

一　国外研究现状

公民理性在人类社会的横向坐标体系中属于文化的范畴，而在文化体系内部则主要属于政治文化的概念。最早对文化进行界定的学者是英国文化人类学家泰勒，他于1871年在其著作《原始文化》中首次阐述道，所谓文化或文明乃是包括知识、信仰、艺术、道德、法律、习惯以及其他人类作为社会成员而获得的种种能力、习性在内的一种复合整体。泰勒对于文化的描述性界定不仅开创了文化研究的新领域，而且也使文化成为一个复合性的整体概念。后来的学者就沿着泰勒所开创的这一方向继续对文化进行归纳和总结。当代美国人类学家克拉克洪在其著作《文化,关于概念和定义的检讨》中曾经罗列了文化的164种定义,这些定义从哲学、艺术、教育、心理、历史等不同视角去探讨文化的内涵。在他看来,文化存在于思想、情感和各种业已模式化的方式当中,通过各种符号可以获得并传播它,一种文化就是某个人类群体独特的生活方式或生存样式。他最后在其著作《文化与个人》中对文化做了如下定义:文化是历史上所创造的生存式样的系统,既包括显性式样也包含隐性式样;它具有为整个群体共享的倾向,或是在一定时期中为群体的特定部分所共享。克拉克洪对文化的分析指出了文化的显性和隐性内涵。另一位人类学家,英国的马林诺夫斯基则认为,社会生活有其地域性,在特定的交往形式中产生独特的规则和习惯,文化有其永久性、普遍性及独立性,它是人类活动的组织体系,也就是我们通常所说的社会制度,任何社会制度都是来自人类的某种需要,人类在共同合作的基础上永久地聚集并产生一套特有的规律和技术。在这里,马林诺夫斯基把社会制度看作构成文化的真正要素。以后的文化研究基本上就是建立在这些先前学者所开创的文化框架下,只是更加具体地归纳出三种文化观:广义文化观、中义文化观和狭义文化观。广义文化观认为人类社会历史实践过程中所创造的物质财富和精神财富都属于文化的范畴;中义文化观认为文化是指人类在长期的历史实践过程中所创造的精神财富的总和,即社会意识形态以及与之相适应的制度和组织机构;狭义文化观则仅仅把文化限定为社会意识形态或者说是社会观念形态。

政治文化是人们从政治学的角度来理解的文化内涵。按照政治文化研究的开创者阿尔蒙德的观点,政治文化就是指政治制度的内在价值依托。如果从历史的角度来看,不论是古希腊的柏拉图、亚里士多德还是近代的孟德斯鸠、卢梭等人都有过一些相关的论述。亚里士多德认为,同某些目的相符的性格原来为当初建立政体的动因,亦即为随后维护这个政体的实力,平民主义的性格创立了平民政体并拥护平民政体;寡头主义的性格创立了寡头政体并维护着寡头政体;政体随人民性格的高下而有异,必须性格较高而后可以缔造较高的政治制度。18世纪英国政治学家伯克认为,构成社会的关系整体最终依赖于组成整个整体的个人的习惯性反应。习惯要比那些规则或道德信条更可靠。美国政治思想家杰斐逊在论述美国民主制度时也曾指出制度上的设计仅能治标而不能解决民主政治的根本问题——民主素质，每一个政府都有人类弱点的痕迹，都有腐化的可能，只有公民素质的提高才能有效地行使自己的权利，从根本上防止政府的蜕化、变质，防止民主转化为暴政。19世纪法国的政治学家托克维尔在分析美国民主制度的优越性时也明确指出，地理位置、法制和民情这三大因素都对美国民主制度有所贡献，但是，若要按重要程度来说，则自然环境不如法制，而法制则不如民情。政治文化除了受早期政治思想家的理论影响之外，还受到各个社会学科学术研究的推动。弗洛伊德的精神分析学说（精神层次理论、人格结构理论、性本能理论、释梦理论、心理防御机制理论）深入探究了人类心理的变迁规律；本尼迪克特以整体文化为研究对象来对不同地域群体的行为模式和主观取向做系统的解释和预测；韦伯剖析了价值观和社会制度演变的关系，提出宗教和价值观对经济和政治制度具有重要作用；美国帕森斯的结构功能主义理论也注意到了系统结构背后的角色并进行分析，指出应该引导角色行为模式的思维取向、感情和价值标准。

从严格意义上说，政治文化是在政治学领域行为主义革命的过程中兴起的。而后在以上学术潮流的推动下以及伴随国际国内政治发展的需要，政治文化作为新的概念从20世纪50年代开始出现于政治学的舞台上。1956年8月，美国政治学家G. A. 阿尔蒙德在美国《政治学杂志》上发表了《比较政治学体系》一文，首次使用"政治文化"这个概念，开拓了政治文化研究的领域并形成一股学术潮流。G. A. 阿尔蒙德最早提出每个政治体系都表现为一个特定的政治行为模式，这个特定的行为模式就是这个政治体系的政治文化。每个政治体系中个人对政治的取向模式构成了他们政治行为的基础，并使政治活动富有意义。他认为公民理性应分为十个主要方面："第一，个人对政治系统和政府输出活动的认知；第二，个人对政治系统的态度；第三，个人的党派信仰；第四，公民责任感；第五，公民能力感；第六，臣民能力感；第七，公民能力感和政治参与、政治忠诚的关系；第八，社会态度与公民合作的关系；第九，社会组织与公民能力的关系；第十，政治社会化与公民能力的关系。"

伊斯顿在20世纪50年代提出要把体系结构理论应用到政治学研究领域，而后他又在政治文化研究潮流的引领下从结构功能分析走向文化层面。他在《政治生活的系统分析》一书中就增加了有关文化的因素和内容，并认为政治文化是一系列信念、观念、规范和价值，它们规定影响政治输入和制度运行的思维、情感和行为模式。

沃特·罗森保姆在其著作《政治文化》一书中指出，政治文化可以从两个方面加以界定，一方面着眼于个人的心理层面，主要指个人主观上对政治系统基本要素的态度取向；另一方面着眼于群体层面，主要指人们对政治系统的集体态度取向。美国学者P.R.穆迪认为政治文化应该涵盖政治制度和习惯的行为方式，文化就是行为、思想和互动关系之间非人格的结构或联系模式。将文化集中在思想或态度上过于狭窄，必须在文化和制度的互动关系中说明思想的逻辑性与合理性，而不是仅仅把它们当作一套意见或价值观。当然还有其他一些著作也对政治文化略有涉及，比如亨廷顿的《变革社会中的政治秩序》、格雷厄姆·沃拉斯的《政治中的人性》、罗森邦的《政治文化》、胡佛的《政治文化的意涵与现实》、派伊的《中国的政治精神》、费根的《古巴政治文化的转化》、塔克的《文化，政治文化，共产主义》等。

关于政治文化的内涵，从现在所能看到的文献来看，大多数学者的界定都与阿尔蒙德的理解相同或相似，即强调人的心理层面或者说是主观层面。正如阿尔蒙德所指出的那样，当我们提到一个社会的政治文化时，我们所指的是在其国民的认知、情感和评价中被内化了的政治制度。维巴也认为政治文化是包括经验性的信仰、表达的符号以及价值三者所交织而成的一个体系，这一切定义了政治行为赖以发生的情景。它所指的是一种政治制度中的所有成员的主观取向，是关联于政治生活一切方面的主观取向。具体来说，政治文化包括公民对政治对象的认知、对政治对象的情感以及对政治对象的评价这三个方面的内容。而公民理性作为政治文化的范畴，它则主要是从公民个体而不是社会群体的视角来谈的，其更加强调公民对政治对象理性的认知和评价。

二 国内研究现状

20世纪90年代前后，西方政治文化研究作为一种现代政治学的研究方法而被广泛介绍和传播,这也引起了我国政治学界的极大关注,后来大批学者开始研究这一领域并奠定了我国政治文化研究的基础,对公民理性问题的研究就是在我国政治文化研究思潮的影响下进行的。从现实角度来说,公民理性真正受到学界的关注应该是在改革开放以后,政治体制改革和经济体制改革的逐步推进使整个社会的宏观环境日益宽松和活跃,公民也逐步认识到自己的权利和义务并引发公民理性的觉醒,这种现象或趋势同时也推动了理论界对于这一问题的研究。学者们纷纷从政治学、社会学、伦理学、法学、教育学等领域对公民理性及其相关问题进行分析和探讨,应该说取得了一些比较有价值的研究成果。总体而言,改革开放以来学界对公民理性问题的研究已经取得了比较丰硕的成果,这既提高了我们对公民理性的认识,同时也拓展了对这一问题的研究视野。但同时我们也看到,对公民理性的研究还存在明显的不足,许多问题还不是很清晰,而有些问题则没有引起足够的重视。首先,对公民理性概念就缺乏清晰的界定。公民理性主要是指它的政治内涵,但学者们为了研究的全面而往往试图从政治、法律、伦理、社会等多个视角对其进行界定,从而也导致我们对公民理性的本质内涵缺乏清晰的认识。其次,对公民理性的发育机制缺乏系统的梳理。公民理性是历史发展过程的产物,它有其产生的政治、经济、文化、社会等条件。最后,对公民理性的培育还存在一些理念上的偏差。比如对于宏观环境的作用比较注重而忽视对公民自身政治心理变迁规律的研究;对于西方文化资源的借鉴主要以宏观介绍居多而缺乏微观细节的考察;对于具体的培育路径也主要以教育为主,而忽视了对公民政治实践以及政治社会化方面的研究。总体而言,目前学界对于公民理性问题的探讨还缺乏系统性,许多的问题还需要更深化的研究。

第三节 研究的思路、方法与重点

一 研究的思路

本书的导论部分主要是介绍研究目的和意义、国内外研究现状、研究的思路以及研究的方法和重点。第一章是梳理公民理性的基本理论,其中包括公民理念的历史与现实、公民理性概念的内涵以及公民理性的结构，这些主要是为后续展开奠定坚实的理论基础。第二章主要是分析公民理性发育的经济机制。主要从人类社会发展过程中经济形态的演进来分析商品经济的发展是如何促进公民理性发展的。第三章主要分析公民理性发育的社会机制，主要从传统社会到现代社会转变过程中分析社会结构变化对于公民理性的推进逻辑。第四章主要分析公民理性发育的政治机制，主要分析现代民主政治对于公民理性的教育功能以及实践训练意义。第五章主要分析我国公民理性发育的必要性、现实状况以及制约因素。公民理性作为现代社会的精神，其对于国家的现代化至关重要，通过分析公民理性和经济、政治、文化现代化之间的关系来论证公民理性对于我国现代化进程的重要意义。第六章主要是探讨公民理性培育的路径，分别从公民教育、政治社会化、公民参与、公共领域四个视角去分析，并提出公民理性的形成既需要通过良好的社会结构来奠定必要的社会根基，也需要公民教育的培养和塑造，更需要公民在政治参与实践中对于公民角色的切身体认和感受以及政治社会化过程中公民理性多种渠道的普及和传播。

二　研究的方法

（一）辩证唯物主义与历史唯物主义方法

对于公民理性问题的探讨既是一个重要的理论问题，也是一个不可回避的实践问题，研究这一问题不仅要有科学的世界观，还要坚持科学的研究方法。公民理性的形成既是历史演变与逻辑推进相结合的过程，同时也是理论与实践辩证运动发展的结果，而这就需要我们运用历史的和辩证的方法来分析公民理性生成的规律。

（二）文献研究方法

文献研究法也是一种比较传统的研究方法，这种研究方法分为文献的收集和文献的研究两个方面。在研究的过程中，我们需要阅读大量历史文献并进行分析和整理，以便为论文提供必要的素材。公民理性是历史发展过程中的产物，它有其产生的政治、经济、文化、社会条件，这就需要查阅有关社会发展的相关文献资料以便了解公民理性发育的历史过程。

（三）跨学科研究方法

引进、借鉴、整合多学科的研究方法是现代科学发展呈现出来的新趋势。现代社会科学领域任何一项重大的理论成果都是在融合多学科知识的基础上形成的。公民理性问题涉及政治学、经济学、社会学、心理学、教育学等学科的内容，通过跨学科的综合分析将会增加研究的全面性。

三 研究的重点

对于我国来说，公民理性的建构是非常复杂的问题，这其中既关系到传统，也关系到现实，既需要结合本国的国情，同时又需要面对外来不同文化的融合。然而，不管多么复杂，我们都必须弄清楚公民理性的发育到底与哪些社会因素有关，不同的社会因素又是通过怎样的途径和逻辑来影响公民理性的。本书研究的重点主要放在两个方面。一是公民理性发育的经济机制、社会机制和政治机制；二是针对我国的现实国情，深入推进我国公民理性发展的基本路径，其中教育路径、政治社会化路径、公共参与路径、社会结构路径将是分析的重点。

第一章 公民理性概述

公民理性是伴随着西方社会政治、经济和文化发展而逐步得以成熟的，在这个过程中，不同的历史阶段公民理性的内涵和外延都经历着不同的变化和演进，通过对公民理性发展进行阶段性考察以及相对客观的评价分析，将有助于我们全面而深刻地理解公民理性的内涵、价值和意义。

第一节 公民理性的历史发展

一 古希腊时期

"公民"是公民理性的核心概念，对公民概念本身的考察将有助于我们深刻理解公民理性的真谛。从严格意义上来说，"公民"是一个来自西方的概念，正如马克斯·韦伯所说："在西方之外，从来就不存在城市公民的概念。"① 这一概念在西方文化发展中源远流长，其孕育的历史原点最早可以追溯到古希腊时期。从辞源上看，公民（citizen）一词源自拉丁语 civitas，而 civitas 又是希腊语词汇 polites 的拉丁语翻译，其希腊语原意为属于城邦的人。在古希腊时期，城邦与公民是合为一体的，城邦作为一种非常独特的国家组织形式，其本质在于它是公民的自治团体。正如亚里士多德对城邦的经典概括："城邦正是若干公民的组

---

① ［德］马克斯·韦伯：《新教伦理与资本主义精神》，彭强等译，陕西师范大学出版社 2002 年版，第 22 页。

合,若干公民集合在一个政治团体内就成为一个城邦。"① 从历史渊源来看,城邦最早是由那些具有共同祖先的原始家族或部落联合演变而来的,公民对城邦的忠诚和归属也主要源自由部落向城邦的演进过程中部落成员之间基于血缘关系的一种凝结。在城邦产生之前,部落成员之间的血缘关系被视为带有神圣性,拥有同一血缘的部落和其他部落之间有着严格的界限,这种先天形成的血缘关联自然而然地就使本部落成员之间产生了强烈的归属感。后来部落慢慢演变为城邦,部落成员也变为城邦公民,但人们仍然以部落时代血缘集团的观念来看待城邦,公民对城邦自然而然也产生一种归属感。可以说,城邦既是政治共同体,同时又是伦理共同体。正如梅因所说:"在早期的共和政治中,所有公民都认为,凡是他们作为其成员之一的集团,都是建筑于共同血统之上的。"② 对于城邦和公民之间的关系,亚里士多德的总结最为贴切,他说:"城邦在本性上先于个人和家庭,就本性来说,全体必然先于部分……我们确认自然生成的城邦先于个人,就因为每一个隔离的个人都不足以自给其生活,必须共同集合于城邦这个整体。"③ 德谟克利特也谈道:"一个治理得很好的国家是最可靠的庇护所,其中有着一切,如果它安全,就一切都安全;而如果它被毁坏,就一切都被毁坏了。"④ 因此,"公民不遗余力地献身国家,战时献出鲜血,平时献出年华,他没有抛弃公务照管私务的自由,相反,他必须奋不顾身地为城邦的福祉而努力"⑤。对于古希腊人来说,城邦是公民为了满足自己物质和精神需要并实现城邦至善和正义事业而建立起来的公共组织。公民以城邦为存在的条件,公民要崇尚城邦的公共幸福和利益,过城邦生活是公民义不容辞的责任。甚至可以说,当时公民并不是独立的个体,更没有独立的价值,其价值的实现完全依赖于城邦整体。作为城邦共同体的成员,公民应该积极地参与城邦共同体的生活,在追求城邦至善或城邦利益的过程中实现自己作为人的价值,否则"一个不关心政治的人,我们不说他是一个注意自

---

① [古希腊]亚里士多德:《政治学》,吴寿彭译,商务印书馆1965年版,第109—119页。
② [英]梅因:《古代法》,沈景一译,商务印书馆1959年版,第74页。
③ [古希腊]亚里士多德:《政治学》,吴寿彭译,商务印书馆1965年版,第9页。
④ 北京大学哲学系:《古希腊罗马哲学》,商务印书馆1961年版,第120页。
⑤ [美]乔·萨托利:《民主新论》,冯克利等译,东方出版社1984年版,第316页。

己事务的人，而说他根本没有事务"①，而一个连事务都没有的人当然无法真正实现自身的价值。古希腊公民身份的要义只在于它的公共性，即公民对于城邦公共生活的参与和分享。所以，亚里士多德才说公民的普遍性质是："凡有权参加议事和审判职能的人，我们就可以说他是那一城邦的公民。"②

古希腊时期公民高度热情地参与城邦生活，公民相互间是平等而自由的，城邦属于全体公民所有。当时"政治家所治理的人是自由人，他们所执掌的权威为平等的自由人之间所托付的权威"③，公民全体就是在平等参与和自由表达的基础上实现对城邦的轮番治理。"因此，公民既统治，又被统治，公民一起做出决策，在那里每个决策者都尊重其他人的权威，所有参加者都服从他们已做出的决策。"④ 然而，古希腊时期虽然孕育出最早的公民雏形，但其中却存在一定的局限性。当时希腊公民代表城邦中的一种特权和身份，它是以对其他群体的排斥和奴役为前提。通常来说，希腊公民仅仅指那些拥有本城邦血统以及独立财产的成年男子，而占人口大多数的奴隶、妇女以及外邦人是被排除在外的。这样看来，古希腊公民身份的确定其实是建立在政治等级和群体歧视的基础上，当然，这种政治安排的狭隘性无疑是对于古希腊民主精神的嘲讽。如果我们从政治理念这个宏观视角来审视，希腊公民的价值取向明显具有理想的城邦整体主义色彩，他们还没有与城邦相分离的意识和要求，而是以追求城邦整体的善或利益为依归，公民只是对城邦以及城邦利益的参与和共享，公民权更是一种资格和身份，而不是一种个人权利。正如美国政治学家乔治·萨拜因所说："希腊人认为，他的公民资格不是拥有什么而是分享什么。"⑤ 所以说，虽然希腊全体公民都获得了政治参与的机会，但从另一个角度也可以说，他们是以牺牲私人领

---

① ［古希腊］修昔底德：《伯罗奔尼撒战争史》，谢德风译，商务印书馆1960年版，第50页。
② ［古希腊］亚里士多德：《政治学》，吴寿彭译，商务印书馆1965年版，第109—113页。
③ 同上书，第19页。
④ 许纪霖：《共和、社群与公民》，江苏人民出版社2004年版，第32—33页。
⑤ ［美］乔治·萨拜因：《政治学说史》，盛葵阳等译，商务印书馆1986年版，第25页。

域以及其他非公民群体的权益为代价的。这种建立在纯粹的公民美德基础上的城邦整体主义政治必将随着公民自身权利意识的觉醒以及公民与城邦之间一体化状态的打破而最终瓦解和衰亡。对此,黑格尔曾经指出:"像享受希腊的那种自由的一个国家是和全体公民处于统一体的,全体公民把一切公众事务中的最高的活动都掌握在自己手里,这样一个国家只能是又小又弱的,有时由于内部原因而遭覆灭,有时由于外部原因而在世界史的进程中被消灭掉。"①

二 古罗马时期

继希腊时期之后就进入了古罗马时期,罗马共和国由于在最初的形成过程中长期受到希腊文明的影响,这也使得两个时期对于公民特性有着相类似的理解。罗马公民仍然坚持着对于政治生活的崇尚和热爱,并认为"那些天生具有处理公共事务才能的人应当毫不犹豫地参加公职的竞争,参与国事的指导工作"②。此时的公民仍然没有与政治共同体相分离的利益要求,公民作为一种政治身份和资格需要对公共事务进行参与、分享和承担,罗马公民身份的确立同样依赖于对其所在的政治共同体的参与。而且"罗马公民和希腊公民一样,都是指一个拥有特殊政治权利的阶层,并因此而和那些不属于公民阶层的绝大多数人相区分,只有公民才有资格参加投票,在公民大会上有发言权,有权利担任官职,因此,公民等级就是政治等级;公民同样是一个拥有一定世袭财产、在经济上独立并依靠非公民阶层的劳动的人;公民作为自由民,他们的权利、地位和自由同样是通过法律得到确实可靠保障的;同时公民一旦成为公民,就都要为国家履行一定的义务,还要遵守一系列有关公民的品质、性格和德行的要求,这些要求都与人们关于国家的一系列理念有关"③。

后来随着罗马帝国的扩张以及罗马法的日益完善,罗马公民身份逐渐开始通过法律保障下的公民权利来确定,罗马也逐渐成为法律之下的公民集合体,正如西塞罗所说:"国家乃人民之事业,但人民不是人们

---

① [德]黑格尔:《美学》第 2 卷,朱光潜译,商务印书馆 1979 年版,第 262 页。
② [古罗马]西塞罗:《西塞罗三论》,徐奕春译,商务印书馆 1998 年版,第 123 页。
③ 李海青:《法的信仰》,知识产权出版社 2008 年版,第 315 页。

某种随意聚合的集合体,而是许多人基于法的一致和利益的共同而结合起来的集合体。"① 此时,罗马公民理性也随之发生了很大的变化。一方面,罗马公民权不断地普及,对外扩张促使罗马帝国逐渐走向强盛,罗马公民权的价值也随之提高,而为了争取公民权,帝国内外各种力量纷纷展开斗争。针对这种情况,罗马为了稳定局势而首先把公民权授予内部的平民,同时为了巩固帝国统治的基础,又把公民权授予被征服地区的居民,这样公民身份就在罗马帝国范围内得到普及,从而"超越了希腊人创造的城邦狭隘性的政治框架和希腊人意识的局限性"②。另一方面,罗马公民权实现了公权和私权的划分,罗马法认为一个完整的人格应该包括自由权、公民权和家族权,而公民权是专属罗马公民的权利,其中包括公权和私权。公权是指罗马公民所享有的选举权和被选举权,选举权包括选举官吏和出席人民大会投票的权利,被选举权是指可被选举为官吏的权利。私权主要包括婚姻权、财产权和诉讼权。婚姻权是指有权和罗马公民结婚,并因此而享有家属关系中的一切权利,如夫权、家长权等;财产权是指有权取得财产方面的权利,如缔结契约、订立遗嘱、接受继承或遗赠等;诉讼权是指享有依法定程序提起诉讼、保护自己合法权益的权利,公民在其权利遭受侵害时可以根据诉讼权请求法官予以确认并获得赔偿。

随着罗马公民身份的扩展,公民身份中所蕴含的自由、平等、正义等价值理念也同时在帝国范围内不断地普及。在这里需要提到由斯多葛学派所提出的"世界公民"这一称谓,意指每个人平等地享有自然法约束下的权利这一公民理性。在他们看来,宇宙秩序的创造者和主宰者是理性,是自然法。自然法的力量是客观而不可抗拒的。对于所有具有社会性的存在物来说,它决定了什么是必须做的,什么是不容违反的。自然法赋予人人以理性,所有的人在理性这个层面上是平等的。因而在自然法的支配下,当时社会对公民、奴隶、异邦人的区分是违背理性的,他们都应该是地位平等的世界公民。正是受这一思想的影响,罗马人将公民身份扩展到帝国疆域内的绝大多数居民。罗马公民身份的普及

---

① [古罗马]西塞罗:《论共和国论法律》,王焕生译,中国政法大学出版社1997年版,第41页。
② 徐新:《西方文化史》,北京大学出版社2002年版,第101页。

打破了城邦政治时代特权集团对于政治权利的垄断，使全体自由民达到了一种形式上的平等，这也为近代普遍公民身份的最终确立奠定了基础。罗马公民理性另一具有重大意义的变革就是罗马公民权实现了公权和私权的划分。在罗马法中，"公民是一个法人，他们必须有自己的权利和义务，公民应服从国家与法，但国家与法不能包容一切，它必须尊重公民的某些自由权利"[①]。这就赋予了公民身份以新的内涵，罗马公民身份开始建立在个人生活和国家生活、个人利益和国家利益相分离的基础上。正如意大利罗马法学者彼德罗·彭梵德所说："罗马法中私法与公法的划分反映着罗马人'国家与个人之间的对立'的最初观念。"[②] 而在此前的古希腊时期，公民并不是以彼此事物的所有者和占有者而相互之间发生关系，而是基于对城邦"公共善"的崇高追求而统一于城邦中，公民与城邦之间没有任何的张力和空间，公民价值就存在于参与城邦的活动中。罗马时期对于公民权中公权和私权的划分则意味着公民不但是政治生活的参与者，同时还是既定事物的占有者。人大部分行动的目的是获得或保持所有物，人对事物的不同占有逐渐成为人和人之间界限的标志，个人权利或者个人利益开始成为公民内涵的一部分。占有和权利逐渐成为公民之间互动的纽带，而这种占有和权利需要法律来定义和调节。此时，国家作为法律规制下的公民集合体则有责任为公民私权提供保障。这样罗马人对国家和个人进行了严格的区分，它们各自有其特定的权利和义务，国家是社会性存在的一种必须的和自然的框架，但是个人而不是国家才是罗马法律思想的中心，与此相应，对于个人权利的保护被认为是国家存在的主要目标，国家因此被视为一个法人，它在确定的界限内行使自己的权力，公民也同样被视为一个法人，他拥有受到法律保护的不受别人以及政府自身非法侵害的权利。罗马法对于公民和国家的区分以及对于公民私权的保护使得公民身份中开始有了以产权为基础的个体权利和个人自由的含义，公民的自我意识开始觉醒，这为以个人权利为核心的近代公民理性的形成奠定了基础。

---

① 马啸原：《西方政治思想史纲》，高等教育出版社1997年版，第76页。
② 徐新：《西方文化史》，北京大学出版社2002年版，第101页。

三 西欧中世纪时期

到了公元 5 世纪，罗马帝国沦陷在日耳曼人的铁蹄下，而后进入了黑暗的中世纪。在这被称为西欧封建社会的历史时期，政权和神权的双重压迫使得此前的公民身份逐渐被臣民身份所取代，随之公民理性也渐渐隐退。野蛮落后的日耳曼民族对罗马的征服和占领给西欧带来了新的政治关系模式，由于他们并没有公共权力的概念，所以无法建立完整统一的政治体系，而是从战争传统中的"首领—扈从"关系中生成了"领主—封臣"关系的政治模式，形成了以封建契约为基础的领主分封制。这样在国王与臣民、领主与封臣之间就建立起保护和忠诚的封建契约关系，国王和领主有义务保护臣民和封臣，也有权利获得他们的忠诚，同时后者也有权利要求前者给予保护，但也要承担一定的义务来效忠前者。这样通过国王与臣民、领主与封臣之间的封建契约关系而实现了权力对整个国家的渗透，全国最终形成了一个不同政治等级所组成的政治附庸网，当时可以说是"由个别私人在或大或小的领土范围内，在或高或低的程度上，代表或行使公共权力的制度"①。国家权力的私人化导致公共权力沦为不同等级的封建领主维护特权的工具，全国主要的政治关系只是君主与臣民、领主与封臣之间层层相连的政治依附关系。在这种充斥着政治等级的阶梯形社会结构中，个体根本无法形成独立的人格，从而反映不平等关系的臣民理念取代了自由而平等的公民理性。

然而，在西欧中世纪时期导致公民理性退隐的另一重要因素是基督教信仰在精神和世俗领域的支配地位。基督教起源于更为古老的犹太教，它在公元 312 年被宣布合法，并在公元 390 年成为罗马帝国的国教，其影响迅速扩大，尤其在西罗马帝国灭亡之后，基督教会完善的组织体系在一定程度上有效地维护了社会秩序、保护了民众的生命和财产安全，并由此确立了基督教崇高的威望。随着教会势力的不断强大，它最后发展成为支配精神和世俗一切领域的重要力量并深深影响着人们的政治观念。按照基督教的理解，上帝创造了人、人的生命和世界万物，所有的一切都控制在全能的上帝手里，人类身上背负着由亚当和夏娃因

---

① ［美］汤普逊：《中世纪社会经济史》（上），耿淡如译，商务印书馆 1961 年版，第 302 页。

在伊甸园里的背叛而遗传下来的原罪。人所存在的世俗国家是人类堕落的结果，而人类的出路在于来世的幸福和永生，只有天国才代表着永恒的善，人人都应当爱上帝、蔑视自己。奥古斯丁在其著作《上帝之城》中说："两种爱组成两种国度，地上的国度是爱自己乃至蔑视上帝，天上的国度乃是爱上帝乃至蔑视自己。"① 也就是说，人在上帝面前永远是有罪的、低下的，他不能也没有权利掌握自己的命运，上帝才是最终的主宰者，这样就取消了人在政治生活中的主体地位。托马斯·阿奎那认为："在上帝建立的自然秩序中，低级的东西必须始终服从高级的东西，在人类事务中，低级的人也必须按照自然法和神法所建立的秩序，服从地位比他们高的人。"② 因此，人生而是不平等的，奴役和统治是神的安排，同样，世俗统治者的权力也来自上帝，它丝毫不依赖于人民的意愿、同意或者授权；臣民仅仅有服从的义务，而并没有对抗统治者的权利。无论是普通民众还是教会成员，都应当尊重和服从世俗的政治秩序，哪怕对暴君的统治也不得反抗。所以说，西欧中世纪时期教会和封建君主成为国家和人民的主宰，个人只是上帝的臣仆和封建君主的臣民，公民的历史出现中断。

四 近代时期

经过中世纪漫长的臣民阶段一直到中世纪晚期，在商品经济比较发达的地区，城市文明的复兴带来了私人领域的成长，公民又成为城市共和国政治生活的基本角色，公民理性也在新的历史条件下开始慢慢复苏。自公元 11 世纪起，随着商品经济和海外贸易的发展，在工商业比较发达的地区兴起了一种全新的政治组织形式——自治城市，比如威尼斯、佛罗伦萨、巴勒莫、米兰、热那亚等。当时它们在商品经济和海外贸易中积聚了大量财富，开始摆脱土地的束缚并逐渐减少对封建领主的依附。到 13 世纪，西欧许多城市通过武装斗争或赎买的方式从王室、封建领主以及教会那里取得了城市自治权。它们开始拥有自己的政府机构和教堂，建立了自己的法庭，通过城市立法确保了市民的自由身份，

---

① 马啸原：《西方政治思想史纲》，高等教育出版社 1997 年版，第 152 页。
② ［意］托马斯·阿奎那：《阿奎那政治著作选》，马清槐译，商务印书馆 1963 年版，第 12 页。

并且在土地、税收方面取消了封建领主的固有特权，从而在政治和经济上获得了独立。当时市民阶层是指那些拥有一定私人财产，并以追逐私人利益的实现为基本目的的群体，他们主要是城市商人、自由民、手工业者以及律师和学徒。当时城市中人身财产自由、贸易自由、契约自由、平等交换等原则使他们培养出平等、独立、自治等精神，同时他们基于共同的利益和追求并以城市为依托组织自己的生产和生活，享受权利和承担对城市共同体的义务，同时产生了强烈的共同体意识和民主参与精神。正如伯尔曼在其巨著《法律与革命》中所说："关于市民权利和特权的宪法性法律包含与民众参与城市政府相关的权利和特权，这又是和一种从未被完全接受但也从未被完全拒绝的宪法理论相关联的，即政治权力最终属于市民全体。"① 虽然当时市民还只是独立自主的私人身份，市民阶级内部还存在参与的等级差异，政治参与权还缺乏普适性，但随着后来商业的复兴和城市的兴起，城市市民开始与教会、国王、封建贵族一起参与多元权力的角逐，"城市中的有产阶级群体形成了宪制形式的自治，这就导致法律权利和政治权利"②，最终，市民阶级联合王权战胜了教会和封建贵族，这不仅推动了民族国家的形成，也使自身逐渐成为与国家政权相抗衡的力量。在这个过程中，"一个经济上的私人领域逐步在向政治上的社会公共领域迈进，中世纪城市的立宪主义仅仅是一个开端，却已经对封建的经济和政治秩序构成了双重的挑战，在封建制度内部产生危机的时候，城市中孕育的社会公共领域，其独特的政治实践以及由此带来的智识上的启发汇集成一股巨大的洪流并加速了封建制度的崩溃，其结果是公民权的适用范围开始从城市共同体扩张到一个更加广阔的领域——国家这一共同体中"③。也就是说，随着资产阶级革命的胜利以及民族国家的建立，公民作为社会政治生活的基本角色，由先前的城市共和国扩大到各个民族国家，然后又扩展到整个西方社会。可以说，自罗马帝国灭亡之后，公民理性在西方已销声匿

---

① ［美］伯尔曼：《法律与革命》，贺卫方等译，中国大百科全书出版社1993年版，第480页。
② ［美］托马斯·雅诺斯基：《公民与文明社会》，柯雄译，辽宁教育出版社2000年版，第223页。
③ 董炯：《国家、公民与行政法》，北京大学出版社2001年版，第28页。

迹，但随着西欧城市文明的兴起，它又重现于政治舞台并慢慢复苏。

　　随着西欧封建社会末期神权的衰落，刚刚复苏的公民理性伴随着欧洲新兴市民阶级的强大而在思想文化领域得到了继承和发扬。文艺复兴运动作为西方历史上一次规模浩大的思想解放和观念启蒙运动，它从思想上奠定了近代公民身份的基础。这场发轫于13—14世纪的思想浪潮的核心就是人文主义，人文主义思想的突出特征就是以人自身为出发点去看待世界，高度重视人和人的价值，人能进行理性思考并做出价值判断，强调拥有理性是人类最为珍贵的品质，也是人有别于其他动物的独有天赋。理性精神曾经在希腊罗马时期盛极一时，在进入中世纪以后并没有绝迹，神学巨匠托马斯·阿奎那通过对亚里士多德的著作进行深入的研究而提出理性和信仰、哲学和神学之间的关系是相辅相成的，理性可以证明信仰，信仰也可以启发理性。他还系统地阐明了理性的伟大价值，人不是无知、愚昧、被自己的罪过压得永远抬不起头来的低贱生物，而是可以通过理性来认识外部世界和自身，体察上帝的智慧和存在。在文艺复兴运动中，人文主义者批判地继承了这一观念，认为人自身是有独立价值的，人与动物的重要区别就是人拥有理性，人有独立思考和判断的能力。既然人是理性的存在物，那么，人就应该按照理性去生活。而当时基督教所宣扬的神本主义观念为了神而牺牲人，它扼杀了人的理性，把人从现实生活引向对来世天堂的幻想。人既然是理性的生物，就不应该被超人的力量所约束和支配，人应该顺应自然去生活，依靠人类对世界的认识和理解而不是对上帝的信仰去追求现世的幸福。"人文主义就是要歌颂世俗人生，主张享受现世，蔑视天堂和来世，以理性取代神启，以人性反对神性，以人权反对神权，以自由平等反对特权和等级制度。"[1] 伴随着文艺复兴运动的兴起，人的自我意识开始觉醒，人的尊严和价值观念开始形成。

　　然而，对于人的解放做出重要贡献的不仅有文艺复兴运动，还有后期发生的宗教改革运动。按照中世纪神学家的经典理论，罗马教皇及其所领导的教会是所有基督徒和上帝之间的中介。教皇是上帝在人间的代表，掌管着人们进入天堂的钥匙，教民只有服从教皇，从事教会规定的

---

[1] 刘玉安：《西方政治思想史》，山东大学出版社2003年版，第138页。

各种善功，比如购买赎罪券、参加各种圣事、向教会捐助等才能得救。对于这一"救赎"理论，由马丁·路德所发起的新教改革运动首先从思想上对教皇的权威提出了挑战。新教理论强调"因信称义，不靠功行"，即个人只有通过发自内心的信仰才能与上帝沟通，而外在的善功都不能使灵魂得救，反而会让人误入歧途。路德之后的加尔文又发展了新教理论，他认为虽然任何人都不能通过任何途径来改变上帝做出的安排，但人并不因上帝的预定而失去善的自由，人们依靠上帝的恩典仍有为善的自由意志和能力。人们可以从自己所从事的事业中发现自己是否是上帝的选民，上帝将拯救选民的外在符号体现在尘世的物质财富上，"这就微妙地引致了这样的观念，上帝的恩典是与个人创造财富的努力相联系的：自助者，上帝助之"[①]。这样，新教改革运动就剥夺了教会的一切特权，把人自身获救和解放的权利交给了每个人自己，个人为了信仰上帝则拼命地追求现世的成功，这些努力最终促进了个人的独立和自由。这种"个人"观念的普及，为公民理性注入了新的力量，也使公民理性获得新生，并为近代以权利为核心的公民理性的产生准备了条件。

告别文艺复兴和宗教改革之后，西方又进入了更为伟大的启蒙时代。17—18世纪欧洲资产阶级掀起了启蒙运动，它是以自然科学的进步和理性为武器，以天赋人权为旗帜，宣扬人人生而自由、平等以反抗传统封建宗教思想和专制制度。启蒙运动使以自然权利为基础的近代公民身份形成的思想条件趋于成熟。从思想史的角度来看，自然法学说是近代公民产生的逻辑起点。自然法学说在西方的历史可谓源远流长，它萌芽于古希腊罗马时代，后经斯多葛学派的推进而具有广泛的影响力，后来的自然权利学说、社会契约学说和人民主权学说都是自然法学说的逻辑推演和历史延伸，它为近代公民理性的产生提供了必要的理论依据。在西方政治思想中，自然法通常是与意志法或成文法相对而言的，它是宇宙中普遍适用的永恒法则，是制定一切意志法和成文法的依据和基础。近代思想家格劳秀斯认为："自然法是正确的思想所下的命令，它按其是否合于理性，指出一种行为本身是否具有道德依据或道义上的

[①] [爱尔兰] J. M. 凯利：《西方法律思想简史》，王笑红译，法律出版社2002年版，第159页。

必然性。"① 霍布斯给自然法下的定义是："自然律是理性所发现的戒条或一般法则，这种戒条和一般法则禁止人们去做损毁自己的生命或剥夺保全自己生命的手段的事情，并禁止人们不去做自己认为最有利于生命保全的事情。"② 也就是说，自然法是理性的法则，是人类制定法律时所必须遵循的原则。后来近代的思想家们就在自然法学说的基础上大胆地做出了一个逻辑假设和推定，即在国家产生以前，人类生活在一种自然状态中，人人都享有自然权利并受到人类理性所演绎出的自然法的尊重。斯宾诺莎认为在自然状态中，"每个个体应竭力保其自身，不顾一切，只有自己，这是自然的最高律法和权利"③。霍布斯认为在自然状态中自然权利"就是每一个人按照自己所愿意的方式运用自己的天性——也就是保全自己的生命——的自由，因此，这种自由就是用他自己的判断和理性认为最适合的手段去做任何事情的自由"④。洛克认为，在自然状态中，"人类天生都是自由、平等和独立的，如不得本人同意，不能把任何人置于这种状态之外，使受制于另一个人的政治权力"⑤。所以在他们看来，这些自然权利是和人性相符的，它们直接来源于自然法这一最高权威。然而，在自然状态中，自然法是由每个人去执行的，虽然人人享有充分的权利和自由，但这种享有是很不稳定的，有不断遭受别人侵犯的威胁，这就需要寻找新的途径来保障每个人的自然权利。此时霍布斯和洛克等自然法学派思想家都诉诸建立在社会契约基础上的政治社会来解决。霍布斯提出：在自然状态中存在一切人对一切人的战争，为了避免战争，人们在缔结契约建立国家时必须交出全部的权力，国家不受契约限制，拥有绝对权力。洛克则认为在自然状态下，人们享有生命、自由和财产这三项基本权利以及充当自然法执行人的权利和受损害人享有迫使侵害人赔偿的权利。他主张人们仅仅把后两种权利委托给国家，运用国家的力量来保障人的三种基本权利。这样自然状态下的人们在自然法的指引下，在自由、平等的基础上通过协议制定契约并建

---

① [荷]格劳秀斯：《战争与和平法》，何勤华等译，上海人民出版社2005年版，第93页。
② [英]霍布斯：《利维坦》，吴福刚译，商务印书馆1996年版，第97页。
③ [荷]斯宾诺莎：《神学政治论》，温锡增译，商务印书馆1982年版，第212页。
④ [英]霍布斯：《利维坦》，黎思复等译，商务印书馆1996年版，第97页。
⑤ [英]洛克：《政府论》（下），叶启芳等译，商务印书馆1964年版，第59页。

立国家，从而得到一种确定的秩序以保护自己的自然权利。社会契约论要求重构国家的权力体制，以契约的方式实现自然权利的分离和转换，其中一部分仍由自己保留而成为政治社会的公民权利，另一部分则交给国家行使从而转化成为政治权力。政治权力的来源是公民权利，政治权力的目的是保障公民权利，这样就论证了政治社会中公共权力的性质和政府存在的依据，而且强调了公民权利是政治国家的根源之所在，在政治社会中居于主导和支配地位。既然国家是人民契约的产物，国家权力来源于人民的授予，那么，国家主权自然应当属于人民。法国思想家卢梭在这个意义上又提出了人民主权学说。谈到主权理论，让·布丹无疑是非常重要的人物，他创立了君主主权理论，成为西方主权学说的创始人。在他看来，主权者直接统治着他所辖地域范围内的全部臣民，他认为一个"秩序井然的国家需要一个绝对而具备正当性的主权中心，一切从属的权威都导源于最高主权者"[①]。由此可见，让·布丹的主权理论是一种专制主义的统治论，在这种理论中显然没有人民意志的地位。而卢梭的人民主权学说修正了君主主权理论，他说："人是生来自由而平等的，国家只能是自由的人民自由协议的产物；如果自由被强力所剥夺，则被剥夺了自由的人民有革命的权利，可以用强力夺回自己的自由；国家的主权在人民，而最好的政体应该是民主共和国。"[②] 也就是说，由契约而形成的国家，虽然必不可少地要有政府以及管理人员，但他们都不是主权者，国家的主权只能是人民。而且"主权不外是公意的运用"[③]。主权就是要代表人民意志，代表公共利益。"主权既然不外是公意的运用，所以永远不能转让；并且主权者既然只不过是一个集体的生命，所以就只能由他自己来代表自己；权力可以转移，但意志却不可转移。"[④] 这样人民主权学说就实现了主权所有者的变换，由君主主权转变为人民主权，从而为西方民主政治的建立奠定了坚实的理论基础。

后来，随着资产阶级革命的胜利，资产阶级通过执掌政权并用法律

---

① [英] 约翰·麦克里兰：《西方政治思想史》，彭怀栋译，海南出版社2003年版，第318—326页。
② [法] 卢梭：《社会契约论》，何兆武译，商务印书馆1997年版，译者前言第1页。
③ 同上书，第35页。
④ 同上。

的形式确认了公民的一系列权利，公民逐渐成为在政治社会中享有平等权利和承担义务的政治主体，此时近代公民才算真正形成。与希腊罗马时期强调公民参政的共和主义公民理性相比，近代可以归结为一种自由主义公民理性，因为它是建立在自由主义理论的基础上。自由主义理论是以个人主义作为立足点，认为个体在本体论、认识论乃至道德上都具有优先的权利。在个体和共同体的关系上，强调个体对于共同体之先在性，共同体的存在除了满足个体的权利需求之外，还应该最小限度地影响公民的私人生活。此时公民身份的核心在于法律上对公民权利的消极保护，即划定个人与国家之间的界限，这样个人权利的范围通过法律的规定就可以防止和抵御国家权力的侵犯。正如马克思所认识到的，这种公民身份是指"把一个人看成孤立的原子，而且退缩到自己的领域……任何一种所谓的人权都没有超出利己主义的人……即作为封闭于自身私人利益、私人性，同脱离社会整体的个人的人"[①]。公民与是否积极参与公共政治生活没有了必然的联系，公民只需尽最低限度的公民义务，比如守法、纳税、服兵役等，除此之外，公民可以在不侵犯他人利益和公共利益的情况下自由地追求个人利益，而不再被约束或依附于共同体，公民真正成为独立自由的个体。对此，我们也可以从自由主义理论家那里得到更准确的理解。约翰·斯图亚特·穆勒在继承洛克自由主义观念的基础上对自由主义理论做了系统的论述，他认为个人在思想和行动上的自由是实现个人发展和社会进步的最可靠途径，而要维护广泛的个人自由则必须将国家干预的范围最小化。个人自由和国家行为之间常常是对立的，虽然国家在某种程度可以通过法律的执行、政策的贯彻、公共物品的供给等来增进个人自由，但国家权力的运行不可避免地具有扩张其权威和资源的趋势，而这对于个人自由来说将是一种威胁。所以，自由主义公民理性主张通过公共的制度和价值来限制国家权力，通过公民的自发性和自由选择来自行解决问题，只要不影响他人，对公民自身利益的追求完全是私人领域；在这个领域内，公民自主而不受国家权力的干预，但是当影响到其他人的利益时，国家就有理由对其行动加以正当的管理调控，但出于对个人自由的审慎和关心，国家应该承认私

---

① 《马克思恩格斯全集》第1卷，人民出版社1956年版，第439页。

人自行安排料理的优先性，而时刻提醒自己不要不必要地插手。大哲学家康德也表述过："每个个体都具有道德自主性，权利并不依赖于偶然性的考虑，而是由理性之法所赋予的，更重要的是，所有的人都能得到权利；权利的普遍法则可以表达为：外在地要这样去行动，你的意志的自由行使，根据一条普遍法则，能够和所有其他人的自由并存。"[①] 因此，自由主义公民理性就是要确立一个与国家公共领域相对立而且分离的私域，私域的独立存在意味着政治不再是界定社会生活最主要的领域，政治逐渐被缩减成一个仅仅由规范个体私人行为的抽象而普遍的原则（即法律）所构架的领域，政治不再成为一种生活方式（如古希腊公民那样），不再是一个规范个体之间关系的空间，而是一个个体为维护个性而抵抗国家侵犯的地方。简而言之，这是公民精神自由的领域，更是公民自由选择生活方式，并发挥潜能实现个人幸福的领域。

近代自由主义公民理性产生以后便在西方的历史进程中获得了广泛的传播和实践，并表现出强劲的扩张性。自由主义公民按照自己的意志去计划和安排自己的事物，这基本符合竞争性的资本主义生产体系逻辑和自由的民主制度建构的原则，我们虽然现在还无法证实自由主义公民理性和市场经济、民主政治之间是否有精确的相关性，但它们之间的关联无疑是强力而持久的。后来随着资本主义社会的发展，自由主义公民理性日益显露出与时代发展不相适应的理论局限性并给资本主义社会带来严重的后果。一方面，绝对的市场化倾向导致了公民平等身份的形式化。自由主义公民理性要求强烈捍卫免受共同体干涉的消极自由以及对财产的私人占有的权利，它倡导绝对的自由市场，而绝对市场化的结果是严重的贫富分化，这种公民之间经济上的不平等必然会延伸到政治和社会领域，从而影响到公民平等权利的实现。正如马克思的理解，如果一个人屈从于由经济周期上的低迷时期而带来的工作的不安全、剥削或失业的威胁，那么，他拥有公民权利又有何意义？因此，在他看来，古典自由主义形式中的公民资格代表的是一种虚伪的普遍主义，它掩盖了事实上的支配来源。也就是说，公民平等身份的实现需要公民权利获得平等的保障，而公民权利的保障又需要公民掌握实际的资源作为凭借。

---

① [德] 康德：《法的形而上学原理：权利的科学》，沈叔平译，商务印书馆1991年版，第41页。

自由主义所倡导的绝对的市场化原则将会导致那些贫困者由于缺乏实际的资源而无法使公民权利获得平等的保障，这自然会消解公民身份平等主义的价值并导致公民平等身份的形式化。另一方面，原子式的个人主义倾向会导致共同体价值的虚无。"自由主义偏好于个人自主的价值，对共同体心存怀疑，更害怕共同体强制个人承担各种责任，从而违背了个人本身的利益。"① 在自由主义公民理性中，个人自由和权利相对于国家来讲具有首要价值，国家仅仅是基于保护个体私利的目的并通过社会契约而建立，公民只是在既定的规则和程序内追求"无非是私人领域的成员的权利，就是说，无非是利己的人的权利，同其他人并同共同体分离开来的人的权利"②。自由主义公民理性坚定地"维护人格、信仰和行动的私人化，每个人都同样被看成独立自在的原子，可以自行决定放弃一切政治活动，而选择退避到一个仅仅由家人、朋友、市场交易以及自娱自乐的活动所构成的私人小世界，一个对所有不是从这些狭隘的领域中产生出来的公共物品完全冷漠的世界"③。因此，原子式的个体和联系松散的共同体就成为自由主义社会的基本特征，此时公民的需要和共同体的需要相分离，个体可以在公共的政治生活之外获得各自认为有意义的生活，个体对共同体缺乏内在的情感认同和对公共责任的重视，而这无疑会导致共同体价值的虚无。

正是由于自由主义公民理性存在种种局限性，它在后来的发展过程中不断地面临其他公民理性的质疑和批判，其中最主要的是共和主义公民理性。共和主义公民理性最早可以追溯到古希腊的亚里士多德，后经古罗马时期西塞罗的继承和发扬，在近代又通过马基雅维利、哈灵顿、孟德斯鸠、卢梭等人的重新阐释而成为具有广泛影响力的政治思潮。共和主义理念把公共性和自我治理看作自己的基本要素，强调公共政治的价值和积极构建政治共同体的意义。公共性就是指政治作为公共事务必须公开地进行，自我治理是指公民免于绝对或专横的支配而通过参与公共政治生活自己统治自己。按照共和主义的理解，无论是在古代的城邦

---

① 《马克思恩格斯全集》第 1 卷，人民出版社 1956 年版，第 58 页。
② 同上书，第 437—439 页。
③ [英]恩靳·伊辛、布雷恩·特纳：《公民权研究手册》，王小章译，浙江人民出版社 2007 年版，第 145 页。

和共和国中，还是在现代共和民主体制下，公民身份都意味着公民参与公共政治生活来实现自我治理。共和主义公民理性同时也对自由主义公民理性提出了批评，认为其对于个人权利和自由的过分强调将会导致公民纽带的松弛，并动摇公民自我治理真实性。正如桑德尔所说，我们（美国）政治生活中的公民的生成性方面在很大程度上已经让位于自由主义，这种自由主义把人看作完全自由独立的自我，不受任何不是他们自己所选择的道德或公民纽带的约束。此时的国家只是解决公民私利冲突的仲裁者，却无法获得公民的忠诚和责任心，公民对私利的过度追求以及对公共利益和公共责任的漠视和逃避无疑将会导致公民的腐化和社会的自我颠覆。而对于共和主义公民来说，"整个共和主义传统建立在下述前提之上，公民认识和理解他们的责任是什么，同时还具有完成这些责任的道德义务；如果公民没有完成其该负的责任，就很难配得上公民的称号，没有义务，就没有共和；如果公民不愿意为共和国而战，那么，它就将为外敌所征服；如果公民不愿献身于共和国的公共事务，那么，它就将瓦解于内部纷争和腐败，最终演变为权威主义，甚至是专制主义形式的国家"[①]。这里我们可以看到，共和主义公民理性认为公民不仅具有法律和政治的维度，同时还具有道德的维度，公民要有对于公共利益的责任和对于公共事务的积极参与，即公民美德。按照这种评判标准，好公民就是一个具有公共意识的人，在必要的时候他能将共同体利益置于个人利益之前并勇于承担公共责任，这种公共责任对于维护自由和权利是不可或缺的。当托克维尔欣赏"正确理解的自我利益"原则时，也表达了这样一种立场。纳税、担任陪审员、遵守法律、参与公共事务都需要付出时间、精力和财物，但这种付出是必须的，如果我们想保持共和制的政府和继续享有公民权利的话。同时托克维尔认为"正确理解的自我利益"原则也许不会激发非凡的壮举或英雄般的献身，但它促使人们每天做出小小的牺牲，只靠这个原则本身还不足以养成有德的人，但它可以造就大批循规蹈矩、温和中庸、稳健审慎、自我克制的公民；尽管它不直接地导致修德的意志，但它能确立一种习性，让人不自觉地走上修德的道路。所以说，共和主义公民理性能通过灌输公民公

[①] [英]德里克·希特：《何谓公民身份》，郭忠华译，吉林出版集团有限责任公司2007年版，第188页。

共参与的角色意识而提供一种整合的体验,这种体验将当代个人的多种角色行为联系到一起,并且要求从一种更一般的角度来省察个人的各个不同的角色。这种公共参与发挥着重要的整合功能,它开阔了公民的视野并加深了公民自身生活与公共事务之间的联系,将公民整合进共同体内,使公民认同自己维护公共利益和参与公共事务的责任,从而脱离了自由主义公民理性下原子化的个体,克服了共同体价值的虚无。

自由主义公民理性不仅面临着外部其他公民理性的质疑,而且也面临着内部新的理念的挑战,其中最著名的是马歇尔的公民资格理论。马歇尔(T. Marshall)在1949年的《公民资格与社会阶级》一文中提出,公民资格的本质就是保证人人都能作为完整的和平等的社会成员受到对待,平等的公民身份是共同体对其成员身份界定和分配资格的确认,而要确保这种平等的成员资格,就要把日益增长的公民权赋予人们,其中包括兴起于18世纪的公民权利、兴起于19世纪的政治权利以及20世纪得以确立的社会权利。"公民权利是指公民作为平等主体参与社会活动所享有的必不可少的人身自由、言论和思想自由、财产权和获得公正的权利等,其制度保障是法院体系;政治权利是指通过参与议会选举而进入决策过程的选举、投票等权利,与之相关的就是议会制度;社会权利是指公民的经济福利和安全,以及公民充分分享社会遗产和按社会一般标准过文明生活的权利,包括福利、保障、教育等权利,与之相关的制度是各种社会公共服务体系。"[①] 马歇尔通过对英国公民资格发展状况的分析,总结出英国现代公民资格的发展和资本主义的发展在某种程度上是反常的,表现为资本主义发展所造成的社会不平等与公民资格平等身份的需求之间的紧张和冲突。从18世纪到19世纪早期,英国的公民资格仅仅限于公民权利,这种公民权利就是在早期自由主义公民理性的影响下产生的,由于它为社会以及市场提供了具有独立性和竞争性的公民个体,因而与早期处于上升阶段的资本主义发展是相容的。但是当公民资格的发展后来开始包括政治权利和社会权利的内容时,公民资格的平等要求开始与资本主义社会的不平等互相冲突,那些经济上处于劣势的群体开始要求提高物质待遇和生存条件来保障他们在政治领域平等

---

① 褚松燕:《权利发展与公民参与》,中国法制出版社2007年版,第57页。

权利实现的真实性，此时就需要通过扩大社会服务范围来削弱或中和社会不平等。马歇尔认为，公民资格的确立，尤其是社会权利的发展，公民的教育、医疗、福利等方面的权利在福利国家的形成和发展中得到了集中的制度化和法律化的表达和体现，这些能消解市场制度所产生的不平等，修正不平等的社会阶级结构，从而成为公民行使权利的基本的物质和精神保障。这样，马歇尔这一新的自由主义公民理论从根本上修正了早期的自由主义公民理性，它通过福利国家的建立弥补和完善了因市场自发机制带来的不平等，从而完成了从消极公民身份向积极公民身份的转变，使社会的每一位成员都能感受到自己是社会的完整成员，能够参与和享受共同的社会生活，这在一定程度上克服了早期的自由主义公民理性所产生的公民平等身份形式化的问题。

五　现代时期

从现当代政治哲学和政治实践来看，现代公民理性是自由主义公民理性和共和主义公民理性这两大鲜明的理论传统辩证调和的结果，其中自由主义公民理性仍然占据着主导地位，它强调对私域和个人权利的保护，但并不主张较高程度的公民参与。自由主义的理论家罗尔斯就认为："参与原则不规定一个公民权利和义务的理想蓝图，也没有提出一种要求所有人积极参与政治事务的义务，在一个治理良好的国家中，只有较少的人花费大量的时间从事政治，因为还存在着人类善的其他形式。"[①] 每个公民可以按照自己的意愿追求任何形式的善，这样一种公民观既可以满足公民对自由和权利的需求，同时也免于高强度的公民参与所造成的政治制度超负荷运作的局面。与主流的自由主义公民理性相对应，共和主义公民理性虽然不占主导地位，但其作为一种古老的思潮仍然具有重要的价值和意义，它强调社会整体价值和个体的公共责任。共和主义理论家汉娜·阿伦特认为，公民参与是健康公共政治生活的标志，对于显示自由的自我来说，政治参与是最纯粹、最高级的形式，没有一个政治上得到保证的公共领域，自由就缺乏使自己现身的空间。显然，她认为个人自由的实现是以政治共同体的存在为前提的，个人自由

---

① ［美］罗尔斯：《正义论》，何怀宏等译，中国社会科学出版社1988年版，第225页。

的彰显离不开对公共政治空间的参与。正因为她对于公共政治价值的重视，她的公民观是建立在古典共和主义传统之上的，强调公民性与政治共同体在本质上相连，公民的本质体现在公民参与公共政治的活动中，也可以说，公共参与是公民必要的责任。正是在参与政治的过程中，公民的民主观念得以强化，公民素质得以提高，并在与他人的关系和共同行为中成为有效的社会成员。这种公民观不但可以防止由公众政治生活的萎缩而导致政治的衰朽以及社会的极权化，而且还发挥着重要的群体维系功能，为民主制度的运行提供良好的社会基础。

我们看到了两种公民理性对于政治制度的重要性，但同时我们也看到它们之间的分化与对立，在公民权利和公民义务之间确实存在某种张力。共和主义的公民身份传统通过自古至今的父权主义历史得到了巩固，因此，这一范式注定要与以权利基础作为范式的政治共同体形成可能的冲突；古典共和主义所隐含的以财产为基础的有限公民身份与源自人类生而平等观念所形成的普遍公民身份之间存在明显的矛盾。这种冲突和矛盾恐怕会永远存在下去，因为它关涉的是"个体和群体、私生活与公共生活、主体与主体间的复杂关系问题，人既不能脱离群体与公众而生存，又具有自己的个体性，人既要参与公共生活，又要保持独立，在这样一种关系的张力中寻求一个恰当的平衡作为人生价值与行为定向是极为困难的"。① 如果不恰当地将公民的理念仅仅偏向任何一方将暗含着极大的风险。正如 19 世纪法国自由主义思想家贡斯当所言："古代自由的危险在于，由于人们仅仅考虑维护他们在社会权力中的份额，他们可能会轻视个人权利与享受的价值，现代自由的危险在于，由于我们沉湎于享受个人的独立以及追求各自的利益，我们可能过分容易地放弃分享政治权力的权利……我们绝不是要放弃我们所描述的两种自由中的任何一种，我们必须学会将两种自由结合在一起；一方面，制度必须尊重公民的个人权利，保障他们的独立，避免干扰他们的工作，另一方面，制度又必须尊重公民影响公共事务的神圣权利，号召公民以投票的方式参与行政权力，赋予他们表达意见的权利，并由此实行控制和监

---

① 李海青：《法的信仰》，知识产权出版社 2008 年版，第 321 页。

督。"① 20世纪自由主义大师以赛亚·伯林也曾强调需要在两种自由之间保持平衡的必要。对此，美国学者理查德·达格就通过建构"共和主义的自由主义"概念达到了这一目标。达格相信，只要自由主义公民观念不是被解释为自私自利的个人主义，它就可以和共和主义传统形成某种嫁接。在达格看来，"'共和主义的自由主义'前途光明，它强化了对职责、共同体和公共善的诉求，同时也保持了权利的诉求；公民权利和公民义务之间不应当被看作是彼此紧张的关系，相反，而是彼此补充的关系；由于每一个人都是自主的，在道德上都是平等的，因而每一个人都必须尊重他人的自主，权利因此包含了一种互惠关系，我在享有我的权利的同时，必须允许你享有你的权利；因此，自由主义所认为的为了保持个体，就应当逃避社会道德训诫的观点可以得到扬弃，自由主义在捍卫个人权利的时候，应当接受尊重共同体所有成员权利的道德义务；反过来，共和主义的公民美德也无须因为要求忠诚于共同体而忽视个人的存在，因为尊重其他个体的权利本身就是一种美德；通过聚焦这两种公民理性的真实精义，达格从理论和实用的角度将两种分裂的公民理性最为有效地整合在一起"②。

第二节 公民理性的内涵

一 公民及相关概念

（一）公民与臣民

公民和臣民之间的差异最大，可以说，现代公民身份是对古代臣民身份的彻底否定，而这主要归因于它们在价值规定上的本质区别。首先，相对于公民独立人格的主体性追求，臣民更多体现的是依附性的政治人格。主体性的确立和发挥的程度是衡量人类精神进化的重要标志，也是不可泯灭的人性需求，从某种程度上可以说，它是现代公民独立平

---

① [法]贡斯当：《古代人的自由与现代人的自由》，阎克文等译，上海人民出版社2005年版，第44—46页。
② [英]德里克·希特：《何谓公民身份》，郭忠华译，吉林出版集团有限责任公司2007年版，第182页。

等身份获得的前提。而臣民的依附性人格表现在对权威的消极盲从和顶礼膜拜，它不像公民那样强调人格独立的尊严以及理性批判与反思的精神，更不会产生对自身权利的主体自觉。现代国家一般都在法律上赋予公民相应的权利，相对来说，臣民的权利总是处于缺失或虚化的状态。然而，臣民和公民的本质区别并不在于法律文本意义上的权利规定，而是在于其消极被动的心态、盲目顺从的意识以及缺乏主体权利的内在自觉，所以，现实生活中我们经常可以看到许多带有臣民特征的公民以及带有公民特征的臣民。其次，相对于现代社会中公民独立人格在政治上和法律上的普遍平等，臣民暗含的是等级身份制。亚里士多德认为："作为一个君主，他应该和他的臣民同样出生于一个族类，而又自然地高出大众之上。"① 身份差别导致的结果是政治歧视的存在，而政治歧视导致的结果又必然是特权的存在。卢梭曾写道："臣民自身及其一切都属于暴君所有，或者至少暴君自己认为是如此，所以当暴君把臣民自己的一些财产留给他们的时候，他们还不得不把它当作一种恩惠来接受；暴君剥夺臣民，算是公正，暴君让臣民活着，算是施恩。"② 所以，臣民角色中身份差别的状态是对人的平等独立人格的贬损和蔑视。再次，臣民与公民的差别具体表现在权利和义务的失衡上。公民平等身份是通过对等的权利义务体系来实现的。肯·福克斯认为，公民身份是一种成员地位，它包含了一系列的权利、义务和责任，这种成员地位意指平等、正义和自主。而臣民不过是主奴关系及其意识的产物，在以"义务本位"为特征的政治体系结构之下，个体对家庭、社会、国家的绝对忠诚使个体权利和义务处于严重的失衡状态，权利缺失，而义务无限，这种状态可以说是个体主体性没有真正确立的必然结果。最后，相对于公民积极参与的价值取向，臣民总是处于消极被动的状态。这一方面应归因于臣民缺乏政治主体的内在自觉，无法意识到基于自身主体人格的价值而应该拥有的权利，更不会想到通过参与来维护自身的权利；另一方面还应归因于专制社会下公共参与空间的狭窄。金字塔式政治体系中权力自上而下的层层延伸形成了对整个社会的吞噬并造成了对公共参与

---

① [古希腊]亚里士多德：《政治学》，吴寿彭译，商务印书馆1965年版，第37页。
② [法]卢梭：《论人类不平等的起源和基础》，高煜译，商务印书馆1962年版，第135页。

空间的挤压，再加上等级依附式政治关系的不断强化，个体独立性被无情地剥夺和扼杀，个体主体人格全面萎缩，面对权威的自卑和畏惧以及参与效能感的微乎其微使臣民最终形成的只能是消极被动的政治冷漠。

（二）公民与市民

公民和市民是上述概念中最难区分的，这既可以归因于历史上两个概念曾经在内涵上的同一性与重合性，也可以归因于两个概念之间的密切关联。一般来讲，公民和市民最初都是西方社会发展的产物，在西方的古希腊罗马时期，共同体社会的总体特征表现为私人领域和政治国家还处于浑然一体的阶段，公民和市民同时用来指称社会成员个体，当时这两个概念并无明确的划分。而后随着商品经济的发展，以中世纪后期城市文明为发展起点的私人领域不断强大，在这个过程中，私人领域在争取自身自由和权利的同时也不断地提出了与封建政治国家相分离的要求，这一要求最终通过资产阶级革命得以完成。资产阶级革命使得私人领域从封建政治国家的桎梏中解放出来，"这种政治解放一方面把人变成私人领域的成员，变成利己、独立的个人，另一方面把人变成公民，变成法人"[①]，这也同时意味着从此有了市民生活和公民生活的区分。所以从严格意义上讲，市民和公民是社会成员在不同领域中的存在形态，前者属于私人领域，后者属于政治国家这一公共政治领域。作为不同的存在和力量，私人领域和政治国家各有其独特的构成原则和运作方式，我们通过具体的分析可以了解市民和公民这两种存在形态的差异以及这两个概念之间的区别。

私人领域是指个人的私人生活所代表的私人自治领域，它与由政治权力所主导和支配的公共政治领域相对。私人领域首先以承认市民的独立性和差异性为前提，正如黑格尔所说："在私人领域中，由于家庭的解体，个人的任性就获得了自由，这里伦理性的东西已丧失在它的两极中，家庭的直接统一也已经涣散为多数。"[②] 此时，市民作为独立的差异性个体自主地进行经济和社会交往活动；而对于政治国家来说，它掌握着公共权力并成为公共利益的代表，其整合原则是同一性原则，即通过将不同的个人统一在共同遵守的政治法律制度之下而取消了他们的差

[①] 《马克思恩格斯全集》第 1 卷，人民出版社 1956 年版，第 443 页。
[②] ［德］黑格尔：《法哲学原理》，张企泰译，商务印书馆 1961 年版，第 191—198 页。

别，将他们由差别的"私人"变成无差别的公民。从这个意义上可以说，市民强调差异性的特殊个体，而公民强调同一性的普遍个体。私人领域内部市民之间的交往是靠相互的需要来维系的，这与靠法律调节的公民之间的关系不同。"在私人领域中，每个人都以自身为目的，其他一切在他看来都是虚无，但是，如果他不同他人发生关系，他就不能达到他的全部目的；因此，其他人便成为特殊的人达到目的的手段，特殊目的通过同他人的关系就取得了普遍的形式，并且在满足他人福利的同时，满足了自己。"① 这是因为私人领域是以市场经济为基础的，而市场交往又是一种以交换为核心的相互需要体系，它通过契约将独立的个人连接起来，其自主交往关系的本质是自愿和互利。而政治国家是通过法律及其执行体系来建构和保障的，公民之间的关系也主要由普遍有效的法律体系来规范和调节。从这个角度也可以说，市民更多强调通过双方特殊的意志来满足其对特殊利益或价值的追求，甚至没有平等的商业贸易和经济利益交换就无所谓的市民，而公民则更多强调通过法律这一普遍的意志来满足其对于社会公正和平等的诉求，它更注重普遍平等的身份和资格。私人领域在与政治国家由统合到分离的过程中一直伴随着矛盾和冲突，这种不可避免的根源性紧张在国家与社会二元分立的结构下不可能得到彻底消解。面对历史上曾经出现的全能主义国家，为了保全自身的独立性，私人领域总是对强大的政治国家时刻地保持警惕。而"在私人领域生活中，市民作为私人领域的成员要在日常交往、社会交换、竞争、合作等相互关系领域维护自己的私权利，弘扬个性自由和自律精神"②，并防止公共权力对于私人权利和自由的侵犯。这种防备的心理既使得市民仅仅满足于对于自身权利的维护，同时也使得市民对于国家抱着一种消极对抗的态度，即所谓的消极自由，强调国家对个人权利的尊重和保障，但并不强调个人对国家的责任和义务。而公民作为一个法律上和政治上的主体性存在，它更强调公民积极能动的姿态以及勇于承担的精神，即所谓的积极自由。公民应该是公共政治领域的承担者以及社会共同体利益或价值的维护者，积极主动地参与公共政治生活是公民的基本表征，这与市民对于自身特殊利益的无止境追求以及对于公

---

① ［德］黑格尔：《法哲学原理》，张企泰译，商务印书馆1961年版，第197页。
② 马长山：《国家、私人领域与法治》，商务印书馆2001年版，第176页。

共政治生活的被动和敌视形成了鲜明对比。

二 公民理性的界定

概念的清晰厘定离不开对概念核心要义的把握。在上述对"公民"与其他相近概念的比较分析中，我们看到"公民"概念的内涵主要体现在它的政治要义上，它侧重于公民在人格上的独立性和平等性，在权利义务上的对等性和统一性以及在公共政治参与中的理性和有序性，其主要反映的是公民和国家之间的关系。而理性又是指我们的觉知状态，即对我们自身、对外界的环境事件以及自己与外界环境事件关系的觉知状态。在此基础上，我们认为公民理性是现代社会成员对于公民角色及其价值的自觉反映，它主要体现为公民对于自身在政治和法律上的地位、自身的权利和义务以及公共政治参与的理性认知和价值观。对此，可以从以下几个方面来理解。

（一）公民理性是以公民主体身份为前提和基础

公民主体身份促使公民意识到主体的权利和义务以及政治参与的必要性，这是公民理性形成的前提。公民主体身份表达了公民之间独立、自由、平等的社会关系，即公民在人格上是独立自由的，在身份上是普遍平等的，在权利和义务方面是对等的。独立性是公民最基本的价值规定，"当个人在政治中不具有自主性时，作为臣民而存在；当个人在政治中获得了自主性时，作为公民而存在，因此，公民就是参与公共事务从而在政治国家中具有自主性的个人"[①]。高扬个体独立性是公民身份获得的基本要件，它是对落后的人身依附关系的消除以及对个体主体性的获得，实现了公民对自由价值的诉求，并体现了公民自主、自律的行为和意志。正是通过对公民独立性和主体性的确认和尊重，才使公民真正成为行使权利和履行义务的主体。"公民身份是平等的表述"[②]，其本质就是要保证每位公民都能作为平等的社会成员而受到公平的对待。正如政治学家罗尔斯所指出的，"任何文明社会的成员都需要这样一种观念，这种观念能够使他们把自己理解成为具有某种政治地位的成员——

[①] 陈振明：《政治学》，中国社会科学出版社1999年版，第179—182页。
[②] ［美］托马斯·雅诺斯基：《公民与文明社会》，柯雄译，辽宁教育出版社2000年版，第13页。

在一个民主社会中,就是平等的公民身份的政治地位,以及了解这种政治地位如何影响他们与社会之间的关系"①。平等的公民身份是对历史上曾经存在的身份差别和政治歧视的消除,它超越了性别、肤色、财富、职业、宗教、文化等方面差异,成为社会成员平等互惠与合作的纽带。公民平等身份的实现是通过统一的权利义务体系来实现的。托马斯·雅诺斯基指出:"公民身份是个人在民族国家中,在特定平等水平上,具有一定普遍性权利和义务的被动及主动的成员身份。"② 也就是说,一个社会体系中的任何一个位置都具有与之相应的权利和义务,处于该位置的个体必须按照其他社会成员认为在这个位置上的人所应该有的行为模式来表现自己,而平等的公民身份就体现在由法律规定并得到保护的对权利的享有和对义务的履行这两个方面的对等性上。

(二) 公民理性主要反映的是公民和国家之间的权责关系

公民的政治和法律地位、自身的权利和义务体系以及公共政治参与都是在公民与国家之间结构关系的框架下确立的,公民理性主要反映的是公民和国家的关系。《牛津法律大字典》认为公民指"个人同某一个特定国家或政治实体间的法律上的联系;根据这种联系,享有某些权利、特权以及因其效忠国家而享有受保护的权利,同时也承担各种义务"③。公民身份本身关系到公民和国家的关系,尤其是有关权利和权力的关系。应该说公民和国家、权力和权利之间既是密切相关的,同时也是有一定距离和张力的。现代社会中公民和国家关系的普遍性质主要是在近代"天赋人权""主权在民""社会契约"等理论的影响下确立的,普遍公民身份的设定本身就明确了国家权力归属的全民性,公民和国家是本源性权利和派生性权利之间的关系。公民支配国家,国家权力来源于公民权利,在根本上应该归属于公民全体。同时公民作为与国家相对应的主体性存在,无论在法律上还是在政治上都应该具有被充分肯定的权利和自由,国家权力要以尊重和保障公民权利作为自己的职责,

---

① [美] 约翰·罗尔斯:《作为公平的正义:正义新论》,姚大志译,上海三联书店2002年版,第5页。

② [美] 托马斯·雅诺斯基:《公民与文明社会》,柯雄译,辽宁教育出版社2000年版,第11页。

③ [英] 沃克:《牛津法律大辞典》,北京社会与科技发展研究所译,光明日报出版社1988年版,第161页。

而公民要以对国家权威的认同和维护作为回馈。公民和国家之间结构性关系的真正确立是通过公民的公共政治参与并对国家权力进行有效的监督和制衡来实现的。"公民对公权力进行有效制约的秘密就是在对国家权力制约的同时也保证了权力的实施,使权力与责任达到平衡,使国家既受到制约,又能保障公民的权利;而不是简单地对国家权力的约束,从而实现积极保障与消极防范、超前能动引导与滞后被动制约的有机统一。"① 因此,公民和国家之间是一种对等式的结构关系,各自都包含彼此尊重和相互制约的权责体系。

(三) 公民理性是以公民的有序参与为其基本表征

从古代的城邦民主到近代的议会民主,再到现代的参与民主和审议民主,应该说,公共政治参与作为公民的基本内涵始终存在。也正是公民在公共生活中对公共性事务的积极参与、理解和维护的过程中所表现出来的人性品质和价值追求让我们看到了公民与"私民""臣民"以及"市民"等角色的区别。在现代社会,公民主要是指平等、自由而理性地参与公共政治生活并影响公共权力的人。西方学者曾经评论说,一个具有公民理性的人,不仅是一个传统意义上的"好公民",即一个具有爱国、忠诚及服从国家品质的人;而且还是一个对国家评头论足,有能力并愿意参与其改进的人。对此,我们可以从两个层面来理解,从政治和法律的维度来看,公民是存在于政治国家中作为一种政治身份的人,政治国家通过法律赋予了公民公共参与的权利,这种权利既关系到公民政治自由的实现,同时它作为一种监督性力量更关系到公民与国家之间相互依存和制约状态的平衡。从道德维度来讲,公共参与体现了公共意识这一公民道德人格的意义。近代哲学家海德格尔认为:"人的世界是共同的世界,人在世界中就是与他人共同存在。"② 这一公共性向度决定了人们总是要以某种共同体的形态存在,而社会公共性的维护有赖于每个成员对公共活动的参与和分担,尤其随着现代社会中公共领域的不断扩展,公共意识的彰显也日益成为对现代公民的必然要求。"所谓公

---

① [美] 斯蒂芬·L. 埃尔金:《新宪政论:为美好的社会设计政治制度》,周叶谦译,生活·读书·新知三联书店1997年版,第39页。

② [德] 海德格尔:《存在与时间》,陈嘉映等译,生活·读书·新知三联书店2006年版,第146页。

共意识是指孕育于人类公共生活之中的、以公共性作为价值皈依的、位于人类心灵深处的基本道德与政治秩序观念、态度和行为取向。"① 公共意识关注整体的福祉或较大的利益,更为重要的是,公共意识是个人的自我意识被他的集体性自我意识部分取代时的一种行为,他的集体性自我意识的对象是一个整体的社会以及社会公共领域的制度或机构。公共意识以公共理性为核心,以公共关怀为价值追求,以公共参与为实践载体,只有当公民在公共理性的指引下参与到公共生活中去实现对公共善的践履时,公共意识才能展现,公民理性的公共性要义才能得以真实地表达。

第三节　公民理性的内容

一　公民理性的结构界说

公民理性的概念揭示了公民理性的内在规定及其外延。但我们对公民理性的研究不能仅仅停留在对概念的界定上,还需要对公民理性的内在结构进行深入的分析。要研究公民理性的结构,我们有必要先从有关"结构"的理论中去寻其对于公民理性研究的启示。现代科学已经证明,任何事物都有其内在的组成要素,而要素之间不同的组合方式又形成了不同的结构形式,事物的存在从某种意义上说是由其内在的结构决定的。从现代系统论的观点来看,任何一种社会现象都可以看作一个有机的系统。系统是内部各要素按照特定的结构形式所形成的有机整体,而系统的结构是指构成事物各要素之间的关系模式或组合方式,也就是说,结构表征的是系统整体性及其各组成部分之间相对稳定的关系。正如美国著名人类学家克鲁克洪所说:"结构关系的根本特点,是各部分之间相对固定的关系而不是各部分或各要素本身。"② 同样的要素如果按照不同的结构组合就会产生性质不同的事物。从这个意义上可以说,结构的意义表现为它具有决定事物性质的功能和作用。著名心理学家皮亚杰就曾将结构概念界定为:"由具有整体性的若干转换规律组成的一

---

① 刘鑫淼:《公共精神:现代公民的核心品质》,《经济与社会发展》2007年第6期。
② [美]克鲁克洪:《文化与个人》,高佳译,浙江人民出版社1986年版,第10页。

个有自身调整性质的图式体系,也就是说,作为一个有机的结构整合体,它具有自身的调整性和转换性;或者说,结构在外部环境或者系统要素发生变化的情况下,能够实现系统自身的结构和功能转换,以适应新的环境的要求,创建新的系统。"① 系统整体性质和功能的变化建立在系统结构的转换基础上,甚至可以说,系统的全部意义都体现在它的结构之中。因而研究事物的内在结构对于分析事物的内部联系,认识和把握事物存在和发展的客观规律具有重要意义。公民理性结构的研究正是基于这种结构主义的视角,把公民理性看成一个具有内在要素和层次的整体性结构,通过剖析公民理性的构成要素和层次,进而在理论上架构公民理性的结构模型来深化我们对于公民理性结构内容的认识。公民理性的结构是指公民理性体系内部各构成要素之间、诸层次之间相对稳定的联结形态和作用方式。具体来说,公民理性的结构研究需要涉及"公民理性所包括的要素和层次、要素之间的逻辑关系、层次之间的逻辑关系以及不同要素或层次对于公民理性整体性质的意义和影响等问题"②。

二 公民理性的结构内容

美国文化人类学家克鲁克洪指出:"每一种文化都是关系的复合体,都是既有序且相关的部分的多重体。"③ 公民理性作为人类政治文化的一部分,也是一个内容丰富的结构复合体。要对公民理性做到深刻而具体的认识,就需要对公民理性进行结构分析。作为一种现代意识,公民理性的结构是一个包含诸多观念要素和诸多观念层次的整体。要素结构呈现的是公民理性组成要素的横向形态,层次结构呈现的是公民理性观念层次的立体格局。

(一) 公民理性的要素结构

公民理性作为社会主体对于公民角色这一社会现象的自觉反映,它已经形成了一个特殊的观念系统,观念系统的内容就是其构成要素,而

---

① 刘旺洪:《法律意识论》,法律出版社2001年版,第56页。
② 张健:《公民理性内涵:公民现象的反思与公民特质的认同》,《人文杂志》2009年第1期。
③ [美]克鲁克洪:《文化与个人》,高佳译,浙江人民出版社1986年版,第11页。

各要素之间的相互联系和组合方式就形成公民理性的要素结构。要具体分析公民理性的要素结构，我们就需要从公民理性的概念入手，因为公民理性的概念是对公民理性主要内涵的高度概括，从中我们可以很清晰地把握公民理性的主要构成要素。公民理性作为现代社会成员对于公民角色及其价值的自觉反映，它主要是指公民对于自身在政治和法律上的地位、自身的权利和义务以及公共政治参与的认知和价值观，它主要侧重于公民主体人格、公民的权利、公民的责任、理性参与这四个方面。因此，我们认为公民理性主要包含以下几个观念要素。

1. 主体意识

黑格尔曾经将现代性的核心原则界定为主体性，而公民角色的价值就在于其对人的主体性颂扬，它是要实现传统依附性人格的现代性转变，塑造公民的主体性人格，培养公民的主体意识。公民的主体意识主要以公民的自觉性和自主性为主要的价值涵摄，自觉性和自主性是公民理性形成的前提和基础。没有自觉性和自主性，公民主体意识就无法形成，公民理性更是无从谈起。"那些不感到自己是人的人，就像繁殖出来的奴隶和马匹一样，完全成了他们主人的附属品。"[①] 自觉性是和自发性相对应的，它是对自发性的升华与超越。概括地说，人的自发性是指"人没有对客观事物本质和规律的认识，没有明确的自我意识的一种精神状态和行为状态"[②]，只是人在无意识和不自觉的状态下的活动。自觉性是指人基于自我需要而对客观对象进行理性认识的状态，它以自我意识的觉醒和理性自觉为主要内涵。自我意识是人作为主体而对自身与客体关系的自觉意识，它使个体由自发的存在发展到自觉的存在。理性自觉是对自我与客体本身以及相互之间关系的理性把握。正是在个体自觉的基础上才会产生个人的自主性，而自主性主要是指自我主宰、自我行动与自我制约。正如科恩所说："自主有两个尺度，第一个尺度描述个体的客观状况、生活环境，是指相对于外部强迫、外部控制的独立、自由、自决和自主支配生活的权利与可能。第二个尺度是对主观现实而言，是指能够合理地利用自己的选择权利，有明确目标，坚韧不拔和有进取心。自主的人能够认识并且善于确定自己的目标，不仅能够成

---

① 《马克思恩格斯全集》第 1 卷，人民出版社 1956 年版，第 409 页。
② 宋锦添：《自觉能动性研究》，中国人民大学出版社 1986 年版，第 75—76 页。

功地控制外部环境，而且能够控制自己的冲动。"① 自主性是与依附性相对应的，它标志着人的自觉性的真实表达。可以说，自觉性和自主性是人的主体性的内在规定和本质特征，更是人的主体地位的确证。从政治属性来说，公民主体意识就是指公民对于公民角色的理性自觉，能意识到自身不再处于政治奴役和压迫的地位，而是在政治国家中具有自觉自主地位的主体并具有平等的政治身份，是拥有完备的个人权利和义务的主体性存在，更是公共政治生活中的有效参与者。作为政治主体，公民应该对公民和国家的关系属性有明确的认知，即能意识到公民全体是国家权力的所有者，公民权利是国家权力的来源。公民权利免受国家权力的侵犯，并构成了国家权力运行的边界，同时公民要以对国家权力的服从作为回馈，公民与国家都有彼此尊重和相互制约的权责体系。

2. 权利意识

就现实性而言，"人实质上不同于主体，因为主体只是人格的可能性，所有的生物一般来说都是主体；所以，人是意识到这种主体性的主体，因为在人里面我完全意识到我自己，人就是意识到他的纯自为存在的那种自由的单一性"②。就是说，人首先要在思维中把握自己的存在，认识到自己是一个具有自由选择能力的主体，有了主体的意识之后才能产生自由自觉的活动。在活动的过程中，人通过人的本质力量的客体化进一步确证了自身的主体价值，同时也产生了自我存在和发展的内在需求，正是这种需求最后凝结为主体的权利。因此，权利是对人的主体性的现实肯定，更是人的主体性价值的本质体现。葛德文认为："不允许一切的人在相当的程度上运用他们自己斟酌行事的能力，就不会有自主，就不会有进步，就不会有德行和幸福，这是一种具有最高神圣性的权利。"③ 权利是主体的权利，权利表征着个人是作为独立自主的人而存在的。对于什么是权利？学术界仁者见仁、智者见智，有利益说、自由说、选择说、要求说、规范说，等等。在这里为了加深理解，我们就

---

① [苏联] 科恩：《自我论：个人与个人自我意识》，佟景韩译，生活·读书·新知三联书店1986年版，第407页。
② [德] 黑格尔：《法哲学原理》，张企泰译，商务印书馆1961年版，第46页。
③ [英] 威廉·葛德文：《政治正义论》，何慕李译，商务印书馆1980年版，第607页。

从更深层次的哲学角度来诠释，其实"权利就是社会以肯定的规范方式对主体自由的限制"①。权利首先关涉的是主体的自由，享有权利的前提是主体具有作为主体性选择的自由，即具有按照自我意识选择的可能性。卢梭曾说过："放弃自己的自由，就是放弃自己做人的资格，就是放弃人类的权利。"② 同时这种自由权利需要取得他人和社会的承认，就是要求他人和社会承认自己的主体地位，承认自身作为主体所具有的自由。由于主体自由之间是会产生冲突的，所以权利不仅仅意味着主体自身自由，它还是一种对主体自由做出限制的社会规范。康德认为权利的普遍法则可以"外在地要这样去行动：你的意志的自由行使，根据一条普遍法则，能够和所有其他人的自由并存"③。正如罗尔斯在《正义论》一书中对平等的自由原则所做的阐述："每个人对其他人所拥有的最广泛的基本自由体系相容的类似自由体系应有一种平等的权利。"④ 在这里我们看到，权利既包含对自身主体性的肯定，同时也包含对他人主体地位的承认，权利的实现要以承担尊重其他主体权利的责任作为前提。所以说，权利是一种限制主体自由的社会规范，它以固定化和规范化的形式确立了主体间自由选择的界限和范围。而且作为一种限定主体自由的社会规范，限制的规则必须是正义的，即对权利的肯定和对待必须满足公平性的要求，这样才能获得主体的认同并产生效力。所以说，权利作为人类主体价值的确证方式还必须体现对普遍正义准则与价值的追求。正是从这意义上来说，"权利意识是一种特殊的意识，其特殊之点在于，它是主体对自身主体性的肯定意识，是对主体间自由方式的规则意识，同时也是对主体间交往规则的正义意识；因此，概括说来，权利意识是主体对自身在主体间交往中根据正义的规则所应当享有的自由的意识；从具体的表现形式来说，权利意识主要指公民对于自身权利、权利间的正义规则体系以及维护自身权利有效方式的认知、理解和态度"⑤。

---

① 常健：《当代中国权利规范的转型》，天津人民出版社2000年版，第21页。
② [法] 卢梭：《社会契约论》，何兆武译，商务印书馆1997年版，第16页。
③ [德] 康德：《法的形而上学原理：权利的科学》，沈叔平译，商务印书馆1991年版，第41页。
④ [美] 罗尔斯：《正义论》，何怀宏等译，中国社会科学出版社1988年版，第56页。
⑤ 常健：《当代中国权利规范的转型》，天津人民出版社2000年版，第43页。

3. 责任意识

康德认为："不论做什么，总应该做到使你的意志所遵循的准则永远同时能够成为一条普遍的立法原理。"① 在康德心目中，这个普遍的准则就是"绝对命令"，它是最高的法律准则并以深厚的道德自律为基础，是人类行为的普遍法则。权利现象作为一种调节人类行为的社会规范也必定以"绝对命令"为内在依据。康德指出："严格的权利也可以表示为这样一种可能性：根据普遍的法则，普遍的相互强制，能够与所有人的自由相协调。"② 主体之间相互的强制就意味着权利绝不仅仅是单纯的自由意志，而且表明意志的"自律"，它还与一定的责任相联系。可以说，权利本身就内在地包含着责任的要素，这也是"绝对命令"的内在要求。所以康德才说："我们唯有通过'绝对命令'才认识我们的自由——由于我们是自由的，才产生一切道德法则和因此而来的一切权利和义务；而权利的概念，作为把责任加于其他人的一种根据，则是后来从这种命令发展而来的。"③ 所以，从来就不存在不需要承担责任的抽象的主体权利，任何一种行为既要遵循权利法则，同时也要遵循责任法则。责任的法则按照康德的理解主要是指理性地、客观地和普遍地以命令的形式向个人提出他应该如何行动，它意味着对行为的一种正当性与应当性的约束。按照责任的形式，我们可以把它主要分为法律责任和伦理责任，其他一些责任形式都可以说是这两种责任外延的逻辑延伸。法律责任具体来说就是法律上与权利相对应的义务，它主要由外在的立法机关以契约正义为基点而确立的强制性约束，而伦理责任主要是指依靠内在良知和自觉而表现出来的对他人、社会和国家负有责任的精神。正是基于以上分析，我们认为责任意识就是指对强制性义务的认知、理解和态度以及对于人性价值和公共价值内在的精神追求。具体来说，公民责任意识是指公民对于自身在政治上和法律上的义务有明确的认识，表现为公民履行其对于其他公民和国家的义务，同时对于人性和公共生活持有的一种信念和承诺，并

---

① ［德］康德：《法的形而上学原理：权利的科学》，沈叔平译，商务印书馆1991年版，第38页。
② 同上书，第42页。
③ 同上书，第34—35页。

表现为对他人价值的尊重以及具有对公共事务积极关注、理解和勇于承担的心理倾向。

4. 理性参与意识

伴随着政治民主化潮流的推动，传统排他性、等级性的贵族政治逐渐被大众参与的民主政治所取代。民主的价值内核就在于让全体公民真正平等地、普遍地参与国家事务来主导或影响政治过程。这意味着从事政治活动不再是少数阶级、阶层或集团的特权，而是成为政治体系中任何政治主体的一项普遍的权利。正如达尔在《现代政治分析》一书中所说："民主是一种政治体系，其中所有成年公民可以广泛分享参与决策的机会。"① 在现代社会，公民对公共事务的参与已经成为法律赋予公民的权利，公民有权依据宪法和法律来参与国家政治生活并影响政治过程。从某种意义上说，公民政治参与的水平已经成为衡量政治民主化的重要标志。正如亨廷顿所说："现代政治体系与传统政治体系的不同之处，在某种程度上即在于参政水平的不同。"② 这说明现代民主政治体系和公民政治参与是密切相关的，它要求公民更多地参与政治过程。公民参与既可以为政治体系的合法性提供必要的心理认同，同时也可以有效地监督公共权力并保证其运行的规范化，因而政治体系的运作离不开公民有效的政治参与。密尔在《代议制政府》中曾指出："政治机器不会自行运转，它需要的不是人们单纯的默从，而是人们积极的参与。"③ 对于公民自身来说，政治参与不仅仅意味权利的行使和义务的履行，更为重要的是公民需要通过监督和制约公共权力来有效地维护自身的权利。因此，公民只有通过参与公共政治生活才能真正实现自己的权利和义务，展现公民角色的价值，并最终确立公民在政治上的主体地位。

（二）公民理性的层次结构

从总体上来说，公民理性属于政治文化中的政治意识层面。"政治意识是政治生活与政治活动的心理反应和精神现象，是人们在特定的社

---

① ［美］达尔：《现代政治分析》，王沪宁译，上海译文出版社1987年版，第21页。
② ［美］亨廷顿：《变化社会中的政治秩序》，张岱云译，上海译文出版社1989年版，第85页。
③ ［英］密尔：《代议制政府》，汪瑄译，商务印书馆2007年版，第7页。

会形成的政治态度、政治情感、政治认知、政治信念、政治习俗、政治价值的复合存在形式。"① 如果把政治文化按照"三分法"来分为政治心理、政治意识和政治思想三个层次，那么，与政治心理相比，政治意识不再是完全处于对政治现象自发的、直观的感性认识阶段，而是逐步脱离感性阶段并形成更多理性的认识，因而其理性成分增加，感性部分减少。与政治思想相比，它又缺乏一种相对完整的、系统化的对政治现象的认识体系，而是表现为对零散的政治现象或问题的认识，其系统性和理论性稍显不足。可以说，政治意识是感性程度较高的政治心理和理性程度较高的政治思想之间的一个中介环节或过渡阶段。在这个过渡阶段，既有感性的政治心理成分，也有理性的政治思想因素，两者交织在一起。具体到公民理性来说，它是现代社会成员对于政治系统中公民角色这一政治对象的自觉反映，它主要体现为公民对于自身在政治和法律上的地位、自身的权利和义务以及公共政治参与的认知、感受和评价。从这个角度说，公民理性应该分为公民对于公民角色的政治认知、公民对于公民角色的政治情感以及公民对公民角色的政治价值观这三个层次。

1. 公民对于公民角色的政治认知

"政治认知是政治主体对于政治生活中各种人物、事件、活动及其规律等方面的认识、判断和评价，即对各种政治现象的认识和理解。"② 政治认知的形成是一个过程，政治主体首先会综合反映与感知政治对象的不同侧面，然后对其进行判断、推理和评价，此时政治认知才会产生。政治认知是政治情感和政治价值观产生的基础。政治主体通过家庭、学校、媒体、社会组织等多种渠道获得对政治生活的了解，在这个前提下才会产生一定的政治情感，并基于其所掌握的政治知识以及所产生的情感，政治主体才会对政治对象形成相应的判断和评价。每一个社会因其对秩序的需求总会在社会成员中呈现出共同的政治认知，但对于个体成员来讲，由于各自特殊的经历、教育、经验等因素，个体政治认知的程度总是存在差异。认知的差异会导致不同的行为向度，最终也会对政治系统产生一定的影响。一般来讲，政治主体对于政治的关注程度

---

① 杨海蛟：《政治意识论》，山西教育出版社2001年版，第1页。
② 时延春：《公民政治素质研究》，郑州大学出版社2004年版，第41页。

将受制于其政治认知的程度,缺乏权责认知的主体很难做到通过政治参与来维护自身的权利并承担自身的责任。公民对于公民角色的政治认知主要是指公民对于公民角色的认识和理解,其主要表现在公民要认识到自己的政治和法律地位、自身的权利和义务以及政治参与的渠道、方式和程序。公民对这些问题的认知程度会直接关系到公民角色实现的真实性,进而会影响到公民与国家之间权责体系的平衡,而这种平衡对于权力的规范运行以及公民权利的实现至关重要。

2. 公民对于公民角色的政治情感

"政治情感是人们在政治生活中形成的感受和体验,是人对政治的主体品味和心理向背。"① 作为一种非理性的直观内心体验,其情感的基础是长期政治和社会生活的心理积淀。社会中每一个成员面对政治体系及其各部分时都会有自己的情感体验和态度取向,而这种态度取向是一种较为稳定的固化反应。阿尔蒙德和维巴在合著的《公民文化——五国的政治态度和民主制》一书中曾对五个国家中公民对于本国政治制度的态度进行调查,结果"85%的美国回答者引证了某些美国政府或政治传统——宪法、政治自由、民主,以及类似的东西,相比之下,英国为46%,西德为7%,意大利为7%,墨西哥为30%。可以看出,美国人和英国人比其他国家的回答者更经常谈到公共政治的成就,更感到自豪,另一个极端,在意大利,回答者回答说没有值得自豪的东西,或'不知道'有什么东西可以自豪的人占最大多数"②。这表明人们对于政治系统及其各部分有可能保持忠诚和关切的态度并给予积极的评价,也有可能保持冷漠的态度而毫不关心,更有可能对其深恶痛绝并给予消极的评价,这些不同的政治情感深深地影响着政治系统中成员的政治行为。公民对于公民角色的政治情感就是指公民对于公民角色的感受和体验,具体表现在公民对于自身在政治和法律上的地位、自身的权利和义务以及公共政治参与的情感体验和态度取向。公民在政治上和法律上独立而平等的人格尊严是否得到应有的尊重,自身的权利和义务是否得到有效的保障以及政治参与是否获得真实性体现都直接关系到公民对于公民角色的感

---

① 马文辉:《论政治文化的实质与属性》,《政治学研究》1996年第4期。
② [美]阿尔蒙德:《公民文化——五国的政治态度和民主制》,马殿君等译,浙江人民出版社1989年版,第93页。

受,而这种感受的差异又会直接关系到公民获得政治认知的积极性以及政治评价的好坏,最终会主导公民的政治行为并对政治体系产生影响。

3. 公民对于公民角色的政治价值观

人类政治生活始终受到一定价值取向的支配和引导。政治价值主要指人们对政治活动和政治现象做出的价值判断,它主要涉及的是在分析政治问题过程中对于不同价值标准的使用。人们在政治活动中总会对政治现象做出自己的评价,而这些都是根据一定的政治价值标准。在政治领域中,民主、自由、平等、公平等都是非常重要的政治价值,人们正是基于这些标准然后才会做出是非、善恶、优劣等一系列政治判断,然后内化为特定的政治价值观。由于政治价值又是政治行为的动机,它构成人们政治行为的基本要素,因而会对个人的政治行为产生持久而深刻的影响。政治价值首先涉及的就是政治的道德追问。法国启蒙思想家卢梭认为政治问题本质上就是道德问题,他说你要将政治问题与道德问题分开,那么,你既不能理解政治,也不能理解道德。罗尔斯在《正义论》一书中也指出:"正义是社会制度的首要价值,正像真理是思想体系的首要价值一样;一种理论,无论它多么精致和简洁,只要它不真实,就必须加以拒绝和修正;同样,某些法律和制度,不管它们如何有效率和有条理,只要它们不正义,就必须加以改造或废除。"[1] 这表明政治需要以一定的道德准则为基础,对于政治价值来说,它也需要富含必要的道德意蕴。政治价值还涉及政治信仰的问题,信仰是指人们在对价值的终极追求中形成的精神生活模式。从这个意义上来说,政治价值就是人们对于理想的政治生活的追求和向往,这也是政治价值观需要回答的基本问题。公民对于公民角色的政治价值观就是指公民对于公民角色价值的分析与评价以及对于公民角色理想状态的诉求。公民在政治上和法律上的独立平等地位表达了人类对于独立、自由、平等价值的向往,公民作为对等的权利义务主体体现了人类对于正义、法治、秩序价值的崇尚,公民对于公共政治生活的参与更是展现了人类对于民主价值的无限追求。公民对于这些价值的追求就是要实现公民角色的理想状态,并使自身真正成为政治生活的主体。

---

[1] [美]罗尔斯:《正义论》,何怀宏等译,中国社会科学出版社1988年版,第3页。

第二章 公民理性发展的经济性机制

第一节 从自然经济到市场经济：经济形态的演变

历史唯物主义认为每一种社会形态都是经济基础和上层建筑的统一体，其产生和发展都是经济基础与上层建筑矛盾运动的结果。经济基础是指同物质生产力一定发展阶段相适应的占统治地位的生产关系的总和，上层建筑是指建立在一定经济基础之上的社会意识以及政治法律制度、组织和设施的总和。上层建筑包括政治上层建筑和观念上层建筑两部分，政治上层建筑属于实体性上层建筑，具体指建立在一定经济基础之上的政治法律制度及军队、警察、法院、监狱、政府机关等设施，以及与之相适应的一套组织。观念上层建筑是一定社会的意识，具体指建立在一定经济基础之上的政治、法律、艺术、哲学、宗教等观点，它和政治上层建筑在互动作用的过程中一起构成完整的上层建筑体系。经济基础和上层建筑的关系是辩证统一的，经济基础决定着上层建筑的产生、性质和变化。马克思指出："人们在自己生活的社会生产中发生一定的、必然的、不以他们意志为转移的关系，即同他们的物质生产力的一定发展阶段相适合的生产关系，这些生产关系的总和构成社会的经济结构，即有法律的和政治的上层建筑竖立其上并有一定的社会意识形态与之相适应的现实基础。"[①] 也就是说，政治的和思想的上层建筑都根源于其经济基础，任何上层建筑的性质都是由一定的经济基础所决定

---

① 《马克思恩格斯选集》第2卷，人民出版社1972年版，第82页。

的，随着经济基础的变更，全部庞大的上层建筑也或慢或快地发生变革。但上层建筑并不是盲目地受经济基础所决定，它具有相对的独立性以及自身形成和发展的特点，它对经济基础也会产生能动的反作用，但这种反作用的性质和程度归根到底取决于经济基础发展和变革的要求。所以说，每一时代的经济形态形成了社会的现实基础，任何上层建筑都可以从经济基础上找到其根源。公民理性作为一种社会意识是属于观念上层建筑的内容，它既是与政治上层建筑互动作用的结果，同时其产生也是建立在一定的经济基础之上的，是特定的经济形态意志化的产物。马克思曾指出："物质生活的生产方式制约着整个社会生活、政治生活和精神生活的过程，不是人们的意识决定人们的存在，相反，是人们的社会存在决定人们的意识。"[①] 任何社会意识都是在社会发展的历史过程中形成的，是主体世代实践和认识过程本身的内化和积淀，社会的存在方式、生产方式和主体的实践方式对于社会主体文化的意识结构起着最终的决定作用。因此，通过考察公民理性与经济基础之间的关系对于我们解读公民理性的发展机制将具有十分重要的意义。

一　传统自然经济形态

任何社会现象产生和发展的动力都是根源于特定的经济形态，而人类社会经济形态的演变是有其内在规律的。马克思在阐述人类社会演变规律时曾指出："人的依赖关系起初完全是自然发生的，是最初的社会形态，在这种形态下，人的生产能力只是在狭窄的范围内和孤立的地点上发展着；以物的依赖性为基础的人的独立性，是第二大形态，在这种形态下，才形成普遍的社会物质变换，全面的关系，多方面的需求以及全面的能力体系；建立在个人全面发展和他们共同的社会生产能力成为他们的社会财富这一基础上的自由个性，是第三个阶段，第二个阶段为第三个阶段创造条件。"[②] 后来在《资本论》中他把人类社会形态的演变表述为"直接的社会关系""物化的社会关系"和"自由人的联合体"三个阶段，与这三个阶段对应的经济形态分别是自然经济、商品经济和产品经济，并认为这三大经济形态的依次演进是一种自然的历史过

---

①《马克思恩格斯选集》第2卷，人民出版社1972年版，第82页。
②《马克思恩格斯全集》第46卷（上），人民出版社1979年版，第104页。

程。自然经济是迄今为止人类历史上最为古老的生产形式,由于其生产力水平低下以及社会分工不发达,因而也就成为原始社会、奴隶社会和封建社会中占主导地位的经济形态。在自然经济社会中,由于"经济条件的全部或绝大部分,还是在本经济单位中生产的,并直接从本经济单位的总产品中得到补偿和再生产"①。所以,它是自给自足经济,即生产是为了直接满足生产者个人或经济单位的需要而不是为了交换的经济形式。原始社会的自然经济是以家庭、部落或部落联合等自然共同体为生产单位,成员集体劳动与协作并共同占有财产。马克思指出:"公有财产是原始形式,这种形式还以公社财产形式长期起着显著的作用。"②公有财产主要是通过公共分配来满足公社内部成员的需要,但公社成员对财产的占有并不是以独立的个人为基础,而是以公社成员身份为前提,"每一个单个的人,只有作为这个共同体的一个肢体,作为这个共同体的成员,才能把自己看成所有者和占有者"③。可见,最初的财产关系中个人缺乏独立存在的地位,他只有属于并依附于原始共同体才能满足其生存的需要。后来虽然因少量剩余物的产生而出现有限的交换,但那也只是为满足直接的需要而附带进行的,其并未触及原始共同体自给自足的自然经济形式。

到了原始社会向奴隶社会演变的过程中,剩余产品的增加导致私有制的产生以及阶级分化的出现,以原始共同体为基础的生产方式逐渐消失,共同体本身也开始慢慢解体。尤其随着土地成为私有财产,原始共同体经济逐渐被家庭经济所取代。西方的古希腊罗马时期主要实行的就是这种家庭经济,即以家庭为单位的,自给自足的农耕文明基本上成为占统治地位的生产方式。虽然也曾出现过一定规模的商品经济,但它只是处于从属的地位,起着补充的作用。当时的古希腊哲学认为,"凡是自然的就是合理的,而自然是指合乎人类和事物的本性,家庭经济就是按照人类天赋本性的不同(奴隶和主人、男人和女人)进行自然分工来获取自然的东西,因而也是合理的"④。当时自然经济的内容主要表

---

① 《马克思恩格斯全集》第 25 卷,人民出版社 2001 年版,第 896 页。
② 《马克思恩格斯全集》第 46 卷(上),人民出版社 1979 年版,第 25 页。
③ 同上书,第 472 页。
④ [古希腊]亚里士多德:《政治学》,吴寿彭译,商务印书馆 1965 年版,第 15 页。

现为自给自足的家庭经济或家庭管理，马克思在论述希腊人公社时曾指出这种公社存在的前提是"组成共同体的那些自由而自给自足的农民之间保持平等，公社的继续存在，便是那作为自给自足的农民的全体公社成员的再生产"①。后来到西欧的中世纪时期，封建领主制经济又成为典型的自然经济，其组织形式是封建庄园，庄园上能生产大部分生活必需品，也有从事手工业劳动的少数工匠，每一个领地或庄园通过内部交换和协作基本上能够自给自足。庄园经济本质上是封建主凭借对土地的等级占有而用超经济强制手段压迫和剥削直接生产者（农奴和农民）的经济形态。与土地的封建等级占有相适应，政治上也形成了严格的等级制度。农奴和农民分别在人身上和土地上依附于领主，领主可以将农奴连同土地一起转让、赠送或出卖，也可以对农民进行残酷的掠夺和压榨。此时自然经济也具有新的含义，它不仅仅是一种家庭经济，其还是为满足剥削者的直接消费而进行生产的经济。恩格斯说："生产或者是为了生产者本身的直接消费，或者是为了他的封建领主的直接消费，只有在生产的东西除了满足这些消费以外还有剩余的时候，这种剩余才拿去出卖和进行交换。"②

可以说，在自然经济形态下，个人缺乏应有的独立性，"人的依附关系成为物质生产活动中社会关系的典型特征，由于人的生产能力的狭隘性和孤立性，人们进行物质生产生活的前提只能是以人的依附关系为某种联系来进行着程度很低的人与自然之间的物质交换；这种物质生产活动基本上是在以人的依附关系所组成的单位内独立地进行，其结果只能是使人们从自然界里简单地再生产出自己，也再生产出人的依附关系"③。而且在这种生产力发展水平不高的自然经济条件下，人与自然还处于完全同一的状态中，人不可避免地会受制于自然界，并表现出对自然力量的崇拜。当人还没有从自然界的压迫和束缚中解脱出来之前，人还只是被自然界所支配的客体，而不是能自由地利用和改造自然界的主体，即还不具备真正的主体资格。人对自然的依赖性决定了人自身依附关系的必然性。"虽然个人之间的关系表现为较为明显的人的关系，

---

① 《马克思恩格斯全集》第46卷（上），人民出版社1979年版，第476—477页。
② 《马克思恩格斯选集》第3卷，人民出版社1972年版，第441页。
③ 公丕祥：《权利现象的逻辑》，山东人民出版社2002年版，第352页。

但他们只是作为具有某种社会规定性的个人而相互交往,如封建主和臣仆、地主和农奴等等,或作为种性成员等等,或属于某个等级等等,所以,人与人之间的关系就表现为人的限制即个人受他人限制的那种规定性。"[1] 所有这些情形反映到人的意志上则必然表现为人对外部自然力、共同体内部的血缘关系以及政治强权的屈服和崇拜,此时人的主体性还只是一种潜在的、自发的主体性。马克思把自然经济条件下的人称为"狭隘地域性的个人""狭隘人群的附属物",[2] 也就是尚未达到独立的个人,人的自我意识还处于自发阶段。由于缺乏一种主体性的能力,他们在给自我进行价值定位时必然表现为一个非主体性的价值自我。用梅因的话来说,就是"在人类最初的社会经济形态里,是以父家长权为核心的团体本位格局,在这里,是排斥和蔑视个人的权利的,因而也就不可能产生以个人自由、平等、权利为主要内容的契约观念,更不可能超越现实经济关系的束缚而建立起占主导地位的契约关系"[3]。因此,自然经济条件下个体产生的只能是依附和顺从的观念,而不可能形成以个体独立和平等为标志的主体意识,公民理性自然也就无法产生。

二 现代市场经济形态

到了封建社会末期,自然经济开始解体并逐渐被资本主义商品经济所取代。商品经济与自然经济相区别,它是指直接以交换为目的的经济形式,包括商品生产和商品交换。商品生产是指以交换为目的的生产,而商品交换是指以等价交换为原则的物物交换或者是以货币为媒介的商品交换。商品经济是社会大分工的产物,畜牧业、手工业从农业中分离使得商品交换和商品生产得以产生,等到第三次大分工即商业也分离出来以后,它创造了一个不再从事生产而只从事产品交换的阶级——商人,这是文明时代具有决定性意义的一次社会分工。"由分工而产生的个人之间的交换,以及把这两者结合起来的商品生产,得到了充分的发展,完全改变了先前的整个社会。"[4] 此时商品生产和商品交换开始普

---

[1] 《马克思恩格斯全集》第46卷(上),人民出版社1979年版,第11页。
[2] 同上书,第18页。
[3] 蒋先福:《契约文明:法治文明的源与流》,上海人民出版社1999年版,第81页。
[4] 《马克思恩格斯选集》第4卷,人民出版社1972年版,第170页。

遍化，进而商品经济得以确立。应该说，商品经济很早就出现在奴隶社会和封建社会中，但那时只是一种原始商品经济或简单的商品经济，其主要依附于自然经济而存在，但后来随着资本主义的发展，商品经济才逐步取代自然经济而成为普遍的经济形式。我们要想深刻理解商品经济的本质，必须首先需要把握资本主义发展过程的历史与逻辑。资本主义产生的首要前提就是雇佣劳动的出现，劳动者既不是奴隶制下他人的附属物，也不是封建社会下的土地依附者，而是能自由支配自己劳动活动的主体。这样劳动者才能成为交换关系的一方，自由让渡自己的劳动能力，"就单个人的、现实的人格来说，在这种情况下，工人有选择和任意行动的广阔余地，因而有形式上的自由的广阔余地"①。所以，雇佣劳动的出现要以自由出卖劳动力的劳动者的产生为前提，此时以自由交换关系为基础的生产才会出现。在这一关系中，"活劳动能力属于本人自己，并且通过交换才能支配它的力的表现，双方作为人格互相独立，在形式上他们之间的关系是一般交换者之间的平等和自由的关系"②。任何人都不能通过不平等的权力关系直接占有劳动者的劳动，而必须以向劳动者提供生活资料作为交换。资本主义产生的另一个前提是劳动者同劳动的客观条件（劳动资料和生存资料）相分离。劳动者从人身或土地的依附关系中摆脱出来，劳动者与劳动的客观条件原先的肯定关系被否定，他们唯一所有就是能够自由交换的劳动能力。"这样一来，首先有大量的活劳动力被抛到劳动市场上，他们在双重意义上是自由的：摆脱旧的保护关系或农奴依附关系以及徭役关系而自由了，其次是丧失一切财物和任何客观的物质存在形式而自由了，自由得一无所有；他们的唯一活路，或是出卖自己的劳动能力，或是行乞、流浪和抢劫，他们最初力图走后一条路，但是被绞刑架、耻辱柱和鞭子从这条路上赶到通往劳动市场的狭路上去。"③ 劳动者与劳动资料和生存资料的分离使劳动者不得不通过交换自己的劳动能力来换取生存所需要的生活资料，同时劳动资本也才能从先前分散的个人占有状态中游离出来，以自由的、集中的形式而存在，这种集中的资本形式转而又成为购买自由劳动和劳

---

① 《马克思恩格斯全集》第 46 卷（上），人民出版社 1979 年版，第 463 页。
② 同上书，第 462 页。
③ 同上书，第 510 页。

动资料的客观条件。所以,自由交换关系的形成除了需要自由的劳动者之外,还需要资本的不断集中,而这一方面通过劳动资本的自由集中来实现原始积累,另一方面则通过雇佣劳动物化后所产生的使用价值来积累。马克思认为:"雇佣劳动是设定资本即生产资本的劳动,也就是说,是这样的活劳动,它不但把它作为活动来实现时所需要的那些物的条件,而且还把它作为劳动能力而存在时所需要的那些客观要素,都作为同它自己相对立的异己的权力生产出来,作为自为存在的、不以它为转移的价值生产出来。"① 在这里,雇佣劳动简单地说就是指能生产剩余价值的劳动,它能创造价值并实现价值增值,这也是促使自由交换关系形成的动力和源泉。所以说,资本主义产生的两个前提条件密切关联,缺一不可,它们共同促成了劳动力所有权和资本所有权的确立,而这是建立在交换价值这种支配着生产关系和交往关系的总和的经济关系本身的前提下的。即在交换的过程中,各交换主体都拥有对自己商品的所有权,要想占有他人的商品或劳动,则必须通过转让等价的自己的商品或劳动来获得,此时自由交换体系才得以形成,这同时也标志着近代资本主义商品经济的出现。

资本主义商品经济的出现赋予了社会交往新的独特表现形式,其本质上体现了人与人之间以自由和平等为标志的法权关系,并使这种法权关系通过商品交换的物化形态表现出来。马克思指出:"如果说经济形式,交换确立了主体之间的全面平等,那么内容,即促使人们去进行交换的个人材料和物质材料,则确立了自由;可见,平等和自由不仅在以交换价值为基础的交换中得到尊重,而且交换价值的交换是一切平等和自由的生产的、现实的基础。"② 也就是说,资本主义商品经济使人的血统差别和身份等级被个人间自由和平等的事实所打破,个人从前资本主义社会中人的依附关系中解放出来,不再受他人意志或权力的支配,而成为具有独立性的主体。此时的独立性是以对物的占有或依赖为基础,即个人以对物的所有权表征自己的独立性,并借助于物的交换价值为中介来构成普遍的社会联系。马克思指出:"形成人对物的依赖关系的基础,乃是发达的交换体系的存在,交换关系反映了人们相互之间的

---

① 《马克思恩格斯全集》第46卷(上),人民出版社1979年版,第461页。
② 同上书,第197页。

物化的关系，因而是物化的交换价值。"① 个人独立性的确立同时也意味着人们克服了生产的狭隘性以及对自然的盲目崇拜，开始意识到自身并非受他人或外物任意摆布和控制的被动存在物，而是具有自我意志和本质力量的主体，人不再单纯地依赖自然，而是可以通过对外部世界的认识和改造去利用自然。所以，商品经济的确立表明自然经济条件下"人的依附关系"发展到了"以物的依赖性为基础的人的独立性"，② 同时也标志着人的发展质的飞跃，即人的主体性的确立。此时人是作为具有独立自主意识的主体而存在的，在商品经济中可以根据自己的意愿、需求和能力来进行生产和交换活动，正如马克思所言："他们为独立的私人而生存，自己主动进行生产，只是取决于他本身的需要和他本身的能力，从本身出发并且为了本身。"③ 因此，在商品经济中，人通过自主自愿的生产或交换来实现其对于利益的追求。由于商品经济都必须通过市场机制来实现，随着商品经济的发展，市场机制也越来越发达，当市场机制发达到能对资源配置起基础作用的时候，商品经济也就具有了市场经济的性质。此时市场经济通过供求、价格、竞争等机制实现了资源配置和经济效率的最大化，从而进一步促进了商品经济的发展。所以说，市场经济是商品经济发展的必然结果，更是发达的商品经济的表现形态。

第二节 市场经济引导公民理性发展

"所谓市场经济，在本质上是以商品交换为特征，以市场运行为中心的社会劳动物质变换的方式，是以市场为基础的资源配置方式和经济运行调节方式。"④ 市场经济不仅仅是一种经济运作方式，同时也是一种社会生活方式，它在造就新的生活方式的同时也深刻地影响着人的观念意识。公民理性作为一种现代社会意识，是与市场经济相适应的文化

---

① 《马克思恩格斯全集》第 46 卷（上），人民出版社 1979 年版，第 108 页。
② 同上书，第 104 页。
③ 同上书，第 466 页。
④ 袁祖社：《权力与自由：私人领域的人学考察》，中国社会科学出版社 2003 年版，第 139 页。

价值观念，是市场经济反映在政治领域的意识表现，其与市场经济之间存在内在的契合。公民理性是公民对于公民角色及其价值的自觉反映，它主要体现在公民对于自身在政治和法律上的地位、自身的权利和义务以及公共政治参与的感受、认知和评价，其内容主要包括主体意识、权利意识、责任意识和参与意识，而这些意识的普遍萌发最早都是通过市场机制来完成的。市场经济在发展的过程中以其巨大的渗透力彻底实现了对自然经济的瓦解和超越，同时更实现了对人的依附关系的否定和颠覆，其对于独立、自由和平等价值的追求使人变成了具有价值感和尊严感的主体，从而才使人产生权利和责任的意识。市场经济使社会交往关系超越了自然经济条件下狭隘的血缘和地域限制，它要求社会成员摆脱根植于自然经济土壤中的血缘伦理和等级身份，而以独立平等的身份参与市场竞争和利益交换，并形成权利和义务相统一的契约式联结，而这一广泛交往活动的自由性、平等性、契约性、参与性等价值取向必然会辐射到政治、法律观念层面。对此，马克思曾经指出："平等和自由不仅在以交换价值为基础的交换中受到尊重，而且交换价值的交换是一切平等和自由的生产的、现实的基础；作为纯粹观念，平等和自由仅仅是交换价值的交换的一种理想化的表现；作为在法律的、政治的、社会的关系上发展了的东西，平等和自由不过是另一次方的这种基础而已，而这种状况也为历史所证实。"[①] 因而对于市场经济来说，其价值观念辐射到政治领域的结果就是现代公民理性的最初发展。

一 市场经济的主体性要求引发个人的主体意识

公民主体意识的觉醒是公民理性形成的主要表现，它表达了对公民之间独立、自由、平等的社会关系的现实要求。而作为自由和平等的现实基础的社会经济关系，市场经济集中反映了交换价值内在运行的特点和规律，即"交换价值的制度，或者更确切地说，货币制度，事实上是自由和平等的制度，流通中发展起来的交换价值过程，不但尊重自由和平等，而且自由和平等是它的产物"[②]。也就是说，主体之间的自由和平等是市场经济的集中体现，更是市场经济在法权关系上的必然要求。

[①] 《马克思恩格斯全集》第 46 卷（下），人民出版社 1980 年版，第 197 页。
[②] 同上书，第 477 页。

市场经济的法权意义在于它是平等的交换主体双方自由意志表示一致的过程。在市场经济中，商品交换过程要以交换主体双方的平权关系为前提，即以平等的身份进行交换。"每一个主体都是交换者，也就是说，每一个主体和另一个主体发生的社会关系就是后者和前者发生的社会关系，作为交换的主体，他们的关系是平等的关系，在他们之间看不出任何差别，更看不出对立，甚至连丝毫的差异也没有。"[1] 因此，市场经济是一种平等交换的经济形式，它是同一切地方特权、等级特权以及相互的人身束缚不相容的，而且体现了交换主体平等地位的法权要求，这不仅是市场经济运行的必然要求，更是市场经济发展的必然结果。同时在平等的基础上，交换主体双方也实现了各自的独立性，通过把自己的意志渗透到自由的商品交换体系中，"每个主体都作为全过程的最终目的，作为支配一切的主体而从交换行为本身中返回到自身，因而就实现了主体的完全自由"[2]。此时人与人之间不再是暴力占有或强制服从的关系，而是交换主体对彼此之间平等地位和自由选择的尊重与维护。所以说，市场经济是实现主体自由和平等的现实基础，更是体现交换双方主体意识的载体。人们在市场中一方面以追求自身利益最大化为原则独立地、自主地进行交换活动，另一方面又表现出对于自由和平等的市场交换规则的自觉遵守。正是市场经济的这种自由性和平等性彻底打破自然经济条件下的血缘伦理和等级依附，并形成了人与人之间以商品交换为媒介的自由平等关系，从而奠定了个人独立性的现实基础，人的主体地位和主体意识也不断地得以确立。

二 权利意识是市场经济中法权关系的凝结

权利意识是法权关系的意志化形态，而"法权关系是一种反映着经济关系的意志关系，这种法权关系或意志关系的内容是由这种经济关系本身决定的"[3]。也就是说，法权关系并不是由人们的意志凭空产生的，而是社会经济关系法权意志的凝结。社会经济关系是构成法权关系的现实基础，只有通过对社会经济关系的考察，我们才能从根源上真正认识

---

[1] 《马克思恩格斯全集》第46卷（上），人民出版社1979年版，第192页。
[2] 《马克思恩格斯全集》第46卷（下），人民出版社1980年版，第473页。
[3] 《马克思恩格斯全集》第23卷，人民出版社1972年版，第102页。

到法权关系的本质属性。在市场经济中，交换活动总是在交换主体意识的支配下进行，而这种意识的内容是由市场经济所决定的，离开了市场经济，这种意识便不会产生。按照马克思的理解，我们如果要考察市场经济与法权关系的联系，关键在于对所有权关系的分析。对于市场交换活动来说，一定的所有权构成这一活动的前提。"等价物的交换是以个人劳动产品的所有权为前提的，因此，好像把通过劳动的占有，即占有的现实经济过程，同对客体化的劳动的所有权等同起来了……这样的等价物的交换转向自己的反面，由于必然的辩证法而表现为劳动和所有权之间的绝对分离，表现为不通过交换不付给等价物而占有他人的劳动。"① 因而所有权关系本质上是一种法权关系，是通过人与一定客体的关系而形成的人们之间的经济利益关系。市场经济关系的确立必须要通过法权的形式来固化，这样才会出现交换主体对商品的所有权和支配权，市场交换体系才可能形成。正如马克思所说："商品不能自己到市场中去，不能自己去交换，因此，我们必须找寻它的监护人，商品所有者；为了使这些物作为商品彼此发生关系，商品监护人必须作为自己的意志体现在这些物中的人彼此发生关系，可见，他们必须彼此承认对方是私有者。"② 约翰·泰勒也指出："交换，如果发生的话，存在于所有权的转移和双方各自所持权利的共同承认。"③ 可以说，市场经济是一种权利经济，交换主体在交换之前就拥有对自己商品的所有权，交换主体又是作为权利主体而存在的，通过权利的自由交换与转移交换主体双方顺利地实现各自的需求。用亚当·斯密的话说就是，"市场的交换是一种特殊的交换，它不仅仅是物与物的易位，而且是对物的权利的相互交换"④。在市场经济发展的同时，权利交换关系也在不断生成，此时"过去表现为实际过程的东西，在这里表现为法律关系，也就是说，被承认为生产的一般条件，因而也就在法律上被承认，成为一般意志的表

---

① 《马克思恩格斯全集》第46卷（上），人民出版社1979年版，第518页。
② 《马克思恩格斯全集》第23卷，人民出版社1972年版，第102页。
③ ［美］奥斯特罗姆：《制度分析与发展的反思》，王诚等译，商务印书馆1992年版，第289页。
④ 林燕玲：《改革开放30年：中国工人权利意识的演进和发展》，中国社会科学出版社2009年版，第240页。

现"①。所以，权利关系是以市场经济为现实基础的，它反映着市场经济关系的内容，其意志化的结果就是交换主体对于相互之间所有权的尊重和维护，即权利意识。

三 市场经济中的契约式连接必然要求责任的约束

从整体上讲，市场经济是一种社会分工非常发达的商品经济，每个人都无法自给自足，而只能通过普遍的交换来满足各自的需求。此时人与人之间就形成了以物或货币为中介的相互依赖关系，而相互依赖关系的维持就意味着需要建立相互间的责任体系。这种责任体系在市场经济中主要表现为市场主体之间的契约关系，不通过契约的形式达成协议，市场主体之间的交换便不会发生。契约是形成商品交换关系必要的法律形式，也是市场主体表达合意性和互利性的协议，其主要内容就是界定市场主体各自的权利和义务。契约关系中既有权利性的成分，同时也有责任性的成分，即每个市场主体都应该有尊重和维护契约的责任意识，否则，契约关系便无法形成，市场经济也无法正常运转。从这个角度也可以说，契约能同时实现经济自由与经济秩序的统一。契约意味着市场主体能够自由地表达意志并进行自主的选择，在这里，自由既包括市场主体自身的自由，也包括市场主体间的自由，更包括整个经济体系的自由，它们之间都是密切关联和相互制约的。洛克认为："自由在于随自己的意志去做或不去做，去做或克制不去做的能力。"② 所以，这里的自由并不意味着不受约束，其中是包含责任和义务的自由。具体来说，对于自身的自由来讲，自由意志的表达同时也意味着对自己选择的结果所应负的责任，即对自我的责任意识。对于主体间的自由来说，每个市场主体都有责任尊重他人自由选择的权利，不能通过任何强制手段进行干预和胁迫，即对他人的责任意识。而对于整个市场经济体系来说，其自由实现的好坏会直接影响到交换体系的健全和完善，从而会影响到市场经济体系下个体需求的满足。因此，对于整个经济体系的自由来说，个人应该有对社会整体的责任意识，应该自觉

---

① 《马克思恩格斯全集》第46卷（上），人民出版社1979年版，第519页。
② ［英］洛克：《人类理解论》，关文运译，商务印书馆1959年版，第212页。

遵守市场经济运行的规则,揭露和批判不合理的经济现象,维护良好的市场经济秩序。责任意识是市场经济的内在要求,也是市场主体所必须具备的内在素质。

四 市场经济中的普遍交换体系引导个体参与意识

在自然经济条件下,生产方式自给自足的特点导致个体活动领域的封闭性和孤立性,此时是"各个人在一定的狭隘的生产关系内的自发的联系"[1]。由于社会分工还不发达,人们生活在狭隘的地域或组织范围内,缺乏普遍的社会交往。在这种经济体系中,"真正的交换只是附带进行的,或者大体说,并未触及整个共同体的生活,不如说只发生在不同共同体之间,绝没有支配全部生产关系和交换关系"[2]。虽然个体也会参与本地域内或组织内的生产和生活过程,但明显的权力依附关系使这种参与更多地表现为一种被动的服从,而不是主体独立地、自由地和平等地参与,因而还不能被认为是一种真正的参与。与自然经济相比,市场经济是一种需要普遍参与的开放性经济。市场经济是以高度发达的社会分工为重要标志,社会分工的复杂化就使得主体之间的依存关系越来越紧密,并形成"普遍的社会物质交换,全面的关系,多方面的需求以及全面的能力体系"[3]。也就是说,普遍的物质交换已经成为个体生存的必需,任何单方面的生产根本无法满足个体全面的需求,所以只能通过相互交换来满足彼此的需求。市场经济凭借着商品交换的媒介作用使个体之间建立起普遍的联系,"这种物的联系比单个人之间没有联系要好,或者比只是以血缘关系和统治服从的关系为基础的地方性联系要好"[4]。因为它打破了个体活动领域的狭隘性以及权力依附关系,在个体之间建立了自由和平等的交换关系。而"这种交换关系又必然会激发市场主体参与的能动性,一位市场交换的参与者之所以与另一位发生联系或者能够达成市场契约,是因为二者均认为对方具有和自己相同的参与资格,并形成了对市场交往的共同认同,愿意到市场上来参与交换而

---

[1] 《马克思恩格斯全集》第46卷(上),人民出版社1979年版,第108页。
[2] 同上书,第105页。
[3] 同上书,第108页。
[4] 《马克思恩格斯全集》第46卷(下),人民出版社1980年版,第108页。

不是退出交换，愿意和对方发生联系而不是拒绝和对方交往"①。所以说，通过复杂的社会分工以及自由平等的交换体系，市场经济使个体摆脱了寓于群体内的那种生存格局，扩大并加深了个体参与的范围和程度，从而使个人产生了积极参与的意识。

---

① 袁祖社：《权力与自由：私人领域的人学考察》，中国社会科学出版社2003年版，第269页。

第三章 公民理性发展的社会性机制

第一节 从传统共同体社会到现代私人领域：社会形态的变迁

一 自然经济的确立与共同体社会的形成

任何社会的存在与演变都是由社会的经济形态决定的。人类社会早期的传统社会就是建立在自然经济的基础上。不管是原始社会阶段的集体劳动还是奴隶社会和封建社会阶段的家庭生产都是自然经济的具体表现形态。自然经济表明人类社会的生产力水平还处于较低阶段，此时用于农牧业的生产工具，或者说用于各种活动的工具，基本上都是以劳动者或活动者个体自身的自然力为动力的手工工具，因此，生产能力必然受到个体体力和智力的有限性的制约；外部世界的各种自然力依然是作为自在的、异己的、不可驯服的力量左右着生产过程，使生产成果的数量和种类受制于自然条件的偶然性。正是由于受生产力水平的制约，人类对于自然界认识和支配的程度还相当有限，自给自足就成为自然经济最主要的经济目标，也是自然经济最典型的存在状态。而要达到一个组织或家庭自给自足的状态，仅仅依靠个体劳动是不可能完成的，这就必须依靠组织或家庭内部共同的协作来实现。此时，人与人之间的依赖关系对于自然经济条件下自给自足生存需要的满足至关重要，而要稳定这种依赖关系则必须保证组织或家庭内部个体之间结合的直接性和紧密性。正如王南湜所说："直接的人的依赖关系或纽带关系，意味着人们之间必然存在着紧密的联系，而这种紧密的联系要能够稳定地存在下去，则又必须借助于一定的组织形式和规则，这种把人们以直接的方式连接在一起的组织，即为各种共同体。"① "共同体"这一概念按照德国社会学家滕尼斯在《共同体与社会》一书中的理解，其主要是指建立在自然情感一致基础上的、联系紧密的、排他的社会联系或共同生活方式，是"一种原始的或者天然状态的人的一致而完善的统一体"②。也就是说，人的依赖关系的确立是需要一定的结合形式来实现的，而共同体组织是确保当时个体间依赖关系直接性与紧密性最适当的结合形式。

从历史上来看，自然经济社会中的共同体组织形式呈现多样化的形态，"在不同的条件下，将各个个人结合起来的方式必然也会不同，这种不同就造成了各种共同体之间的差别；这种差别主要取决于各种将个人结合起来的方式中各自所能加以利用的组织资源，就此而言，这类共同体可能有三种存在形式：血缘共同体、地缘共同体和业缘共同体"③。血缘共同体是人类社会早期最原始的一种共同体形式，它以最自然的血缘关系作为相互联结的纽带，这种血缘的自然亲密性稳定地维护着共同体内部成员间的依赖关系。原始的氏族组织以及后来的家庭、家族都属于这种血缘共同体，它们既是一个共同生活的组织，同时也是一个共同生产的单位。在血缘共同体中，对于血缘纽带的强调使得血缘关系中的长者获得了天然的权威以及管理共同体生活的至高权力，即我们通常所说的"家长制"。地缘共同体是以地缘关系为结合的纽带，并以封闭的地域生活为基本特征，即共同的地域成为成员共同生活的基本条件，自然形成的一些农村公社和村落就属于此类。一般来说，地缘共同体和血缘共同体是紧密联系的，地缘共同体也存在内在的血缘关系，血缘共同体也要以一定的地域存在为条件。但从严格意义上讲，地缘共同体是在摆脱了狭窄的血缘纽带并扩展与外部的联系中形成的，此时地缘关系相对于血缘关系来说就成为共同体聚合的主要纽带。虽然打破了血缘关系的限制，但地缘共同体从总体上来说仍然是一个带有封闭性与孤立性的组织，"除了这个政府之外，整个国家分为许多村社，它们有完全独立

---

① 王南湜：《从领域合一到领域分离》，山西教育出版社1998年版，第66页。
② [德] 斐迪南·滕尼斯：《共同体与社会》，林荣远译，商务印书馆1999年版，第58页。
③ 王南湜：《从领域合一到领域分离》，山西教育出版社1998年版，第66页。

的组织，自己成为一个小天地"①。业缘共同体是建立在其成员职业联系的基础上的，它是进一步打破了血缘和地缘关系的限制而形成的一种联系纽带，共同的职业联系便产生了规范本行业秩序和维护本行业利益的社团组织，其典型代表就是欧洲中世纪城市中的行会组织，这种行会组织一般是以徒弟从属于师傅，个体工商业者从属于行会为组织关系的核心。可以说，血缘共同体、地缘共同体和业缘共同体是自然经济条件下社会存在的主要整合机制和组织形态，我们把建立在自然经济基础上的传统社会看作一种共同体社会。

在共同体社会中，社会关系呈现出独特的性质。由于生产力水平低下导致商品交换不发达，人与人之间的结合并不是基于"以物的依赖性为基础的人的独立性"，而是采取直接而自然的"以人的依赖关系"为特征的方式而存在。也就是说，基于原始自然状态下个体力量的脆弱和不足，其生存需要的满足只能通过由个人之间直接地、紧密地结合而组成共同体来实现。"共同体可以说构成了普通社会成员几乎全部的生活世界，共同体不仅是一个人的物质生活之依赖，也构成了一个人精神生活的支柱，离开了共同体个人便难以生存。"② 共同体构成个人生存的根本前提，它对于个体来说具有绝对性和优先性，个人必须通过人与人直接的依赖关系依附于共同体而存在，这同时也表明共同体中的个人没有独立的意志和利益。正如马克思所说："我们越往前追溯历史，个人，从而也是进行生产的个人，就越表现出不独立，从属于一个较大的整体；最初还是十分自然地在家庭和扩大成为氏族的家庭中；后来是在氏族间的冲突和融合中而产生的各种形式的公社中。"③ 此时个人一方面要通过依附共同体来获得生存必需的条件，脱离共同体便无法独立生存；另一方面个人没有自身独立的价值，其个体价值只能通过增进共同体的价值和利益来体现。而个人对共同体稳定依附关系的维持主要是通过严格的社会等级秩序来实现，每一等级都有预先设定好的社会地位、生活方式、行为规则和价值观念，这样通过固定的等级关系从而能最大限度地维护共同体秩序的稳定。马克思曾指出："如果考察的是生产不

---

① 《马克思恩格斯全集》第28卷，人民出版社1973年版，第271页。
② 王南湜：《从领域合一到领域分离》，山西教育出版社1998年版，第112页。
③ 《马克思恩格斯全集》第46卷（上），人民出版社1979年版，第21页。

发达的交换、交换价值和货币制度的那种社会关系，或者有这种制度的不发展程度与之相适应的那种社会关系，那么一开始就很清楚，虽然个人之间的关系表现为较为明显的人的关系，但他们只是作为具有某种社会规定性的个人而相互交往，如封建主和臣仆、地主和农奴等等，或作为种姓成员等等，或属于某个等级等等。"① 等级关系对于保证共同体牢固性和稳定性的意义主要在于它是共同体社会独特的社会整合机制，通过塑造同质性的社会成员、固定的活动方式以及共同的价值观念，从而减少了威胁共同体稳定的社会流动和社会冲突，并同时实现了共同体社会的刚性稳定。这种刚性的稳定状态也许对现代社会来说意味着其背后隐藏了巨大的危险，但对当时的传统社会来说却是一种历史的必然。这种社会整合的方式是以个人同质性为基础的，共同体成员都同样地依附于共同体，在强烈地感受到归属感和安全感的同时也产生了高度一致的"集体意识"，甚至"所有社会成员的共同观念和共同倾向在数量上都超过了成员自身的观念和倾向，共同体社会越是做到这些，它自身也就越有活力"②。法国社会学家迪尔凯姆把这种同质性整合称为"机械团结"，在他看来，所谓的机械团结，就是说"某种共同的信仰、观念和道德情感促生了人们共同的归属，并在这个基础上实现社会整合"③。也就是说，在共同体社会中，社会分工的落后导致个体之间差异较小、同质性程度较高，同质性个体必然会产生共同的价值观念，而正是这种"集体意识"把同质性成员整合起来构成一个机械团结的社会。因此，共同体社会是以不断地固化个体的同质性特征为社会整合的机制，而这必然会以牺牲个体的独立性为代价，个体对于共同体的全面依赖使个体的利益、价值、权利等都是处于被压抑和限制的状态。对此，迪尔凯姆指出："我们之所以能够有自己的人格，是因为我们每个人都有自己的特征和性格，以便能够把自我和他人区分开来；因此，这种团结的发展与人格的发展是逆向而行的……就在这种团结大显身手的时候，我们的

---

① 《马克思恩格斯全集》第46卷（上），人民出版社1979年版，第110页。
② [法]迪尔凯姆：《社会分工论》，渠东译，生活·读书·新知三联书店2000年版，第91页。
③ 谢朝斌：《解构与嵌合：社会学语境下的独立董事法律制度变迁与创新》，法律出版社2006年版，第16页。

个性就会消失得无影无踪，因为我们已经不再是我们自己，我们只是一种集体的存在。"① 而这种集体的存在状态延伸到整个国家则表现为由国家这个最大的共同体来控制和统合内部的各个共同体组织，正如马克思所指出的，"分散经营的小生产，按其本性来说，是全能的和无数的官僚立足的基地"②。也就是说，在共同体社会中，社会内部的各个共同体都能够自给自足并处于相互分离的状态，国家要实现整个社会的整合则只能通过强大的集权来把各自分立的共同体组织统合起来，这样国家与社会就处于统合一体的状态，而这也造成了国家对社会的吞噬，社会被国家化了。

二 市场经济的发展与私人领域产生的逻辑

市场经济对于自然经济的瓦解与超越是伴随人类社会生产力水平的不断提高而实现的。自然经济的个体性、分散性使自给自足的生产成为可能，客观上没有社会分工的需求，后来生产力水平的提高导致社会分工日益复杂以及商品交换不断扩大，这个过程先后经历了以简单协作和工场手工业为标志的简单商品阶段与以机器大工业为标志的市场经济阶段。市场经济是建立在社会分工高度发达基础上的社会化大生产，"分工使原本近于自给自足的个人变成了不能自给的，把原本需要从事多方面活动的个人变成了只专门从事某种活动的人，把原先彼此相似的个人变成各不相似的专业人，把原先集农夫、工匠、战士等等于一身的全面的个人变成专业化的农夫、工人、商人、官员、士兵等等"③。此时，社会分工日益细化，生产的整个过程被分化成各自独立并高度专业化的各个环节，这也推动了不同经济产业和部门的高度分工。同时，"社会分工使商品所有者的劳动成为单方面的，又使他的需要成为多方面的"④。也就是说，社会分工的高度发达导致了生产的单一化与需求的多样化之间的矛盾，任何市场主体都无法独立完成自给自足的生产过

---

① 谢朝斌：《解构与嵌合：社会学语境下的独立董事法律制度变迁与创新》，法律出版社 2006 年版，第 90 页。
② 《马克思恩格斯全集》第 8 卷，人民出版社 1961 年版，第 221 页。
③ 王南湜：《从领域合一到领域分离》，山西教育出版社 1998 年版，第 155 页。
④ 《马克思恩格斯全集》第 23 卷，人民出版社 1972 年版，第 124 页。

程，而其多样化需求的满足只能通过市场交换的手段来实现，市场主体之间这种高度的依赖性及其普遍的交换必然会导致市场交换体系的形成。所以说，"一旦工业技术成为主导性的，则市场交换作为调节经济活动的方式亦可能成为主导性的，因此，市场经济存在的技术条件就是工业生产成为社会生产的主导成分"①。正是由于市场经济能够有效克服社会分工体系的内在矛盾，并适应了生产力发展的要求，因而最终取代自然经济而成为社会生活的基础。

市场经济是一种高度发达的商品经济形态，它使一切产品和活动转化为交换价值，普遍的商品交换已经成为个体生存的必需，任何单方面的生产根本无法满足个体全面的需求，所以只能通过相互交换来满足彼此的需求。"每个个人行使支配别人活动或支配社会财富的权力就在于他是交换价值或货币的所有者。"② 此时人与人之间的交往关系是基于"以物的依赖性为基础的人的独立性"，即市场经济使每个人通过对物的占有而获得了自身的独立性，它彻底打破了自然经济条件下"人的依赖关系"，普遍的交换关系成为个人结合和社会交往的主导方式。"活动和产品的普遍交换已成为每一单个人的生存条件，这种普遍交换，他们的相互联系，表现为对他们本身来说是异己的、无关的东西，表现为一种物，在交换价值上，人的社会关系转化为物的社会关系。"③ 所以说，市场经济是一种通过自由交换来追求自身利益的经济形式，而市场交换的基本原则就是契约自由，这就意味着个人需要摆脱政治依附关系而获得完全的独立性。而对于整个社会来讲，则是要摆脱国家的统合与强制来实现整个社会经济发展的自由，这样就使得共同体社会下国家统合社会的状态转变为社会逐渐从这种统合状态中分离出来而获得自身发展的自主性。此时传统社会下个人对他人和共同体的依赖转变为对物的依赖，人们借助"物的依赖关系"这一契约自由的交换体系而建立起普遍的社会联系，这种新的社会结合形式就是所谓的"私人领域"。所以说，正是由于市场交换体系的形成，才使得私人领域与政治国家相分离并成为一个独立于国家的契约连接体，市场交换中的契约关系构成了

---

① 王南湜：《从领域合一到领域分离》，山西教育出版社1998年版，第122页。
② 《马克思恩格斯全集》第46卷（上），人民出版社1979年版，第111页。
③ 同上书，第103页。

私人领域中社会关系的基础。市场经济对自然经济的超越必然会导致整体性和同质性的传统共同体社会的瓦解以及现代私人领域的发展，因而市场经济构成现代私人领域形成的基础。正如马克思所说："在生产、交换和消费发展到一定阶段上，就会有一定的社会制度，一定的家庭等级或阶级组织，一句话，就有一定的私人领域。"①

对于私人领域，黑格尔曾指出："私人领域，这是各个成员作为独立的单个人的联合体。"② 也就是说，私人领域作为一种特殊的生活形态，它是以个体独立性为核心，并以独立个体间的自主交往或结合为基本特征，它与共同体社会中带有依附性、等级性和同质性的个体结合形式有着本质的不同。个体独立性主要来自市场经济中对自身利益的自主性追求，此时"具体的人作为特殊的人本身就是目的"③，每个人都以自己的利益为出发点来自主地进行社会交往，这也是私人领域生活的基本内容。由于私人领域是以市场经济为基础，而市场经济在高度的社会分工下又表现为一种交换的体系，这就决定了私人领域中个体需要的满足并不是通过自给自足的生产来实现的，而是通过发达的交换体系来实现。"每个人的生产依赖于其他一切人的生产，同样，他的产品转化为他本人的生活资料，也依赖于其他一切人的消费。"④ 也就是说，每个人既有自身的需要，同时又各自具有满足彼此需要的手段，这样通过广泛的社会交换，每个人都能满足自己的需要，任何脱离这一交换体系的社会成员都将无法生存。正如黑格尔所说："在私人领域中，利己的目的，就在于它的受普遍性制约的实现中建立起在一切方面相互依赖的制度，个人的生活和福利以及他的权利的存在，都同众人的生活、福利和权利交织在一起，它们只能建立在这种制度的基础上，同时也只有在这种联系中才是现实的和可靠的。"⑤ 可以说，私人领域是以个人的需求和利益为依归的社会，它把共同体社会中颠倒的个人与社会的关系又颠倒过来。个人不再是某种共同体的附属物或依附品，"一切人的依赖纽

---

① 《马克思恩格斯全集》第 27 卷，人民出版社 1972 年版，第 477 页。
② ［德］黑格尔：《法哲学原理》，张企泰译，商务印书馆 1961 年版，第 174 页。
③ 同上书，第 201 页。
④ 《马克思恩格斯全集》第 46 卷（上），人民出版社 1979 年版，第 104 页。
⑤ ［德］黑格尔：《法哲学原理》，张企泰译，商务印书馆 1961 年版，第 198 页。

带、血缘差别、教育差别等等事实上都被打破了，被粉碎了"①，个人成为完全独立的主体，追求自身利益获得了某种形式上和实质上的合理性。同时，个体利益的满足是通过私人领域中发达的交换体系来实现的，正是这种建立在相互需要基础上的利益交换体系构成了私人领域基本的社会关系，它使社会成员之间广泛的交往和密切的结合成为现实，这也构成了私人领域的本质。正如迪尔凯姆在《社会分工论》一书中所描述的那样，现代社会分工体系的发展使"社会也像生物有机体一样，从无差别的单一状态发展成高度复杂的、有差别的结构，各个组成部分在变得更加自主和专门化的同时更加相互依赖；各部分的这种相互依赖暗示着一体化，因为各个不同的部分彼此密切相关互为依存，结果就形成一个集合体，其构成的一般原理同个人有机体是一样的"②。

三　由共同体社会到私人领域：身份到契约的演进

从社会关系的角度来讲，人类社会从共同体社会演进到私人领域同时也是人类逐渐摆脱等级依附的身份关系并不断确立起以个体之间独立、自由、平等为表征的契约关系的过程，从"身份"到"契约"这场社会关系的变革深刻地揭示了人类社会演进的一般规律及其内在的历史必然性。正如19世纪的英国历史法学家亨利·梅因在《古代法》一书中所总结的那样："所有进步社会的运动在有一点上是一致的，在运动发展的过程中，其特点是家族依附的逐步消灭以及代之而起的个人义务的增长；'个人'不断地代替'家族'，成为民事法律所考虑的单位……用以逐步代替源自'家族'各种权利义务上那种相互关系形式的……关系就是'契约'……可以说，所有进步社会的运动，到此处为止，是一个从'身份'到'契约'的运动。"③ 在这里，梅因准确地抓住了传统社会与现代社会各自的特质，即身份关系与契约关系的区别。对于古代的共同体社会来说，我们始终可以发现其"并不像现在所设想的，是一个个人的集合，在事实上，并且根据组成它的人们的看

---

① 《马克思恩格斯全集》第46卷（上），人民出版社1979年版，第110页。
② ［法］迪尔凯姆：《社会分工论》，渠东译，生活·读书·新知三联书店2000年版，第91页。
③ ［英］梅因：《古代法》，沈景一译，商务印书馆1959年版，第76页。

法，它是一个许多家族的结合体"①。马克思更是形象地比喻说："好像一袋马铃薯是由袋中的一个个马铃薯所集成的那样。"② 也就是说，在这种社会中，"人们不是被视为一个个人，而是始终被视为一个特定团体的成员，作为社会单位的，不是个人，而是由真实的或拟制的血族关系结合起来的许多人的集团"③。共同体结合形式构成人们最基本的社会联系和生活方式，整个社会就是一个共同体的集合，而这主要是由当时的经济条件决定的。共同体社会主要是以自然经济为基础的社会形态，自然经济的狭隘性、分散性决定了个人不可能通过个体劳动获得其生存所需，而只能紧紧地依赖于他们所属的自然共同体，比如氏族、部落、家庭等，通过自然分工和共同协作来实现共同体的自给自足以及个体需要的满足。可以说，共同体构成个人生存的根本前提，个体能否在共同体中取得一定的成员身份将直接影响到成员的生产生活，因而个体必须通过依附于共同体而存在。

在自然经济条件下，共同体的存在主要是以自然的血缘关系为基础的，对于血缘纽带的强调使得血缘关系中的长者获得了天然的权威以及管理共同体生活的特权，即我们通常所说的"家长制"，而"家长制"的确立是需要以等级身份制为特征的血缘宗法关系来维系的。从某种程度上说，身份最早就是根源于"家长制"，具体指一个人在其所属家庭或家族中因先赋的血缘关系而产生的固定不变的隶属关系。"在这种以身份地位为基础的社会里，人们很少有自由活动的余地，个人并不为自己设定任何权利，也不为自己设定任何义务，他所应遵守的规则首先来自他所出生的场所，其次来自他作为其中成员的户主所给他的强行命令。"④ 也就是说，此时的个人并不是独立的个体，而只是依附于共同体的一个具有特定身份的成员，每个人都被限定在先天赋予的各种身份之中，其富贵荣辱都取决于他在共同体中的身份。博登海默曾说过："身份是一种固定的条件，一个个人在这一条件下发现他本身与他的意志没有关系，并且他不能凭自己的努力摆脱这种条件；它指出一种社会

---

① [英]梅因：《古代法》，沈景一译，商务印书馆1959年版，第72页。
② 《马克思恩格斯选集》第1卷，人民出版社1972年版，第693页。
③ [英]梅因：《古代法》，沈景一译，商务印书馆1959年版，第176页。
④ 同上。

秩序，在这种秩序里，群体而不是个人，才是社会生活的基本单位，每个个人被缠在家庭和群体束缚的网络中。"① 可以说，共同体成员身份是一个人社会性存在的重要标识，没有它就会失去所有的社会联系。所以，在共同体中，等级身份在伦理上和法律上都是明确的，其实质就是以人格差别为基础来固化人与人之间的等级和依附，从而保证共同体的稳定和特权的存在并有效地实施超阶级的剥削和奴役，此时独立、自由、平等的个人是不可能存在的。

所有这一切在市场经济取代自然经济的过程中发生了实质性的转变。市场经济对于个体之间独立、自由、平等的法权要求彻底改变了共同体社会下等级身份的依附关系并促使了现代私人领域的发展。私人领域以个体独立性为核心，并以独立个体间的自主交往或结合为基本特征，市场经济中的经济交换关系构成了私人领域最基本的社会关系。而这种交换关系从根本上来讲是一种建立在利益高度分化基础上的契约合作关系，通过内含权利和义务的契约交换从而满足双方各自的需求。马克思曾经指出："为了使商品彼此发生关系，商品监护人必须作为有自己的意志体现在这些物中的人彼此发生关系，因此，一方只有符合另一方的意志，就是说一方只有通过双方共同一致的意志行为，才能让渡自己的商品，占有别人的商品，这种具有契约形式的法权关系，是一种反映着经济关系的意志。"② 所以说，契约关系是市场经济中经济交往活动的基本关系，正是在这一关系的基础上才不断地衍生出私人领域中独立的个人以及个人之间普遍的自主交往关系。从这个角度也可以说，私人领域是一个契约联结的社会。对于契约，康德曾经指出，"其内涵主要包括：（1）是个人而非家庭构成契约的基本单位；（2）财产与平等的个人相连；（3）契约以独立人格的存在为前提；（4）契约具有法律性质；（5）契约中包含理性的因子"③。从现代法权意义上来看，契约主要是指独立个体通过自由的协定而为自己创设权利和义务的社会协议

---

① ［美］博登海默：《法理学：法律哲学和方法》，张智仁译，上海人民出版社1992年版，第8页。
② 《马克思恩格斯全集》第23卷，人民出版社1972年版，第102页。
③ ［德］康德：《法的形而上学原理：权利的科学》，沈叔平译，商务印书馆1991年版，第14页。

形式。作为一种基于自由合意而产生的社会关系，契约的形成是建立在契约主体之间独立和平等的基础上的，并以各方普遍接受和认同的规约和协议为内容。契约关系的确立摈弃了共同体社会中的身份关系，个体不再是按照一定身份依附于共同体的成员，而是成为从共同体中分离出来的独立个体，个体之间实现了自由的、平等的契约式连接。可以说，私人领域是一个因契约关系而结合的整体，它主要是以契约的形式规约社会成员的行为，这就冲破了共同体社会中等级森严的身份制，使个体从对共同体的依附中解放出来，在社会关系中真正确立了个体之间独立、自由和平等的法律人格以及权利和义务对等的平权关系，从而实现了人类社会从"身份"到"契约"的历史演进。

第二节 私人领域的演变

一般来讲，私人领域是西方历史发展过程中特定的社会现实，它以近代资本主义的兴起为界点可以分为前后两个时期。在前资本主义时期，对私人领域的理解主要源自它的古典含义，主要指区别于野蛮状态并拥有城市文明的政治共同体。西塞罗最早在这个意义上理解私人领域，在他看来，私人领域是指单一国家，也指业已发达到出现城市的文明政治共同体的生活状况，这些共同体有自己的法典（民法），有一定程度的礼仪和都市特性（野蛮人和前城市文化不属于私人领域）、市民合作及依据民法生活并受其调整，以及"城市生活"和"商业艺术"的优雅情致。也就是说，私人领域就是人类已经超越了野蛮状态并将步入的文明社会，它开始拥有以都市文化、工商业活动、政府和律法等为标志的文明成果。古希腊罗马的城邦文明以及中世纪封建体系夹缝中出现的城市文明都属于古典的私人领域形态。但由于古希腊罗马时期国家与社会处于复合的状态，而中世纪时期社会又是处于国家的高度监护和压制下，因而前资本主义时期私人领域是与政治国家相重合的，它还无法独立出来并获得自身完整的意义。后来，随着资本主义市场经济的发展，私人领域得以发展壮大并逐步完成了与政治国家的分离，这也构成了现代私人领域形成的前提，从此私人领域获得了自身发展的独立性并具有自己独特的意义。虽然在此之前，包括洛克、孟德斯鸠、伏尔泰等近代许多的思想家已经模糊地意识到私人领域与政治国家的区别，但他们面对当时私人领域与政治国家分离过程尚未完成的现实局限很难对二者做出明确的区分。

一　黑格尔：相互需要的体系

后来真正明确区分私人领域与政治国家并提出现代意义私人领域概念的是黑格尔，他在其《法哲学原理》一书中详细而系统地阐述了私人领域的构成、性质、作用等，并对私人领域和政治国家做了清晰的界分。黑格尔主要是从伦理精神的角度来理解私人领域的，他认为人类意志自由的充分实现需要经过三个阶段——家庭、私人领域、国家。家庭是以血缘为纽带的爱为核心的，其体现了最直接、最自然的伦理精神。"所谓精神的直接实体性的家庭，以爱为其规定，而爱是精神对自身统一的感觉；因此，在家庭中，人们的情绪就是意识到自己是在这种统一中，即在自为地存在的实质中的个体性，从而使自己在其中不是一个独立的人，而成为一个成员。"[①] 也就是说，家庭是一个血缘连接的整体，所有的成员都把自己看作其中的部分，而不是以独立的利益主体相互结合，此时的个人还不是一个独立的个体。但随着市场经济的发展，其对于独立经济利益的要求越来越强烈，市场经济的冲击使得家庭伦理遭受一定程度的解体，而适应市场经济发展要求的私人领域伦理开始慢慢形成。黑格尔认为私人领域就是处于家庭和国家之间的伦理阶段，这一阶段已经超越了以血缘为基础的家庭伦理，家庭的直接统一已涣散为多数，私人领域成为"各个成员作为独立的单个人的联合体"[②]。在这个联合体中，每个人都作为特殊的独立个体而存在，表现为意志自由的任性，个人的利益和需要、权利和自由成为私人领域的最终目的。此时，每个人都以自身为目的，其他一切在他看来都是虚无。同时黑格尔认为："特殊的个人在本质上是同另一些这种特殊性相关的，因为如果他不同别人发生关系，他就不能达到他的全部目的；因此，其他便成为特殊人达到目的的手段，但是，特殊目的通过同他人的关系就取得了普遍

---

① ［德］黑格尔：《法哲学原理》，张企泰译，商务印书馆1961年版，第198页。
② 同上书，第174页。

性的形式，并且在满足他人福利的同时，满足自己。"① 也就是说，私人领域是以独立的个体为核心的，同时个体需要的实现还要依赖普遍的形式，即个体之间相互需要的体系。由于私人领域否定了家庭中内在的、自然的关联，实现了个体意志自由的任性和利益工具性的、外在性的契约关联，而这必然会导致特殊利益之间以及利益与伦理关怀之间的紧张和冲突，其结果就是人的本质和伦理精神的异化。在黑格尔看来，私人领域无法从内部解决这样的问题，而只能依靠基于理性建构并具有普遍性的国家从外部进行整合，通过必要秩序的维持从而使私人领域摆脱这个必然性的限制。他说："由于国家是客观精神，所以个人本身只有成为国家成员才具有客观性、真理性和伦理性，结合本身是真实的内容和目的，而人是被规定着过普遍生活的；他们进一步的特殊满足、活动和行动方式，都是以这个实体性的和普遍有效的东西为出发点和结果。"② 正是在这个意义上，黑格尔认为国家在伦理上高于并决定私人领域，而且他也同时提出了具有现代意义的私人领域概念，即"私人领域就是指由私人生活领域及其外部保障构成的整体，其中包括具体而特殊的个人、自治性的组织（同业公会等）、需要的体系以及保证外部秩序的警察和法院"③。

二 马克思：物质交往关系的总和

黑格尔的私人领域理论奠定了现代私人领域研究的基本框架，后续的理论延伸都是在这个基础上展开的。马克思继承了黑格尔的私人领域理论，并在批判的基础上实现了某种程度的超越。和黑格尔一样，马克思并没有像近代许多思想家那样从抽象的人性论出发来分析私人领域，而是继承了黑格尔的历史主义研究方法，从历史本身发展的脉络去分析。只是有所不同的是，黑格尔是从唯心主义的角度出发并把历史发展归结为伦理精神的自我运动过程，认为私人领域是介于家庭和国家之间伦理精神发展的中间环节，而马克思坚持唯物主义的立场，其直接从物质生产生活的实践中考察私人领域。他指出："私人领域包括各个个

---

① ［德］黑格尔：《法哲学原理》，张企泰译，商务印书馆1961年版，第197页。
② 同上书，第254页。
③ 何增科：《私人领域概念的历史演变》，《中国社会科学》1994年第5期。

人在生产力发展的一定阶段上的一切物质交往，它包括该阶段上的整个商业生活和工业生活，私人领域始终标志着直接从生产和交往中发展起来的社会组织。"① 在这里，相对于黑格尔把私人领域归结为"相互需要的体系"，马克思则直接指出了私人领域的本质规定，即私人领域作为一种私人利益的体系，乃是一切物质交往关系的总和以及由此而形成的社会生活领域。这样一来，马克思既把握了"相互需要的体系"的本质实现形式，同时又将不属于私人领域范围内的警察、法院等公共权力领域排除在外，从而使其对私人领域的理解显得更加全面而深刻。不仅如此，马克思还重新分析了私人领域和政治国家的关系，他认为市民本质上作为一切物质交往关系的总和，构成全部历史的真正发源地，政治国家作为上层建筑必然要以私人领域为基础。他说："家庭和私人领域本身把自己变成国家，它们才是原动力，可是在黑格尔看来却刚好相反，它们是由现实的理念产生的……政治国家没有家庭的天然基础和私人领域的人为基础就不可能存在，它们是国家的必要条件。"② 所以，他认为并不像黑格尔所说的那样，政治国家高于并决定私人领域，而是私人领域制约和决定政治国家。应该说，马克思从市场经济中的物质交往关系入手来分析私人领域，既深化了黑格尔的私人领域理论，同时也开阔了后来私人领域研究的视角。

三 葛兰西：文化意义和功能

当历史步入 20 世纪，对于私人领域的研究也发生了转变，由在此之前从经济角度规定私人领域转移到从社会文化视角来界定，而这主要归因于整个世界所正在经历的历史变迁。在自由资本主义阶段，私人领域的发展主要表现为逐渐摆脱传统的专制国家及其社会关系的束缚并发展独立的、自由的和平等的市场交换体系，此时尊重和保证私人领域经济交往领域的自主发展成为政治国家的主要职责和权力边界，这同时也构成当时私人领域的基本内涵。但随着垄断资本主义的出现，国家干预主义盛行，强大的官僚体系对社会的全面控制使国家日益成为脱离私人领域的异己力量。而对于社会主义国家来说，国家对社会的全能主义整

---

① 《马克思恩格斯全集》第 3 卷，人民出版社 1960 年版，第 41 页。
② 《马克思恩格斯全集》第 1 卷，人民出版社 1956 年版，第 251 页。

合并没有真正实现个体之间的独立、自由和平等以及社会的普遍繁荣，而是以20世纪80年代末90年代初苏联解体和东欧剧变的惨痛教训告终。这些都引发人们对于私人领域本身以及其与政治国家之间内在结构的深层反思。葛兰西是最早认识到这些问题并对私人领域重新进行思考的学者。与黑格尔和马克思强调私人领域的经济意义不同，他更加强调私人领域的文化意义和功能。在他看来，政治社会与私人领域共同构成上层建筑的两大领域，资产阶级国家一方面通过政治社会的强制权力实施对社会的统治，另一方面又通过私人领域传播统治阶级的意识，确立"文化领导权"并构筑自身合法性的基础。他说："我们目前可以确定两个上层建筑'阶层'，一个可称作'私人领域'，即通常称之为'私人的'组织的总和，另一个是'政治社会'或'国家'；这两个阶层一方面相当于统治集团通过社会行使'霸权'的职能，另一方面相当于通过国家和'司法'政府所行使的'直接统治'或管辖职能，这些职能都是有组织的、相互关联的。"① 在这里，葛兰西是把私人领域看作包括政党、工会、学校、教会等各种民间组织的总和，资产阶级国家通过影响和统合这些自治组织从而在社会中普及符合统治阶级要求的文化意志形态。他同时告诫无产阶级，要想推翻资产阶级统治则必须首先通过私人领域夺取"文化领导权"，然后才能取得政治上的领导权。葛兰西这一开创性的分析赋予了私人领域全新的内涵，人们对私人领域的关注开始从经济关系领域慢慢转向文化批判领域。

四 哈贝马斯：经济系统和文化系统

哈贝马斯的私人领域理论就是沿着这个思维转向展开的。但在具体分析之前，哈贝马斯首先批判了葛兰的理论缺陷，他认为葛兰西把私人领域仅仅看作各种民间组织的总和而抛弃了非常重要的经济关系领域，这使得其对于私人领域的理解有失全面。同时，葛兰西的思维取向虽然增加了批判的犀利性和彻底性，但也不免在理想主义的漩涡中丢失某种程度的客观性。哈贝马斯并没有抱着理想的色彩希望打破现有的制度，而是致力于通过对现有制度的批判来建构政治国家与私人领域之间合理

---

① ［意］葛兰西：《狱中札记》，曹雷雨等译，中国社会科学出版社2000年版，第7页。

的结构模式。哈贝马斯认为，私人领域是随着资本主义市场经济的发展而形成的独立于政治国家的"私人自治领域"，它本身又由两个领域构成：一是以资本主义私人占有制为基础的市场经济体系，它包括劳动市场、资本市场、商品市场及其控制机制；二是由私人组成的、独立于政治国家的非官方组织所构成的社会文化系统，它包括"教会、文化团体和学会、独立的传媒、运动和娱乐俱乐部、辩论俱乐部、市民论坛和市民协会、职业团体、政治党派、工会等"①。对于当代的资本主义社会来说，其主要危机已经不是那种因生产的无政府状态而导致的经济危机，而是国家干预社会生活领域时所要面对的合法性危机。他在《交往行为理论》一书中提出了"系统世界"和"生活世界"这两个范畴，系统世界包括政治系统和经济系统，它们分别按照权力运行规律和利益交换原则组织起来，因而属于社会中"制度整合"的领域。生活世界是指"文化传播和语言组织起来的解释性范式的贮存"②，它是按照"社会整合"的原则而形成的文化公共领域，即人们通过公共社会交往中的相互沟通和理解而取得对某种"解释性范式"的普遍认同。按照哈贝马斯的理解，这个生活世界就是私人领域中的社会文化系统，它作为一个具有文化批判功能的公共领域，其构成了政治国家合法性的基础，只有当社会文化系统在私人领域中获得高度的自治和空前的解放，并且与政治国家之间形成一种良性的互动关系，现代国家才具有不竭的合法性资源，社会才能获得良性的发展。也就是说，私人领域是独立的个人自主交往的私人领域，其独立性存在同时也影响着国家存在的形态，国家的合法性必须通过它来获得说明。应该说，哈贝马斯对私人领域研究视角的转向做了很好的理论总结，当代的私人领域理论越来越倾向于把私人领域看作私人自治的领域，并强调其制度化与组织化特征。美国当代政治学家柯亨和阿拉托依照三分法将整个社会分为经济领域、私人领域和国家领域，认为私人领域是介于经济和国家之间的社会相互作用的一个领域，由私人的领域（特别是家庭）、团体的领域（特别是

---

① ［德］哈贝马斯：《公共领域的结构转型》，曹卫东等译，学林出版社1999年版，序言第29页。

② ［美］特纳：《现代西方社会学理论》，范伟达译，天津人民出版社1988年版，第283页。

自愿性的社团)、社会运动及大众沟通形式组成。查尔斯·泰勒把私人领域规定为："一个自治的社团网络，它独立于国家之外，在共同关心的事物中将市民联合起来，并通过他们的存在本身或行动，能对公共政策发生影响。"① 总之，私人领域理论是对私人领域历史发展的反映，私人领域由最初意指拥有城市文明的政治共同体发展为一个由物质交往关系所构成的私人领域，而后随着私人领域的发展成熟其又衍生出一个由私人社团或组织所形成的带有文化批判功能的公共领域，可以说，私人领域的发展本身就是一个不断地自我超越、自我拓展、自我完善的过程。

第三节 私人领域的三个层级与公民理性的发展

通过对西方私人领域发展的历史追寻，我们发现私人领域在不同的历史时期有着不同的存在形态和表现模式，这些形态和模式之间又存在必然的关联并程度不同地反映着私人领域的本质内涵，因而它们也同时构成了私人领域的基本要素。对私人领域基本要素的考察有助于我们深刻地理解私人领域与公民理性的内在关联。现代科学表明，任何事物的外在结构或形式都是其内在本质的体现。对于私人领域来说，其结构主要是由那些持久而稳定地反映私人领域内在本质的各要素组成的，虽然它们运行的形态或模式不同，但都与私人领域内在的价值规范体系相契合，并共同体现了私人领域的本质。私人领域的本质就是独立个体的自主交往，因而私人领域的结构要素就是体现这一交往关系的不同社会组织模式或结合形式。这些模式或形式都是在私人领域发展的历史过程中经过不断的积累和沉淀而形成的，但它们不是固定不变的，而是始终处于动态的变化之中。从私人领域自身的演变来看，独立个人的自主交往关系其实最早是在小家庭商品生产中体现出来的，商品经济的冲击某种程度上消解了家庭中建立在自然联系基础上人的依赖关系，家庭成员越来越独立且相互尊重，这也是私人领域中最初的私人自治领域；当商品生产和交换发达到出现完备的市场交换体系以后，私人领域中普遍"需

---

① 汪辉、陈燕谷主编：《文化与公共性》，生活·读书·新知三联书店1998年版，第171页。

要的体系"就开始取代家庭而成为私人自治领域的核心;而当私人领域经过不断的制度化和组织化发展并成熟到能够直接影响和制约政治国家时,建立在社会"公共理性"基础上的共同领域则慢慢形成。私人领域的本质就是经过这样的运行逻辑逐步显现出来,因而私人领域作为一种复合型的社会存在主要是由家庭、"需要的体系"和公共领域这三部分组成,它们也是私人领域的三个不同的层级,家庭是私人自律的社会生活的心理源头,是私人领域的第一个层级;"需要的体系"是私人自律的社会生活的核心,是私人领域的第二个层级;公共领域是从私人自律的社会生活中提升出公共理性和普遍伦理的文化批判领域,是私人领域的第三个层级。

一 家庭领域的最初启蒙

家庭是社会生活的基本单位,作为社会生活的源头,家庭关系构成了一切社会关系的起点,因而家庭关系的演变往往具有基础性的意义。从历史上看,家庭手工业是资本主义商品生产的最初发生地,它也是经济交换的最初领域,后来发达的市场交换体系与以其为基础的私人领域就是在这个最初领域中发展起来的,可以说,家庭生活是私人领域生活的开始。黑格尔曾经对此持不同看法,他认为私人领域就是处于家庭和国家之间的伦理阶段,它不包括家庭生活领域,而这主要归因于两者各自不同的结合形式。在他看来,家庭体现了以爱为本质的伦理实体,家庭成员是依靠血缘关系和情感需要而结合的,但私人领域是因不同利益主体的相互需要而结合的,因而家庭与私人领域有着本质的不同,家庭领域应该被排除在私人领域之外。在这里,黑格尔虽然抓住了家庭以爱为纽带的伦理特性,但仅仅把家庭看作一种永恒的伦理精神的实体又遮蔽了家庭产生和演变的客观基础。其实从根源上来讲,家庭并不是一种爱的实体,而是一种因生产劳动而结成的共同体。正如马克思所说:"现代家庭在萌芽时,不仅包含着奴隶制,而且包含着农奴制,因为一开始就是同田间耕作的劳役有关的。"[①] 也就是说,家庭本质上是一种反映着物质交往关系的生产单位,家庭关系始终是由特定的经济关系决

---

① 《马克思恩格斯选集》第4卷,人民出版社1995年版,第55页。

定的。黑格尔正是因为没有从客观视角去理解和把握家庭的本质和变迁，既没有看到家庭关系与社会经济关系之间的内在关联，也没有看到私人领域中的家庭相对于传统社会下的家庭所发生的实质性变化，所以才会把家庭领域排除在私人领域之外。在传统自然经济社会中，家庭是以原始而直接的血缘关系结成最为牢固的自然共同体，它既是自给自足的经济生产的共同体，也是最基本的社会生活的单位，个人的生存需要只有通过家庭才能获得满足。此时，家庭成员只能通过依附于家庭这个整体而生存，个人始终要以家庭的整体利益为主，而不能有自己特殊的利益，因而不可能作为独立的个体而存在。这种生产的同一性以及经济利益的整体性反映到家庭领域就表现为以"父权制"为核心的人的依附关系，由家长支配家庭生产以及掌握家庭财政大权，家长在家庭内部拥有至上权威，个体没有独立人格而只能无条件地顺从。正如恩格斯所说："在整个古代，婚姻的缔结都是父母包办的，当事人则安心顺从，古代仅有的那一点夫妇之爱，并不是主观的爱好，而是客观的义务，不是婚姻的基础，而是婚姻的附加物。"①

但到了私人领域阶段，市场经济中发达的社会分工以及完备的交换体系打破了传统社会中家庭生产的同一性以及经济利益的整体性，"家庭的直接统一已涣散为多数"②，个人开始分散为市场经济中的独立个体并可以通过市场交换来满足自身的需求，此时个人逐渐从对家庭的经济依赖中解放出来而获得独立性。哈贝马斯指出："现代家庭的内部天地是相应于政治和经济解放的心理解放的场所，尽管家庭领域本身想摆脱一切社会关系，保持独立性和纯正人性，但是，它和劳动领域以及商品交换领域之间还是有着一种依附关系，独立意识同样也可以从那种内在领域对于私人市场领域的实际依赖角度加以理解。"③ 也就是说，个人摆脱对家庭绝对依赖的过程不仅仅体现在经济关系中，同时也是个人精神独立的过程。家庭成员在经济上的独立必然引发了其在家庭领域的自我凸显，其越来越要求在家庭领域中独立而平等的地位，而这必然导

---

① 《马克思恩格斯选集》第4卷，人民出版社1995年版，第72页。
② [德] 黑格尔：《法哲学原理》，张企泰译，商务印书馆1961年版，第198页。
③ [德] 哈贝马斯：《公共领域的结构转型》，曹卫东等译，学林出版社1999年版，第50页。

致传统家庭中以"父权制"为核心的人的依附关系的解体,取而代之的是独立个人间的交往关系在家庭领域的形成。此时虽然家庭中以血缘为纽带的自然连接还始终存在,爱的精神还是家庭结合的重要纽带,但体现这种爱的家庭关系已经随着社会经济关系的演变而发生了实质性变化。家庭成员不再作为家庭的附属物而存在,而是作为拥有主体意识的独立个体而存在,家庭成员之间也不再是传统家庭中人的依附关系,而是彼此独立和平等的关系。奥地利社会历史学家赖因哈德·西德尔认为:"家庭这一发展的关键之处毫无疑问地增加了个人选择的可能性,个人可能根据自己的意愿而不是按照天经地义的规范或群体的强制去做出生活的决策。"① 家庭中的成员开始对自身的需求和利益有了主体性的表达,每个人都作为独立的主体有按自己意愿做出选择的权利和自由,并同时有责任尊重其他家庭成员拥有同样自主选择的权利和自由,而且此时家庭秩序的维持不再是建立在家长至上权威的基础上,而是通过所有成员的共同参与、平等协商来维系。哈贝马斯在谈到早期私人领域时曾指出:"小家庭是私人领域的核心,同时也是自我指涉的主体性所具有的新型心理经验的源泉。"② 所以说,家庭作为最纯粹的私人自治领域已经开始确立个人的主体性并同时孕育着个人的主体意识、权利意识、责任意识和参与意识,它推动着个体公民理性发展的最初启蒙。

二 市场经济的形式化普及

如果说家庭还只是个人最初社会生活的试验场,那么,个人走出家庭之后便真正开始了社会生活的过程,个人的社会关系在广泛而真实的社会交往中全面地展开,而这主要就是通过私人领域中"需要的体系"完成的。在私人领域中的家庭私人领域,家庭成员之间的相互尊重已经开始隐含着现代社会中个体之间独立平等的社会关系,但家庭领域本身的特性使得这种社会关系还存在许多局限性。一方面,家庭领域范围的限制使得这种社会关系还无法普及到整个社会关系中;另一方面,从严

---

① [奥地利] 赖因哈德·西德尔:《家庭的社会演变》,王志乐等译,商务印书馆1996年版,第243页。
② [德] 哈贝马斯:《公共领域的结构转型》,曹卫东等译,学林出版社1999年版,序言第29页。

格意义上说，家庭既因成员共同的利益需要而结合，同时也因血缘亲情关系而组成，家庭关系不管如何变迁仍然无法消解家庭成员之间的自然纽带，因而家庭成员之间的独立平等关系还是不免会受到血缘亲情的影响。所以说，家庭关系的变迁只是为社会关系的变迁提供某种可能性前提，它还不能使个体之间的独立平等关系在整个社会生活范围内获得普遍的和纯粹的形式。相对来说，"需要的体系"是超越了家庭私人自治领域之后而形成的广泛的经济交往领域，它以市场经济的出现为标志。市场经济中普遍的交换关系就构成了人们相互需要的体系，个人的特殊需求只有通过普遍的社会交换才能达到相互的满足，这样个人的特殊意志就在广泛的社会联系中上升为普遍性的形式。正如黑格尔所说："我必须配合着别人而行动，普遍性的形式就是由此而来的，我既从别人那里取得满足的手段，我就得接受别人的意见，而同时我也不得不生产满足别人的手段，于是彼此配合，相互联系，一切各别的东西就这样地成为社会的。"[①] 也就是说，"需要的体系"真正实现了人的社会关系的普遍化，同时人的本质特性也在这种社会关系的展开过程中慢慢确立。

在市场经济中，市场交换体系分工的复杂化以及交换关系的契约化必然要求独立的社会主体及其经济活动的自由，而这意味着需要冲破传统社会中的共同体结合状态以及家庭中的自然结合状态来确立个体的独立性及其个体间的自主交往。正是在这个过程中，市场经济中所蕴含的契约精神开始从经济领域蔓延和渗透到社会领域，并不断地塑造私人领域中独立的个人及其相互之间的自主交往。也就是说，市场经济中发达的社会分工导致社会成员的异质化，每个人都需要作为独立的个体而存在，并各自有着特殊的利益需求及实现形式。这种独立性的个体存在是市场经济运行的前提，市场交换的顺利进行必然要求市场主体具有独立的意志和自主决定权，而这必须以个人的独立存在为前提。同时市场经济是发达的契约交换体系，每个人只有通过契约的形式参与到市场交换体系中来才能实现各自不同的需要和利益，契约意味着建立在自主自愿基础上的合意，它需要充分尊重契约双方的权利和自由。当市场经济中的这些规则慢慢从市场经济中剥离出来并升华到整个社会中时，就在私

---

① ［德］黑格尔：《法哲学原理》，张企泰译，商务印书馆1961年版，第206页。

人领域中获得了某种"形式普遍性"。在私人领域中，每个人都是充分拥有独立性的个体，都享有自主选择的权利和自由，一切社会交往都是建立在平等的个人自愿选择的基础上，任何强制性行为在这里都是被否定的。此时独立的个人代替传统社会中的共同体而成为社会生活的基本单位，独立的个人成为私人领域的核心，私人领域发展的最终目标就是实现个人的意志、利益和价值，每个人都基于自由的选择而进行自主的社会交往，独立个人之间的自主交往就成为私人领域中最基本的社会关系。可以说，"需要的体系"的确立彻底改变了社会结合的形式，它既打破了传统社会下人的依附关系的束缚，同时也摆脱了家庭中血缘亲情关系的限制，而只是因个体特殊需要之间相互满足而结合。此时个体之间各自以对物的占有而相互分离和对立，彼此都作为独立的、平等的利益主体而存在，个体对于自身主体性有了理性的自觉并能够自主地进行社会交往。同时这种"需要的体系"本质上是一种建立在利益高度分化基础上的契约式连接，作为一种基于自由合意产生的社会关系，契约的形成是建立在主体之间独立平等基础上的，并通过内含权利和责任的协议来保证交换双方各自的需求。而这就要求交换双方既要有权利意识，能认识到自身的利益和需求，同时也要有相应的责任意识，能认识到尊重和维护他人权利也是个人应尽的义务。除此之外，"需要的体系"还是一个普遍交换的体系，这就意味着任何人离开这一普遍的社会交换都将无法满足自身的需要，全体社会成员的共同参与既是其存在的必然要求，也是其发展的必然结果。总之，私人领域中"需要的体系"完全克服了家庭领域的局限，它不仅真正确立了个体的主体地位并使个体之间的独立平等关系更加纯粹，同时它还超越了家庭领域的范围，将个体之间的独立平等关系普及到整个社会关系中去。正是在"需要的体系"这一经济交往领域中，个人的主体意识在个体间独立平等地位的基础上得以形成，个人的权利和责任意识在契约关系的实现过程中得以确立，个人的参与意识则在普遍而广泛的社会交往中得以发展，这些都推动着现代公民意识的不断成熟。

三 文化领域的实质性升华

私人领域中"需要的体系"通过普遍化的契约交换体系将家庭中

隐含的独立平等关系上升为显在的形式，使独立个体的自主交往关系在整个社会获得了"形式的普遍性"。但市场交换体系使个人从传统社会下人的依赖关系中解放出来的同时也使个人陷入了对物的依赖关系之中，利益的相互需求成为个体交往的纽带。然而，利益需求的偶然性、短暂性以及功利性决定了基于利益的社会结合从来就不是稳定而持久的。正如迪尔凯姆所说："在唯有利益独霸一切的时候，任何事物都无法牵制人们的私心，每个自我都觉得自己与别人处在剑拔弩张的态势中，他们所达成的所有休战协定都不可能维持太久；实际上，自我利益是世界上最没有恒久性的东西，今天对我有用，我们就有可能站在同一条战壕里，明天出于同样的原因，我们便可能水火不相容；这样一来，人们只能形成短促的接触和联系，因此，我们必须看清楚这究竟是不是有机团结的真正性质。"[①] 也就是说，利益的结合终归是要解体的，它无法为社会团结提供确定的、必然的和持久的力量，因而"需要的体系"本身的局限性就注定了它是需要被超越的，而这最终是通过私人领域中的公共领域来完成的。社会是一个有机联系的整体，个人在任何领域中的交往都会程度不同地辐射或渗透到其他交往领域。而私人领域是独立个人自主交往的私人领域，这就意味着它不仅体现在经济交往领域，也体现在非经济交往的其他社会领域，公共领域就是在经济交往领域的基础上形成的文化批判领域。私人领域通过自主的经济交往获得了相对于国家的独立性，而为了维护这种独立性，私人领域中的个人在经济交往的同时又通过组织化的形式进一步增强自身的力量并展开了与政治国家的互动和博弈。初期的组织还主要是基于利益的维护而建立，但随着这种组织生活的深化和发展，组织的形式越来越多元化和规范化并逐渐成为个人生活的重要方面。与此同时，人们在经济领域中的自主交往关系也渗透到组织生活的内外交往关系中，人们正是在独立的个人以及自治组织的自主交往中形成了文化批判的公共领域，即独立的个人、组织、大众传媒等私人领域力量通过自由的、平等的、公开的讨论阐明社会普遍价值的社会领域。这一领域虽然是从经济交往的基础上产生，但实现了对经济交往领域的升华，此时独立个人的自主交往不再仅仅局

---

① ［法］迪尔凯姆：《社会分工论》，渠东译，生活·读书·新知三联书店 2000 年版，第 162 页。

限在单纯的经济活动中,而是更加侧重于以言论、出版、结社自由为基本原则的文化批判活动。可以说,公共领域就是从私人领域中产生出来用以克服"需要的体系"内在局限性的新的社会力量,它超越了经济交往领域纯粹功利性的追求,通过不同观念和价值自由的碰撞与融合而达成社会的公共理性和普遍共识,同时也实现了整个社会有机团结的理性建构和价值整合,"尊重文化多样性是发展本民族文化的内在要求;尊重文化多样性是实现世界文化繁荣的必然要求"[①]。

如果说私人领域中"需要的体系"为独立个人的自主交往提供了必要的客观条件并使其获得"形式的普遍性",那么,公共领域则使其提升到了"实质的普遍性"。此时独立个人的自主交往从此成为普遍的社会共识,它不再是被动地受利益的驱使,而是在对社会普遍价值的共同追求中通过真正自觉地、理性地自由讨论和平等对话来实现,而这对于现代公民理性的形成至关重要。公民理性首先表现为自主自觉的主体价值取向,它要求完全独立的人格和精神,而公共领域作为社会公众自由表达、沟通意见以及达成共识的自主活动领域,其中每个人都是基于独立的身份而展开相互的交流、平等的协商和理性的对话,这本身就体现着个人的主体性及其主体意识的充分表达。同时公共领域通过公开的讨论和利益的表达来监督国家的行为,虽然还只限于文化批判的形式,但所涉及的内容已经包括了个人和国家之间的权责界分,个人对于公共权力的质疑和批判背后其实就是对于个体权利有意识地伸张和维护。公共领域的本质特征在于其公共性的价值诉求,通过个人对公共事务的共同参与和讨论来增进社会的公共利益,它更加崇尚公共意义和普遍伦理,这就要求个人应该具有对他人、群体、社会、国家高度负责的意识,能勇于承担自己的责任。而且作为公众共同参与交流和讨论而形成的一个社会领域,它因共同的行动而组成,公众参与是公共领域存在和发展的必要前提。在这里还需要强调的是,公共领域对于公民理性的促进作用不仅仅体现在个体之间的自由表达和平等对话中,它更加体现在公共领域的组织生活中。公共领域因个体之间自主的社会交往而形成,但伴随着制度化和组织化的过程而强大,从这个意义上可以说,现代公

---

① 鲁春晓:《新形势下中国非物质文化遗产保护与传承关键性问题研究》,中国社会科学出版社 2017 年版,第 25 页。

共领域是一个由自治性组织自愿联结的领域。这些组织或因共同的利益需求而建立，或因共同的价值取向而结合，也或因共同的兴趣爱好而形成，但它们都是由社会成员自愿组成并完全独立自主地运行，它们之间既没有压迫性的强制，也没有霸权式的话语，更多的是平等的对话、合理的竞争和自愿的合作。在自治组织内部，成员之间通过自主的交往共同参与组织生活，共同选举组织负责人，共同制定组织章程，共同规划组织的未来。在这样的组织生活中，对日常事务的自主自治有效地增强了个人的主体意识和权利意识，对于组织事务的共同关注有效地塑造了个人的公共意识和责任意识，广泛的交往和持续的互动则有效地发展了个人在更高层次、更大规模上参与合作的意识。可以说，公共领域作为私人领域发展的最高层次，它为现代公民理性的发展成熟提供了重要的组织依托。

第四章　公民理性发展的政治性机制

第一节　共同体催生下的传统政治

一　国家统合体制

从传统专制政治到现代民主政治的历史推进是人类社会政治发展的必然规律，传统专制政治主要是以共同体社会为背景条件而形成的。在共同体社会中，基于自然经济条件下生存的压力而导致社会结合的紧密性和直接性特点决定了社会成员对于自己所从属的共同体组织的高度依赖。"这种带有全能性的共同体一方面由于能满足一个人各个方面的需求，使之没有必要参加到其他共同体中去；另一方面，亦造成共同体内部的共同紧密性，使得一个人一般不可能参加到其他共同体中去。"[①]共同体社会正是通过这种共同体存在形式实现有效的社会整合，共同体组织不仅通过其成员彼此力量的相互依赖而完成物质生活资料的满足，而且还通过共同体生活方式不断地塑造同质性社会成员并保证共同体内部的牢固和稳定。这种共同体存在形式除了奠定基本的社会结构以外，它还影响着共同体社会中政治架构的选择。由于各个共同体都是作为一个自给自足的全能性组织而存在，这就不可避免地会导致彼此之间的分立和隔绝，因而共同体社会中社会整合的有效实现不仅要依赖于共同体内部秩序的自我复制，同时还需要各个共同体组织在整个社会范围内的

---

① 王南湜：《从领域合一到领域分离》，山西教育出版社1998年版，第212页。

有效结合，而这主要是通过高度集权的国家统合来实现的。在共同体社会中，共同体既是社会最主要的结合形式，也是社会成员最主要的生存方式，国家通过统合共同体组织同时也就达到对于整个社会的有效统治。在共同体社会中，国家统合共同体组织主要是通过权力支配和伦理结合这两个方面来实现的。从权力支配来看，国家权力在整个社会范围内具有绝对的至高性和权威性，任何组织和个人都无法与其相抗衡，它可以通过强大的国家机器来完成最大范围的社会整合，从而成为社会秩序的最大提供者。

二 宗法伦理文化

从伦理结合来说，共同体社会中的共同体形式主要是建立在血缘关系基础上的家族，它以宗法制度作为内部秩序维持的凭借，即建立在家族成员共同血缘基础上的以辈分高低为等级序列的伦理关系，它是共同体内部整合的主要形式。国家为了达到统合社会的目的则充分利用这一血缘纽带，除了将共同体内部的宗法伦理关系上升为国家的意识和法律制度外，它还仿照共同体伦理构造的原型完成了自己的政治架构。从表面上看，国家实现了对共同体的统合和控制，但实质上是共同体组织同化了国家。正如学者鲁品越对于中国古代政治架构的分析，他说："从精神义理上说，血缘社会法则同化了国家，因而'国家'被'社会'化了，由家而国；而从政治权力上说，国家吞噬了社会，因而社会被国家化了，'国'居'家'上，这是一种使国家的政治权力处于至上地位的社会与国家的'对立统一'，从而形成了中国古代沿袭的组织结构。"[①] 共同社会中国家对于共同体的统合既确立了国家的至高权威，同时也形成了国社一体的社会结构，这样共同体组织作为国家政权的基层部分整合着微观社会，国家则作为最高的和最大的共同体统合着其他共同体，并同时实现着对所有社会成员的统治。

三 个人依赖国家

可以说，传统政治中国家通过统合共同体组织来支配和控制个人，

---

① 鲁品越：《中国历史进程与私人领域之建构》，《中国社会科学季刊》（香港）1994年夏季卷。

个人则通过从属于共同体组织而同时依附于国家，个人与社会直接相对立，而后又通过社会而与国家相对立。个人对于共同体的高度依赖是以牺牲个人的独立性为代价的，并形成了个人与共同体组织的直接对立，"传统共同体由于其全能性和对个人而言的唯一性，它便对于个人具有绝对的支配权力，使共同体决定个人在其中的身份、地位，而个人则不可能决定去留"①。也就是说，共同体提供个人生存的根本条件和全部生活的场所，个人则必须依赖并从属于共同体组织，此时集体的利益和意志对于个人现实需求满足的重要性就使其在价值上获得了绝对性和至高性。因而在共同体中，面对集体意志和利益的绝对性，个体的意志和利益则被彻底淹没掉了，此时的个人没有选择的自由，也就更不会有对于自身权利的认知和追求。同时国家对于共同体组织的统合又形成了国家与个人的对立，国家既通过强权和严刑峻法直接支配和控制个人，同时又通过认同和支持共同体组织而间接地束缚和限制个人，其最终目的就是消磨个性、扼杀异端、剥夺个体的独立性，只有这样才能保证传统政治的存在和稳固。正如马克思所做的描述："专制制度的唯一原则就是轻视人类，使人不成为其人，而这个原则比其他好多原则好的地方，就在于它不但是一个原则，而且还是一个事实；君主总把人看得很下贱，他眼看着这些人为了他而淹在庸碌生活的泥沼中，而且还像癞蛤蟆那样，不时从泥沼中露出头来。"② 可以说，传统政治是违背人性的一种政治形态，它既不把人看作具有自身价值的主体，也不尊重其独立的意志和利益，更不允许个人有参与政治的能动和欲望，因而我们很难想象现代公民理性会在传统政治中产生。

第二节 私人领域孕育下的现代民主政治

如果说传统政治是共同体社会发展的必然结果，那么，私人领域对于共同体社会的瓦解则成为孕育现代民主政治的摇篮，正如马克思对西方近代私人领域和政治国家之间关系所做的总结，他认为："绝不是国

---

① 王南湜：《从领域合一到领域分离》，山西教育出版社 1998 年版，第 212 页。
② 《马克思恩格斯全集》第 1 卷，人民出版社 1956 年版，第 411—414 页。

家制约和决定私人领域,而是私人领域制约和决定国家。"① 萨尔瓦多·吉内尔也说过:"现今所有民主制度架构均源自一些特定的私人领域。"② 私人领域形成最大的政治意义就在于它真正实现了社会与国家的分化并提供民主政治所需要的一切,因而奠定了现代民主政治建立的基础。相对于传统政治来说,现代民主政治更加凸显政治结构的分化和功能的专业化、政治权威理性化和合法化、政治决策的科学化和民主化、政治运作的制度化和法治化以及公民参与的普遍化和高效化。

一 政治结构分化和功能专业化

私人领域的重要特征就是其自治性,它使政社分离成为现实,它不再是被动地受国家权力的支配和控制,而是依靠自己独立的组织系统和自发的生存秩序自主地运行,私人领域对于政治国家权力束缚的政治解放也同时意味着政治国家自身的解放。传统政治高度政治化的特点使其不得不承担全能的角色并同时承受着巨大的压力,因而高度集权的政治架构也就成为维持政治系统稳定的必然选择。而私人领域能消解政治国家的压力,私人领域与政治国家分离的过程也是个人利益和公共利益、个人权力和国家权力、私人领域和公共政治领域相互独立的过程,这不仅使社会获得了独立发展的空间和权利,也使政治国家完成了其对于公共性追求的价值定位。政治国家从此摆脱了其全能角色,开始专注于公共利益的增值和维护,同时将大量的私人事务从政治领域中分离出来并回归到社会自治领域。而这些都不得不对传统政治结构提出分化的要求,其结果就是国家权力自身结构的分化以及国家权力与社会权利的分化,国家权力由传统政治中立法权、行政权、司法权一体化转变为三权分立并相互制衡,而国家权力和社会权利则彼此独立并相互制衡。这样一种政治结构的民主转换和安排从此奠定了现代民主政治的基本架构,它不仅实现了国家与社会之间稳定互动的良好态势,而且还通过政治结构的分化以及功能的专业化充分实现了权力运作的高效化以及社会效益的最大化。

---

① 《马克思恩格斯全集》第 4 卷,人民出版社 1958 年版,第 196 页。
② 何增科:《社会公共领域与第三部门》,中国社会科学出版社 2000 年版,第 153 页。

二 政治权威的理性化和合法化

在传统政治下,政治权威源自非理性的暴力强制和权力神授理论,虽然能有效地获得政治统治表面上的刚性稳定,但暴力的不断升级以及权力神授谎言注定灭亡的历史宿命使得政治统治的合法性因缺乏必要的理性支撑而显得十分脆弱。正如卢梭所说:"即使是最强者也绝不会强得足以永远做主人,除非他把自己的强力转化为权利,把服从转化为义务。"[①] 合法性作为一种政治秩序被认可的价值,它的有效性既不应该源自暴力的强制,也不应该局限于古老的习俗,而是应该植根于人们理性的判断。私人领域的形成就为政治国家的合法性提供了强大的理性支持,当私人领域与政治国家完成分离以后,政治国家便开始受到私人领域的监督和制约。而在私人领域中,人们通过公共社会交往中的相互沟通和理解以及不同观念和价值自由的碰撞与融合而形成了一个理性的文化批判领域(公共领域),这个文化批判领域通过对政治合法性进行理性的质疑与批判、建构与整合,从而为现代政治国家提供源源不断的合法性资源。这种合法性资源就是私人领域对于政治合法性普遍的社会共识,而对于现代民主政治来讲,其政治合法性就是基于人们对政治权威理性的认同和支持。

三 政治决策的科学化和民主化

在传统政治中,不论是政治国家与私人领域的复合还是政治国家对私人领域的监护都意味着国家权力至高无上,政治决策则体现出专断的特点,一切都以政治统治的稳定为依归。而现代民主政治的本质在于主权在民,它是以公民权利和公民利益为核心,这就要求其政治决策必须通过集思广益的民主讨论而实现科学化的定位,只有这样才能通过决策效率的提高来满足公民权利和公民利益多样化的需求。私人领域作为公民自治的社会领域,其与政治国家的分离使它不仅成为制衡国家权力的重要力量,同时也是维护公民权利和自由的重要屏障。"私人领域是一个独立于国家而又与国家相互影响,具有程度较高的、完整的、积极的

---

① [法]卢梭:《社会契约论》,何兆武译,商务印书馆1997年版,第12页。

个性和较高人类品质的个人联盟（自由、权利、义务、道德、财产等），它形成于分散化的权力和利益要求，正是私人领域这种多元分散的权利和利益要求，不仅分割了国家集中化权力，而且能够压制国家权力，以迫使国家为社会服务，从而保障和促使私人领域的权利和自由。"① 也正如达尔所说的，私人领域的功能在于使政府的强制最小化，保障政治自由，改善人民生活。私人领域中的个人通过组织化建制和制度化运行凝聚成强大的社会力量并对政治国家形成巨大的压力，而正是这一巨大的压力赋予了公民诉求表达的空间和自由，并使政治国家不得不将这些诉求都纳入政治决策的政治考量中。通过私人领域中这种多元化的利益表达和参与，政治决策才会不断地自我完善并真正反映民情民意，从而促使政治决策的科学化和民主化。

四　政治过程的制度化和法治化

从西方历史进程来看，现代法治正是从私人领域与政治国家的互动博弈中孕育出来的，私人领域提供了法治运行的社会基础。近代私人领域的兴起实现了其与政治国家的二元发展，同时特殊利益与普遍利益、私人权利与公共权力之间也开启了多元博弈的局面。然而，私人利益的过度膨胀以及公共权力的自我扩张使得二者之间存在经常性的紧张和冲突，这就要求一定的规则予以调适和平衡，而"法律因其对权威内容及其范围的界定成了达到高层次功能分化的社会的迫切需要"②。法律的权威性、普遍性和稳定性使其能有效地缓解与调适公共权力和个人权利之间的矛盾和冲突，这样"法治就成了对强制权力至关重要的限制，成了个人自由的条件"③，同时法律通过对个人权利和自由的限定又保证了公共权威的合法性和有效性。所以说，正是私人领域的兴起孕育了个人与国家之间法治框架的基本结构，此时法律不再是传统政治统治的附属物，而是成为了现代民主政治必须遵守的规则，这也推动了政治制度

---

① 马长山：《俄罗斯的私人领域诉求与"法治国家"定位》，《求是学刊》2003 年第 1 期。

② [美] 帕森斯：《现代社会的结构与过程》，梁向阳译，光明日报出版社 1988 年版，第 156 页。

③ [英] 戴维·赫尔德：《民主的模式》，燕继荣等译，中央编译出版社 1998 年版，第 326 页。

运作的制度化和法治化。

五 公民参与的普遍化和有序化

民主政治说到底就是公民独立而平等参与的政治,"参与是微型民主的本质,或者说,它为上层结构即民主政体提供了关键性的基础结构"。① 可以说,民主政治的确立和运行都是建立在公民参与的基础上。私人领域的发展使公民参与世俗化的过程得以完成,阿尔蒙德指出:"在过程层次上,世俗化是指对于政治机会有较强的参与意识以及利用这些可能改变个人命运的机会的意愿。"② 私人领域是独立个人自主交往的契约连接体,它使个人摆脱了传统政治中的人身依附关系,确立起个体之间独立、自由、平等的公共交往关系,通过公民自治以及自愿参与组织生活的民主实践,私人领域培养出具有较强民主意识的政治主体。对此,托克维尔也曾指出:"私人领域是免费的民主大学校,公民可以学到团体生活的理论,并发展人们在更高层次、更大规模上参与合作的资本。"③ 可以说,私人领域通过公民参与的世俗化实现了传统精英政治向现代大众民主政治转变的过程,它不仅孕育民主参与的观念,培养民主参与的政治主体,而且还通过组织化运作为公民参与提供广阔的舞台。私人领域在个人和国家之间构筑一条广阔的缓冲地带,预留出彼此调和的弹性空间,通过避免个人和国家直接对抗的形式既有效地防止了国家权力对个人权益的侵犯,也能缓解国家因政治冲突而承受的巨大压力。私人领域通过制度化、结构化和有序化的利益表达将社会需求输送到政治国家的决策中,同时将政治国家的价值理念、政策意图、施政要求等有效地传达到社会中去,这样就促使国家与社会之间发展出良性互动的稳定关系并保证了公民参与的高效化。

---

① [美]萨托利:《民主新论》,冯克利等译,东方出版社1998年版,第127—128页。
② [美]阿尔蒙德:《比较政治学:体系、过程与政策》,曹沛霖译,上海译文出版社1987年版,第57页。
③ [法]托克维尔:《论美国的民主》,董果良译,商务印书馆1988年版,第252页。

第三节　民主制度对公民理性发展所发挥的三重功能

　　制度作为一种特定的社会现象，其体现在社会生活的各个方面，人类社会发展到今天已形成了庞大而复杂的制度系统，不同领域、不同层次、不同形式的制度之间相互制约、相互作用，共同规范和引导着人们的行为。严格意义上说，制度是指正式的规则体系，它是人们在一定历史条件下的社会活动中结成的各种社会关系的抽象化、体系化，是社会运行的规则，是激励或限制人们行为的规范体系。正如罗尔斯所说："制度理解为一种公开的规范体系，这一体系确定职务和地位及它们的权利、义务、权力、豁免等等。"① 制度与人在人类社会发展过程中始终相伴随，不同的制度对人的影响是有明显差异的，制度既能促进人的发展也能导致人的异化。制度作为人的存在方式是决定人发展的一个非常重要的因素。制度对于生活于其下的人来说，它构成人的发展的现实生活世界，并作为一种既定的力量限定、规范和塑造着人的交往活动和社会关系，从某种程度上说，它直接赋予了人的本质规定并决定着人的思想观念。因而"社会的制度形式影响着社会成员，并在很大程度上决定着他们想要成为的那种个人，以及他们所是的那种个人"②。就制度来说，"它不仅仅是一种满足人们现存欲望和抱负的规范图式，而且也是一种塑造人们未来欲望和抱负的方式"③。作为一种社会精神形态和价值理念，公民理性是在民主政治制度下所形成的具有普遍意义的民众意识。公民理性的养成不仅需要公民主体内在的自觉，同时还需要以公共权力为基础，即公民角色的实现必须要有相应的制度保障。公民理性的成长依赖于社会为其提供的宏观制度体系，一个社会如果不能为其社会成员提供有利于公民理性成长的制度环境，那么，公民理性也很难成长起来。正如黑格尔对于善的表达，他认为："'活的善'的社会客观关系结构及其实在化的制度体制时，其成员才能表现出普遍的善美行为选择，因为此时对于社会成员而言，选择德行不仅是道义上应当的，而

---

① ［美］罗尔斯：《正义论》，何怀宏等译，中国社会科学出版社1988年版，第50页。
② ［美］罗尔斯：《政治自由主义》，万俊人译，译林出版社2000年版，第285页。
③ 辛鸣：《制度论：关于制度哲学的理论构建》，人民出版社2005年版，第60页。

且也是最明智的。"① 民主政治作为一种制度安排，其需要植根于公民的态度和情感。根据阿尔蒙德和维巴的理解，"公民文化是在公民的认知、情感和评价中被内化了的民主制度，是公民对于民主制度的态度"②。通过借助于民主政治制度，公民就可以习得民主的规范和信念并内化为成熟的公民理性。

一 提供必要的制度保障

公民的身份、权利和责任需要民主政治制度的确认和保障。公民理性的核心是公民身份，公民身份是公民在政治上和法律上主体地位的体现，是公民权利和责任形成的逻辑基点。权利实质上就是规定人们的行为规则和活动空间，责任则是对权利行使的约束。而确定界限是制度的基本功能，制度通过一系列的规则为人的活动划定了界限，这些界限既包括权利和义务的明晰，也包括活动空间和活动范围的确定。所以斯诺说："制度是社会游戏的规则，是人们创造的用以限制人们相互交流行为的框架。"③ 公民身份既不是人们自封的，也不是他人或者社会团体赋予的，而是由国家依据法律规定的方式确认的。没有民主政治制度的安排，就不可能实践公民身份的意义，更不可能产生公民的权利和责任。因此，公民理性的发展需要健全和完善的制度保障。公民在民主政治制度规定的范围内活动，其身份、权利、责任都会在安全的环境下受到保护和鼓励，这样公民维护权利和承担责任的积极性就会不断高涨，公民理性也才会慢慢成熟。

二 提供文化教育的功能

当代希腊史研究权威韩森认为，雅典民主不只是一部宪法，一套制度，更是一种生活方式；就希腊思想来说，除非与人民性格和生活方式相搭配，没有一部宪法能够贯彻，要有民主，就要有民主的人及民主的

---

① 高兆明：《制度公正论》，上海文艺出版社2001年版，第166页。
② ［美］阿尔蒙德：《公民文化——五国的政治态度和民主制》，马殿君等译，浙江人民出版社1989年版，第151页。
③ 北京大学中国经济研究中心：《经济学与中国改革》，上海人民出版社1995年版，第2页。

生活方式；而依照希腊人的看法，这些都有赖于政治制度的养成，城邦制度教育并形塑着公民的生活，要想过最好的生活，就必须有最好的制度。制度的教育功能在于制度本质上是一种文化现象，我们很难想象在没有文化的背景下还能有制度的存在及其功能的发挥。在社会发展过程中，制度和文化之间存在相互促进、相互转化的关系。制度生成、演化、运行背后有着强烈的文化意蕴，文化本身所具有的隐含规范性又不可避免地体现出制度的色彩。任何一种制度的产生和形成，无论是自然发生的，还是有意设计的，都是特定文化轨迹或文化需求的反映。制度的出现只不过是将过去和现在、个别和分散的各种文化因素予以规范化和系统化。制度的形成融合了一定的价值和规范，并增强了这些价值和规范的道德合法性，因而制度的内在性和人的价值之间存在某种内在的契合，制度深层次的价值关怀让制度本身具有了教育性的功能。宪政学家们发现，"政治制度不仅仅是限制政治权力行使的手段和解决社会问题的联系模式，它们还有助于形成个人的性格"。[1] 苏格兰启蒙思想家达格代尔·斯图尔特也说过："形成各个民族的面貌的那些意见和习惯，主要是由它们政治制度的特殊形式决定的。"[2] 政治制度作为权威性的政治力量，它可以塑造人们特有的思想、习惯和风俗。人既是创造制度的主体，也是制度形塑的客体，人能够创制出良好的制度，良好的制度又能教育出良好的公民性格。因此，公民理性的发展将得益于民主制度的教育，公民对民主政治由陌生到接受，公民理性则由外塑到内生、由人为到自然，并在民主制度的教育下不断地发展成熟。

三 提供政治实践的训练

麦金太尔曾经指出："我们永远是在某种有着它自己特点的机构制度的某个具体的共同体的范围内学会或没有学会践行德性。"[3] 我们知道，作为一种规范，常规意义上的制度主要是外在的规范，是通过明确

---

[1] [美] 斯蒂芬·L. 埃尔金等编：《新宪政论》，周叶谦译，生活·读书·新知三联书店1997年版，第153页。
[2] 同上书，第149页。
[3] [美] A. 麦金太尔：《德性之后》，龚群等译，中国社会科学出版社1995年版，第146页。

的规则确定人行为的界限。但当这一制度持续相当长的时间后，并对人的行为有了相当有效的规范和制约，它便在不同的范围、程度和层次上成为人们的共识，而这些共识便"自然而然地演变为人的活动方式、生活方式和思维方式，进而成为人的价值观、生活态度，制度逐渐内化为某种价值和观念"[①]。正如一个公民对公民身份的认识、对权利和责任的理解、对政治参与的态度总是要与政治制度所能提供的政治参与机会有很大关系，广泛而真实的政治参与将有助于公民理性的发展。而民主政治制度为公民提供了多样化的政治参与渠道和形式，在政治参与的过程中公民将会真切地感受到自己是政治体系中的一员，这样就在无形之中激发了公民的政治主体意识，并逐渐加深了其对于公民角色的理解和认同。换言之，法律规定的公民权利和义务只有经由具体的政治实践才能转化为普遍的公民理性，公民在政治参与的过程中逐步习得了民主政治的规则体系，并学会行使自己的权利和承担自己的责任。可以说，"没有民主制度架构下公民的经历与体验，没有民主制度的训练，公民理性便不会发展成熟"[②]。

[①] 周庆华：《中国当代社会和谐发展的伦理基础研究》，吉林大学出版社2007年版，第157页。

[②] 丛日云：《民主制度的公民教育功能》，《中共天津市委党校学报》2001年第1期。

第五章　我国公民理性的发展

第一节　公民理性发展的历程

一　传统社会公民理性的不足

我国的现代化进程已经步履蹒跚地走过了一百多年，其间经历了太多的困难和挫折。由于我国的现代化主要不是内源性的，而是迫于外在压力的防卫性现代化，我们在传统与现代、东方与西方之间种种矛盾和冲突的过程中痛苦地实现着社会的振荡性变迁。从明朝中叶起，我们发现与西方的差距越来越大，当我们重新审视那段历史时，我们不得不从更深层次找寻导致落后的根本原因。结果我们发现，落后并不是因为地产物质的匮乏，也不完全是国家机器的无能，而是思想文化的僵化，归根结底就是人的落后。我们看到了当时中西方在人文素质方面的巨大差距。学者李慎之曾指出，"千差距、万差距，缺乏公民理性是中国与先进国家最大的差距；我们没有能培养出现代意义上的公民，没有能培养出不但能自尊而且能自律、不但能自强而且能自胜的独立自由的个人；没有能培养出既能伸张自己的权利，也能担当自己责任的独立自由的个人，这也是中国与西方国家最深层次的差距"[①]，这不能不引发整个民族的觉醒和思考。我们从人类学那里了解到，人类从最初的群体无意识，再到家族意识的盛行，继而是个人主体意识的萌发与觉醒，最后再上升到群体、国家乃至人类整体的共同意识，这本是人类社会自然发展

[①] 李慎之、何家栋：《中国的道路》，南方日报出版社 2000 年版，第 382 页。

的文化变迁之路。然而，我们发现在我们国家有一个环节一直被严重地忽视了，那就是个人主体意识。公民的主体意识是公民理性的核心，而这一重要环节的缺失在某种程度上使我国公民理性的发展步履维艰。因此，我们有必要对我们国家的历史进行深刻的反思。从历史上看，中国自古就缺乏公民理性的传统资源。中国古代是一个皇权专制的臣民社会，金字塔式的权力结构使皇帝集立法、行政和司法于一身并通过官僚行政系统形成自上而下的层层控制网络。这种体制以封闭落后的小农经济为基础，外靠专制王权及其下属行政力量的监护，内靠家族伦理宗法关系的维系。而在漫长的专制制度以及小农经济的影响下，中国民众形成了根深蒂固的臣民意识，个体缺乏政治主体的内在自觉。正如学者高清海所说："我们的情况是，数千年的封建主义统治，造成我国从未形成具有真正独立人格的个人主体性……个人作为主体的特性被禁锢，得不到自由的发展，这应该看作是我国社会长期停滞、发展缓慢的主要原因。"[1]

（一）传统农业社会的影响

马克思曾指出："人们是自己的观念、思想等等的生产者，但这里所说的人们是现实的、从事活动的人们，他们受自己的生产力的一定发展以及与这种发展相适应的交往（直到它的最遥远的形式）的制约。"[2]这表明社会意识产生和发展的真正根源在于深层次的经济因素。我国现在正处于从传统农业社会向现代工业社会转变的阶段，农业仍然在国民经济中占据举足轻重的地位，因而小农经济和小农意识还是不可避免地会影响到人们的文化心理。中国自古就是一个典型的农耕社会，它建立在落后的小农生产的基础上。从人类社会经济形态的整体变迁来看，小农经济是历史上最为悠久的经济形式，与现代工业经济相比，它是一种相对比较落后和保守的生产方式，它既缺乏现代机械化大生产的技术支撑，也没有现代社会化大生产的规模效应，而是以生产工具比较简陋的小农业和家庭手工业为主，并在狭小的区域内进行生产，同时"生产过程在原有规模、原有技术基础上的不断重复"[3]，又使其只能是一种简

---

[1] 《高清海哲学文存》第2卷，吉林人民出版社1997年版，第84页。
[2] 《马克思恩格斯全集》第3卷，人民出版社1972年版，第29页。
[3] 《列宁全集》第3卷，人民出版社1984年版，第45页。

单的再生产而不是扩大再生产，这就决定了小农经济只能产出极为有限的社会产品和财富并实现较低程度的自给自足，而无法像现代商品经济那样进行广泛的社会交换。对于这种小农生产，马克思曾深刻地指出："每一个农户差不多都是自给自足的，都是直接生产自己的大部分消费品，因而他们取得生活资料多半是靠与自然交换，而不是靠与社会交往。"[①] 也就是说，小农生产主要是按照天然的血缘纽带进行自然分工的生产，人们之间的交往就局限在狭小的血亲范围内，既没有社会交往的需求，也没有社会交换的必要。因而它既排斥生产资料的积累，也排斥协作，排斥同一生产过程内部的分工，排斥社会对自然的统治和支配，排斥社会生产力的自由发展，它只同生产和社会的狭隘的自然产生的界限相容。小农经济只是凭借自然的人力和最简陋的生产工具与自然界进行着最低限度的物质交换，而这种落后与保守的自然生产方式所产生的社会意识就是传统的小农意识，小农意识是小农经济内化于小农生产者心理层面的意识总和。

小农生产之所以存在主要是由于当时生产力水平低下，单个人很难抵御自然的力量，而以家庭为单位进行集体协作往往更能获得经济上的保障，我国古代的小农经济主要表现为一家一户和男耕女织式的家庭生产。家庭是最基本的生产和生活的单位，家庭中的宗族血亲关系也就在小农意识中打上了深深的烙印。而为了保证整个家庭在生产和生活方面的稳定，整个家庭则始终保持着财产共有的状态，家庭生产和生活的管理则是实行严格的"家长制"，家长基于血缘亲情的纽带而自然而然地在生活中拥有教化子女的权力，同时也基于年龄的优势以及丰富的经验而在生产中获得令人服从的权威，而这两方面不可避免地造成了"家长制"下的长幼尊卑和人身依附。在家庭中，个体没有独立的财产，更没有独立的地位，只有家庭才是独立的实体，家庭凌驾于家庭成员之上，个人只不过是家庭这个实体的附属物并无条件地服从家长的命令和安排。黑格尔曾经指出："中国人把自己看成是属于他们家庭的，而同时又是国家的儿女，在家庭之内，他们没有人格，因为他们在里面生活的那个团结的单位，乃是血统关系和天然义务；在国家之内，他们一样缺

[①] 《马克思恩格斯选集》第1卷，人民出版社1956年版，第693页。

少独立的人格，因为国家内大家长的关系最为显著，皇帝犹如严父，为政府的基础，治理国家的一切部门。"① 家庭生产中自给自足的独立性和完整性又导致小农生产之间的孤立与分散，地域的局限和生活的闭塞不仅割裂了小农生产者之间广泛的社会联系，而且还造成了他们观念上的愚昧、封闭和保守，他们对于能主宰他们命运的力量都显示出盲目地崇拜和顺从。当面对自然界的限制时，小农这种亚细亚生产方式"使人屈服于环境，而不是把人提升为环境的主宰；它们把自动发展的社会状况变成了一成不变的由自然预定的命运，因而造成了野蛮的崇拜自然的迷信"②。而当面对其他政治强力或传统力量的压迫时，小农生产者又表现出无奈的屈服和逆来顺受。正如马克思所说："小生产方式使人的头脑局限在极小的范围内，成为迷信的驯服工具，成为传统规则的奴隶，表现不出任何伟大和任何历史首创精神。"③ 也就是说，小农经济还不足以使人们从自然界的束缚中解脱出来，此时的个人还不具备真正的主体资格和能力，因而在观念和行为上都表现出对外部自然力、家庭内部的自然血缘关系以及政治强力的依附和崇拜。一般来说，人的主体性是人在处理主客观的对象化关系时所显示出来的自主性，它表征着人作为价值主体支配和控制客体的意识和能力。而对于小农生产者来说，主观能力的缺乏使其在处理自身与自然、社会关系时总是无法表现出一个真正的价值自我，个人的价值总是消融在一切能主宰自身的力量或权威之中。在这种情形下，个人不会产生出主体意识，而一个非主体性的价值自我更不会意识到自己的权利和责任。

我国是一个有着 2000 多年小农生产历史的农业大国，直到目前我国大部分农村地区尤其是中西部仍然以小生产方式为主，在国民经济发展中农业发展还有些滞后，我们很早就认识到中国现代化的关键是农民、农村和农业的现代化。对于我国公民理性的发展来说，小农意识的现代变迁非常紧迫。我国小农意识是在漫长而发达的小农生产中形成的，2000 多年的历史使其已经积淀在人们的文化心理中并同时渗透到日常生活的各个领域。小农意识的存在是广泛的和深层次性的，它已经

---

① ［德］黑格尔：《历史哲学》，王造时译，上海书店出版社 2001 年版，第 165 页。
② 《马克思恩格斯选集》第 2 卷，人民出版社 1972 年版，第 67 页。
③ 《马克思恩格斯选集》第 1 卷，人民出版社 1995 年版，第 765 页。

变成了一种习惯性的力量潜在地、隐蔽地支配着人们的头脑。在我国小农意识不仅普遍地存在于农民的意识或潜意识中，甚至还深深地烙印在那些刚刚脱离农村的城市人群中，我们从当前物质富裕和精神贫乏的强烈反差以及小农意识销蚀现代性的种种表现中就可以看出小农意识已经成为阻碍现代化进程的极大惰力和沉重包袱。小农意识对于现代公民理性来说是一种严重的背离，不变革落后而陈旧的小农意识，现代公民理性便不可能发展成熟，我国现代化转型的目标更不可能实现。正如英格尔斯所说："从传统主义到个人现代性的转变，缺少了这种渗透于国民精神活动之中的转变，无论一个国家的经济一时繁荣到何种程度，也不能说明这个国家能获得持久的进步，真正实现了现代化；当今任何一个国家，如果它的国民不经历这样一种心理上和人格上向现代性的转变，仅仅依赖外国的援助、先进技术和民主制度的引进，都不能成功地使其从一个落后的国家跨入自身拥有持续发展能力的现代化国家的行列。"[①]

(二) 传统政治文化的影响

任何国家或民族的发展都是建立在传统的基础上，在人类社会变迁的过程中，我们发现传统总是有着持久的影响力，尤其是文化传统更是以其变迁中的巨大惰性而无时无刻地发挥着它的余威。我国作为一个文明古国有着悠久而深厚的政治文化传统，2000多年的历史积淀赋予了传统政治文化强大的惯性，当我们审视当前正处于传统与现代之间的中国人时，总是能看到传统政治文化的影子或痕迹，它是如此深刻地植根于中华民族的记忆中并扎实地烙印在我们身上。虽然维护传统政治文化的体制大厦已经倾倒，但传统政治文化在民族心理根深蒂固的程度远远超出我们的想象，由它所化为的"集体下意识"使其已经固化为中华民族深层的心理结构并同时塑造着全体国民的心理气质和行为方式。正如马克思所说："在不同的所有制形式上，在生存的条件上，耸立着由各种不同情感、幻想、思想方式和世界观构成的整个上层建筑，通过传统和教育承受了这些情感和观点的个人，会以为这些情感和观点就是他的行为的真实动机和出发点。"[②] 从早年的复辟帝制、尊孔读经到后来

[①] [美] 阿历克斯·英格尔斯：《人的现代化》，殷陆君编译，四川人民出版社1985年版，第4页。

[②] 《马克思恩格斯选集》第1卷，人民出版社1995年版，第629页。

国民党时期的一党专制、个人独裁，再到新中国成立后的权力比较集中，每当我们追寻文化根源时总是能看到传统政治文化跨越历史阶段的深远影响。现代社会与传统社会相比已有很大的差别，但从文化的视角看，当代人的政治心理还在受传统政治文化的影响。传统政治文化是传统社会条件下所形成的文化取向模式，作为文化意识领域一股保守的力量，它与现代社会所需要的文化体系之间存在不可避免的矛盾和冲突。

恩格斯曾经指出："每一个时代的理论思维，从而我们时代的理论思维，都是一种历史的产物，它在不同的时代具有完全不同的形式，同时具有完全不同的内容。"[①] 任何一种文化都是具体历史条件下的产物，其质的内在规定性始终持久而稳定地反映着特定的经济生活和政治生活，我国传统政治文化就根源于传统社会下的小农经济以及建立在小农经济基础上的传统政治架构。在人类历史早期，自然地理环境总是最初决定着社会制度与文化模式的选择，它构成了历史发展轨迹的起点。从自然地理特征来看，黄河流域作为中华文明的起源有着肥沃的土地、温和的气候以及充足的水量，它提供着农业生产所需要的天然优势，而农耕生产方式的不断扩大也同时加速了渔猎时期原始氏族集体协作制的解体，从此以家为单位的小农生产就成为主导的生产方式。但在这个过程中，原始氏族中的血缘关系并没有被瓦解和破坏，而是在稳定家庭结构中发挥着重要作用，因而也就在后来的家庭生产模式中被保留了下来并衍生出维护小农生产的宗法制度，即以父家长为中心，以嫡长子继承为原则，以血缘亲疏确定尊卑等级关系。独特的小农经济结构以及宗法族制的社会构造又对社会的政治结构产生重大影响。小农经济作为一种以个体劳动和私人占有为典型特征的自给自足的经济形式，它先天具有封闭性和分散性特点，这就使它虽然具有内在宗法血缘纽带的维系，但在整个社会层面上缺乏外在必要的凝聚力和向心力。正如马克思所说："小农是由一些同名数简单相加形成的，好像一袋马铃薯是由袋中的一个个马铃薯所集成的那样。"[②] 而正是生产方式和社会交往方面的相互隔离导致了小农之间松散的状态以及小农本身的脆弱性，他们根本无法凭借自己的力量保护自身的利益，也"不能代表自己，一定要别人来代

---

① 《马克思恩格斯选集》第 4 卷，人民出版社 1995 年版，第 284 页。
② 《马克思恩格斯选集》第 1 卷，人民出版社 1995 年版，第 677 页。

表他们；他们的代表一定要同时是他们的主宰，是高于他们上面的权威，是不受限制的政府权力，这种权力保护他们不受其他阶级的侵犯，并从上面赐给他们雨水和阳光；所以，归根到底，小农的政治影响表现为行政权力支配社会"①。这种行政权力在我国古代就表现为以专制王权为核心的庞大官僚系统的存在，中央集权的行政力量既能为小农生产提供大型的排水和灌溉系统，也能通过抵御外族入侵和规范内部秩序来提供给小农生产所必需的稳定环境，更能通过土地政策的强制实施来调和土地兼并与小农生产对于土地强烈需求之间的矛盾。可以说，"小农生产方式按其本性来说是全能的和无数的官僚立足的基地"②。小农经济为政治上的专制王权提供了某种必要性依据。同时小农的生产和生活是否稳定也关系到专制统治的牢固性，因而如何架构政治体系来更好地驾驭小农则显得相当重要。小农经济作为一种家庭生产形式意味着只有家庭结构的稳定才能保证整体小农生产和生活的稳定，而小农经济条件下的家庭结构是实行宗法族制的，整个社会更是以宗法关系为纽带来维系，这样专制王权就基于小农经济而在具体的政治架构中延续了奴隶社会时期的宗法建构，国家通过与家的复合形成了对社会生活的强大控制并达到专制统治的目的。从此族权与政权始终处于胶合状态，家庭里的父权开始延伸为国家至高无上的君权，家庭中的纲常伦理逐渐扩大为国家层面的国礼刑法，家庭内部的血缘亲疏则转化为政治上的等级尊卑，此后家国一体的宗法政治结构就成为我国传统社会典型的政治架构。正如有的学者所分析的那样，"中国古代史的发展脉络不是以奴隶制的国家去取代氏族血缘纽带联系起来的宗法社会，而是由家庭走向国家，以血缘纽带维系奴隶社会制度，形成'家国一体'的格局；这样，氏族社会的解体在我国完成的不充分，氏族社会的宗法制度及其意识的残余大量积淀下来，并一直延续到封建社会"③。

正是小农经济和宗法政治结构共同孕育出我国独具特色的传统政治文化。从漫长的历史过程来看，古代儒家文化一直是我国传统政治文化的主体，而这主要归因于儒家的伦理思想体系不仅能有效地适应以家庭

---

① 《马克思恩格斯选集》第1卷，人民出版社1995年版，第678页。
② 《马克思恩格斯全集》第8卷，人民出版社1961年版，第221页。
③ 冯天瑜、周积明：《中国古文化的奥秘》，湖北人民出版社1986年版，第66页。

为单位的小农生产，而且更能支撑起宗法伦理式的传统政治架构。作为一种自然经济形式，小农生产总是通过周而复始的简单劳动追求着自给自足的稳定，它更强调人与自然之间田园诗般的和谐与安宁，而古代儒家文化中顺应自然的"天人合一"思想正好契合了小农经济先天的自然气质与和谐精神，因而古代儒家文化真实地反映了小农生产者的心理世界。与此同时，中国传统宗法政治架构主要是通过君权与族权相结合的伦理道德教化来建构"为政以德"和"为国以礼"的仁礼秩序，而古代儒家文化所打造的以"忠""孝""仁""义"为基本内容的伦理道德体系不仅维护了整个宗法社会的人伦秩序，而且还巩固了专制统治的合法性和有效性。在传统政治文化的变迁中，古代儒家文化虽然也曾受到法家、道家以及外来佛教的挑战和冲击，但伴随着"罢黜百家、独尊儒术"的官方扶持以及儒学本身不断汲取和吸收其他学说，几千年的历史筛选和积淀最终还是确立了古代儒家文化在传统政治文化中不可动摇的主体地位。

　　古代儒家文化本质上是一种伦理文化，它主张以血缘宗法关系为基础来确定尊卑等级秩序，在家庭内部要以"孝"为先，"孝"既被看作伦理道德的根本，同时也是最基本的行为准则，正所谓"夫孝，天之经也，地之义也，人之行也"（《孝经·三才章》）。而实现"孝"则要求必须做到"敬""养""从"，"敬"就是要绝对尊重父家长在家庭内部的至上权威，"养"就是要对父母尽绝对的赡养义务，"从"就是要对父母意志无条件地服从，这种严格的"愚孝"家庭伦理也构成了整个传统社会等级身份秩序的基础。如果说"愚孝"是家庭伦理的核心，那么"愚忠"则是"愚孝"在社会政治领域的延伸，古代儒家文化主张"以孝奉君则忠"（《孝经·士章》），就是要"移孝作忠"来以孝的心态把君主看作全国最大的父家长，从而尊重君主的最高权威并绝对地服从君主，所谓"君者，民之心也；民者，君之体也。心知所好，体必安之；君之所好，民必从之"（《春秋繁露·为人者天》）。古代儒家文化正是通过血缘伦理将家国相结合并实现了伦理政治化和政治伦理化，它以家庭内部的亲情为出发点，从所谓"孝悌也者，其为仁之本欤"延伸到"迩之事父，远之事君"，并主张"子受命于父，臣受命于君，妻受命于夫"（《春秋繁露·顺命》）。这样它就使每一个社会成员都处于宗法等级关系的包围中，而且"贵贱有级，服位有等，等级既设，各循其检，人循其度，擅退则让，僭上则诛"（《新书·服疑》）。可以说，古代儒家文化强调的是以君为最高主宰自上而下的等级依附关系。鲁迅曾痛心地指出："我们自己早已布置妥帖了，有贵贱，有大小，有上下，自己被人凌虐，但也可以凌虐别人；自己被人吃，但也可以吃别人，一级一级地制驭着，不得动弹，也不能动弹了。"[1] 从臣对君的依附到民对官的依附，再到家庭成员对家庭内部父权、夫权和族权的依附，每个人都在上下、主从和隶属的等级关系中有既定的"名分"并各守其分、各行其道，这样才能实现君仁臣忠、父慈子孝、兄良弟悌、夫义妇听、长惠幼顺的儒家理想，而缺少它则会导致"名不正则言不顺，言不顺则事不成，事不成则礼乐不兴"（《论语·子路》）。可以说，任何人都无法挣脱和僭越这种宗法等级关系，其中古代儒家文化在处理个人与家庭、社会、国家的关系时主要是以"君权"和"父权"为本，这样在整个权力体系中，可谓"天下之权，皆出于君；天下之利，皆归于君"，"父权"对于"愚孝"的鼓吹本质上也是为臣民对君主的"愚忠"服务的，而个人只能依附于君权和父权并养成了奴性人格。正如卢梭所说："专制政治是不容许有任何其他的主人的，只要它一发令，便没有考虑道义和职责的余地，最盲目的服从乃是奴隶们所仅有的唯一美德……在这里一切个人之所以是平等的，正是因为他们都等于零，臣民除了君主的意志以外没有别的法律。"[2] 同时，古代儒家文化对于"君权"和"父权"的强调也意味着对"私欲"的湮灭，就是以国家和家族的整体利益来取消个体独立存在的权利。马克思和恩格斯曾指出："从前各个个人所结成的那种虚构的集体，总是作为某种独立的东西使自己与各个个人对立起来；由于这种集体是一个阶级反对另一个阶级的联合，因此，对于被支配的阶级说来，它不仅是完全虚幻的，而且是新的桎梏。"[3] 儒学后期更是提出了"存天理、灭人欲"的口号，

---

[1] 鲁迅：《灯下漫笔》，载《鲁迅全集》第 1 卷，人民出版社 1981 年版，第 215—216 页。

[2] [法] 卢梭：《论人类不平等的起源和基础》，李常山译，商务印书馆 1962 年版，第 145—146 页。

[3] 《马克思恩格斯全集》第 3 卷，人民出版社 1960 年版，第 84 页。

并以此通过对人的正常欲求的压制来消解和摧残人的主体性。在中国传统政治文化中，古代儒家文化的本质就是要求个人对家庭、社会和国家绝对地服从，这其中既没有个人间的平等和自由，也没有个人独立的人格，更不可能有主体的地位和意识，除了承担义务外，个人的意志、权利和利益始终是被压制的。可以说，我国传统政治文化也影响了我国公民理性的发展。

二 近代社会公民理性的启蒙

后来以鸦片战争为契机我国的现代化进程慢慢启动，西化的影响逐渐引发了我国从器物层面到制度层面再到文化价值观念层面的变革，近代的文化精英试图通过打造"新国民"来实现"民族革新"，开始引进西学并仿效西方学制来开启民智。如梁启超提出"'以造就国民为目的'的'新民说'，认为教育应该培养民众的国民思想、权利思想、政治能力、冒险精神以及公德、私德、自由、自治、自重、尚武、合群、生利、民主、毅力等品质"[①]；蔡元培在谈及新教育之方针时，更是主张以"公民道德教育"为核心，而公民道德之要旨在于"自由""平等""博爱"。后来辛亥革命终于推翻了皇权专制，至少在形式上建立了西方式的议会政体，本以为国民会在巨大的现代化变革中得到彻底的改造，却发现传统臣民的思想观念因长期积淀而形成的伦理道德、文化心理和思维模式依然支配着人们的心灵。资产阶级民主政体虽然赋予民众平等、自由的国民身份，却无法改变民众内心已经固化的臣民意识，这同时也可以部分解释近代议会政治为何会因封建复辟而夭折。对此，鲁迅认为中国社会的首要任务是改造国民性，"否则，无论是专制、是共和、是什么，招牌虽换，货色照旧，全不行的"[②]。因而，在此后的"新文化运动"中就对封建宗法等级观念进行了猛烈的批判，主张个性解放并崇尚自由和平等，反对盲从和迷信并倡导科学和民主的精神，大量的西方思想被引进，甚至有人还提出"全盘西化"的口号。此时的中国虽然需要新的文化，但与西方内源性的文化自然演进方式不同，我们必定要经历一个源于外来文化传播的适应性变迁过程。同时由于先天

---

① 鄢建江：《朱熹〈小学〉道德教育理论研究》，华龄出版社2006年版，第236页。
② 《鲁迅全集》第11卷，人民文学出版社1981年版，第31页。

缺乏现代性文化植根的土壤以及中西方政治文化内在价值系统的巨大差异，从西方引进的思想观念很难深入到中国的文化土壤中。中国传统社会并没有类似西方的自然法权观念，而只有基于专制制度而形成的特权观念和伦常等级化了的臣民意识。即使是在近代文化启蒙运动的过程中，个人的解放和主体内在的自觉也在救亡图存和振兴民族的浪潮冲击下受到不同程度的消解而暗含局限性。因此，"当人们向西方寻求真理，接受有关公民权利和义务观念时，主要是接受了这些观念的表层含义，而忽略了这些观念背后的内在价值准则和理论根源"[1]。严复在言及当时中国对于来自西方的自由民主思想时曾这样描述："闻西哲平等自由之说，常口怯舌矫，骇然不悟其义之所终。"因此，尽管人们以权利和义务为参照物尖锐地抨击皇权专制下民众奴性的悲哀，尽管随着民主运动的进程，权利和义务也得到了法律的认可，但臣民意识在悠久的历史过程中经过长期的渗透已经深深地固着在人们的心理结构中，"舶来的自由、平等、权利、义务等观念势必难以凭朝夕之功取而代之"[2]。

三 新中国成立到改革公民理性的不断提升

1949年，中华人民共和国成立，并在宪法中明确了公民的权利和义务，平等和自由的公民地位极大地激发了公民理性，民众在社会主义建设中表现出强烈的参与意愿和积极热情。改革开放以来，随着我国各个领域的大力改革，政治民主化不断提高，经济市场化程度不断加深，社会也日益多样化，整个社会呈现出自由、宽松、有序、和谐的氛围，公民理性得到极大提升。民众能够了解自身权利和责任，并懂得通过法律来维护自身权益，通过参与来承担公共的责任。随着我国社会主义核心价值观的宣传和普及，民众对于自由、平等、公正、法治等公共价值的理解也越来越成熟，并表现出强烈的公共责任感以及公共精神。当前，伴随着我国的发展和崛起，更加需要民众关注、关心，并积极参与国家改革和社会建设，通过公民理性的成长来为我国社会的持续健康发展奠定坚实的思想、文化和心理基础。

---

[1] 湖北大学中国思想文化史研究所主编：《中国文化的现代转型》，湖北教育出版社1996年版，第292页。

[2] 刘泽华：《论从臣民意识向公民理性的转变》，《天津社会科学》1991年第4期。

第二节 公民理性发展的意义

自18世纪英国工业革命以来,现代化作为一股强大的历史潮流在世界范围内不断地促发着社会中最深刻的变革,它是由科学革命引发社会革命的过程。按照美国现代化研究专家布莱克的理解,"现代化指的是由于知识的爆炸性增长导致源远流长的改变过程所呈现的动态形式,它反映了人控制环境的知识亘古未有地增长,伴随着科学革命的发生,从历史上发展而来的各种体制迅速适应变化的各种功能发展的过程,而现代化的特殊意义就在于它的动态特征以及它对人类事务影响的普遍性"①。在现代化进程中,工业革命成果的广泛应用不仅极大地推动了社会物质生产领域的进步,而且还引发了社会、政治、文化等各个领域的变革。可以说,这一变革几乎涉及人类生活的方方面面,它在整个社会的革新与重组中不断地实现着人类社会从传统向现代的转型。正如社会学家斯迈尔塞所说,现代化牵涉一个社会内的经济、政治、教育、传统、宗教等持续不断的变迁,这些变迁有些发生得早,有些发生得晚,但它们总是要多多少少地受到影响。著名政治学家亨廷顿也说过:"现代化是一个多层面的进程,它涉及人类思想和行为所有领域的变革。"②正是由于现代化意味着整个社会的根本变革和全面改观,所以从现实性上来说,现代化是一个复杂的、系统的和革命性的过程。

正是这一进步过程在19世纪将沉睡了2000多年的古老中国带入了世界性的现代化浪潮中,它彻底动摇了中国传统社会的根基并开启了中国现代化的进程。具体来说是从鸦片战争开始的,"英国的大炮破坏了中国皇帝的威权,迫使天朝帝国与地上的世界接触,与外界完全隔绝曾是保存旧中国的首要条件,而当这种隔绝状态在英国的努力之下被暴力所打破的时候,接踵而来的必然是解体的过程,正如小心保存在密闭棺木里的木乃伊一接触新鲜空气必然要解体一样"③。当时与国内经济停

---

① [美] 布莱克:《现代化的动力》,段小光译,四川人民出版社1988年版,第11页。
② [美] 亨廷顿:《变化社会中的政治秩序》,王冠华等译,生活·读书·新知三联书店1989年版,第30页。
③ 《马克思恩格斯选集》第2卷,人民出版社1972年版,第3页。

滞、政治腐败、文化专制以及社会矛盾日益加剧的整体性社会衰落相比，西方国家正经历着轰轰烈烈的工业革命，工业化的力量正推动着社会生产力和生产方式的巨大进步以及整个社会的现代化变迁，正是在这样强烈的差距下中西方文明开始了实质性的接触。用马克思的话说，在这个过程中，"我们看到世界上最古老的帝国做垂死的挣扎，同时我们也看到整个亚洲新纪元的曙光"①。虽然现代化过程意味着整个社会将会在现代文明的包围下革故鼎新，但对于历史悠久的古老中国来说，现代化的征程却是一个充满着血与火艰难考验的痛苦过程。从两次鸦片战争开始，再到后来的中法战争、甲午中日战争以及1900年的八国联军侵华战争，西方列强在资本主义的全球扩张中对中国进行了野蛮的侵略，一系列不平等条约的签订给中国带来的不仅是民族的屈辱，更是深重的民族灾难。后来也正是这样的历史巨变从此颠覆了中国传统社会生活的秩序，资本主义的殖民侵入彻底打破了传统社会的经济结构并促使自给自足的小农经济逐步解体。正如马克思所说："成千上万的英美船只开到了中国，这个国家很快就为不列颠和美国廉价工业品所充斥，以手工劳动为基础的中国工业经不住机器的竞争，牢固的中华帝国遭受了社会危机。"②

随着资本主义商品输出进一步加深为更大范围和更大规模的资本输出时，中国的商品经济和资本主义工业却在这一客观过程中慢慢发展起来，尤其是在近代洋务运动的推动下，大批的官僚、地主、商人开始投资于工业生产，中国的民族工业到19世纪末20世纪初时已经初具规模。与此同时，资本主义的整体性殖民入侵带来的不仅是经济结构的调整，还有西方政治制度和价值观念的渗透，在强大的西方文明参照下，中国传统的政治架构和文化体系面临着巨大的挑战。可以说，中国现代化的开始已经意味着社会的整体性变迁，传统的经济、政治、文化结构不断地解体，而现代性的因素不断地注入，中国原来"野蛮的、闭关自守的与文明世界隔绝的状态被打破"③，一场深刻的社会变革正慢慢展开。而当历史推进到20世纪以后，现代化力量的集聚效应开始展现并

---

① 《马克思恩格斯选集》第2卷，人民出版社1972年版，第21页。
② 《马克思恩格斯全集》第7卷，人民出版社1959年版，第264页。
③ 《马克思恩格斯选集》第2卷，人民出版社1972年版，第2页。

实现了中国传统社会向现代社会的历史性转折。尤其是1911年辛亥革命彻底结束了传统专制制度并同时开启了政治现代化的转型，1919年五四"新文化运动"又将否定和批判的对象对准了更深层次的传统心理结构，通过对国民性的改造和重塑开始实现着人的现代化转变。后来经过漫长而激烈的新民主主义革命和社会主义革命，一直到1949年中华人民共和国成立，中国从此摆脱了被动挨打的局面而自主地掌控着现代化的进程，到了1978年改革开放，全球化和市场化的巨大推动又使中国的经济现代化开始步入正轨，直到今天，我们仍然处于现代化的巨大潮流中。

当审视一个社会现代化的整个过程时，我们发现物质领域的变革最为优先，随之制度和文化领域的变革会慢慢凸显，其中文化领域的变革是最深刻的、最复杂的，社会的现代化转型归根结底可以说是文化模式的转型。文化领域的现代化之所以最为内蕴而复杂是因为它牵涉一个社会最深层的价值系统、信仰体系、心理结构等因素。正如英国历史学家汤因比在解释"文化的反射律"这一术语时所陈述的那样，当中西文化相遇时，"中国文化对西方文化的'文化光线'的反射是最为强烈的，而此时西方文化的穿透力最弱"[①]。如此看来，观念的变革在一个社会中是最深层次的，最为缓慢的，当然也是最困难的。如果我们仅仅简单地把现代化看作人的现代化和社会现代化两个层面的互动变迁过程，那么，社会现代化为人的现代化提供了坚实的社会基础，而人的现代化则是社会现代化的主导和动力。对于每一个社会来讲，人都是社会存在的先觉条件，人作为社会活动的主体也必然是社会现代化的实际承担者，人自身进步的程度在一定意义上影响着社会发展的进程。正如美国社会学家英格尔斯在《人的现代化》一书中所作的深刻总结："痛彻的教训使一些人开始体会和领悟到，那些完善的现代制度以及伴随而来的现代大纲、管理原理，本身是一些躯壳；如果一个国家的人民缺乏一种能赋予这些制度以真实生命力的广泛的现代心理基础，如果执行和运用这些现代制度的人，自身还没有从心理、思想、态度和行为方式上都经历一个向现代化的转变，失败和畸形发展的悲剧是不可避免的，再完

---

① 金耀基：《从传统到现代》，广州文化出版社1989年版，第120页。

美的现代制度和管理方法，再先进的技术工艺，也会在一群传统人的手中变成废纸一堆。"① 在人的现代化过程中，观念现代化又是人的现代化的灵魂。康德曾说过："真正的改革是思维的改革，作为社会现代化之根本因素的人的现代化绝非只有少数社会精英分子心态的现代化，而是广大民众的心态现代化。"② 智利学者萨拉扎·班迪在回顾发展中国家的现代化时也曾指出："落后和不发达不仅仅是一堆能勾勒出社会经济图画的统计指数，也是一种心理状态。"③ 人的现代化是人的生活样式、行为模式、思维方式等各方面表现出来的全面而深刻的变化，而这些变化都会受到人观念现代化的支配和引导。可以说，"观念现代化是人的现代化的灵魂"④，同时也是社会现代化的先导。公民理性作为现代社会的精神蕴涵和表征，它对于国家的现代化发挥着重要的功能，这种功能不仅局限于它对传统臣民意识的否定和超越，而且还体现在它对于现代政治、经济、文化发展的精神揭示和观念引导上。

一 公民理性与政治民主化

从政治领域来看，政治现代化是指现代化进程在政治层面的体现，主要是指由传统专制政治体系向现代民主政治体系转变，政治民主化是政治现代化的基本目标和最集中体现。而对于我们国家来说，在经历了辛亥革命对于专制制度的颠覆以及新中国成立后民主制度建构的实践，我国当前正处于从传统政治向民主政治转型的过程中。"根据英国著名民主理论家布莱斯的描述，凡在国家重大决策上能通过正式的制度而体现全体人民一般愿望的政治便是民主政治。"⑤ 也就是说，政治现代化首先要以确立民主制度为标志，通过制度把公权的产生、界限和运行以及公民参与的内容、形式和渠道规范化，从而保证政治体系的民主化。如果说民主制度是政治民主化的外在结构，那么，公民理性则是政治民

---

① [美] 阿历克斯·英格尔斯：《人的现代化》，殷陆君编译，四川人民出版社 1985 年版，第 4 页。
② 王南湜：《日常生活理论视野中的现代化图景》，《天津社会科学》1995 年第 5 期。
③ [美] 阿历克斯·英格尔斯：《人的现代化》，殷陆君编译，四川人民出版社 1985 年版，第 3 页。
④ 郑永廷：《人的现代化的理论与实践》，人民出版社 2005 年版，第 431 页。
⑤ 夏玉珍、江立华：《政治社会学教程》，华中师范大学出版社 2005 年版，第 283 页。

主化的内在结构。任何政治体系建构和运作的根基都在于这种内在结构，即主要由民众的政治认知、政治情感以及政治价值取向等所组成的一套观念系统。从一国政治实践来看，其政治民主化的过程也是公民较多参与政治的过程，可以说，公民参与意识的高低直接关系到政治民主化的进程。正如美国政治学家萨托利所说："参与是微型民主的本质，或者说它为上层结构即民主政体提供了关键的基础结构。"[①] 因此，真正的政治民主化不能仅仅停留在外在的制度架构上，它还必须实现民主制度规范的社会化，将民主制度的理念内化为公民的认知、情感和态度，从而发展出成熟的公民理性。公民理性使公民对于自身政治角色的定位以及政治体系的运作具有明确的认知，因而能形成积极而理性的参与心态。同时对于政治体系的自觉认同又能使公民具有较高的公共责任意识，并引导公民形成符合政治体系规范的行为模式，从而保证政治体系价值合理性、程序合法性以及运行机制有效性的最终实现。可以说，公民理性是民主政治确立和发展的思想先导，更是民主政治有效运行的心理基础，它在政治民主化的过程中能起到推进器、润滑剂和安全阀的作用，没有公民理性的发展，政治民主化必将难以实现。正如古希腊政治学家亚里士多德在评估古希腊政治变迁时所指出的，"即使是完善的法制，而且为全体公民所赞同，要是公民的情操尚未经习俗和教化陶冶而符合于政体的基本精神，这终究是不行的"[②]。

首先，公民理性是民主政治确立的思想先导。"从某种意义上说，政治文化的宏观反映对象必然是社会政治体系，对个体行为的影响，对集体行为的影响，其最终的功能作用将表现在对于社会政治体系的作用上，即对政治体系的合理发展起到积极推动作用。"[③] 在政治建构的过程中，社会成员的政治意识对于政治制度的建立和模式的选择有着重大的影响。政治文化的变革往往是政治现实革故鼎新的重要前提。一个国家的政治制度从根本上说是由占主导地位的经济基础决定的，但同时它也与社会成员的政治意识密切关联。一般来说，经济基础的变化必然会

---

① [美] 萨托利:《民主新论》，冯克利等译，东方出版社1998年版，第158页。
② [古希腊] 亚里士多德:《政治学》，吴寿彭译，商务印书馆1995年版，第275页。
③ 王卓君:《文化视野中的政治系统——政治文化研究引论》，东南大学出版社1997年版，第151页。

提出政治变革的要求，而政治变革的要求首先表现为社会成员的政治意识，然后再通过政治意识指导人的政治行为，从而完成政治体系变革的要求。在每一次政治变革之前，文化观念的变革总是能起到唤醒民众觉悟的启蒙作用，并进而成为政治系统变革的重要动力。从西方民主政治发展的一般逻辑来看，以民主、自由、平等为主的公民精神与民主制度的建构密不可分。17—18世纪欧洲启蒙运动就是资产阶级为配合当时的政治革命而掀起的一场具有划时代意义的文化运动，它以天赋人权、社会契约、人民主权等理论为指导，推崇自由、平等、博爱、人权等观念，引导广大民众摆脱了封建意识的枷锁并为欧洲的政治变革提供了重要的精神动力，从而也为近现代西方民主政治的确立奠定了坚实的思想基础。而且公民理性作为民主政治的隐形内核，其一旦形成就具有极大的稳定性，它能通过固有的政治认知和政治价值观吸收并同化民主政治变革过程中带来的局部性震荡，并以其文化系统特有的沉淀力而对民主政治的确立起到维护的作用。

其次，公民理性是民主政治有效运行的心理基础。政治系统在运行的过程中总会与政治文化产生矛盾和冲突，此时就需要两者之间的相互磨合与调适。而政治文化"在与政治系统结构互动时，一方面减弱自己的惯性抵抗，寻找在自身的系统中能与新政治结构相吻合或接近的东西，将之运用到对现有政治系统的解释和接受中；另一方面，尽力发挥政治文化的潜在作用，将现有的新的政治系统中太尖锐或太矛盾的棱角磨掉，使之易于为广大人民群众接受，经过一段时间的磨合过程，两者之间就能达到某种妥协或调和"①。可以说，政治系统运行的根基在于其政治文化取向模式，在于由民众的政治认知、情感及价值观所交织而成的一种信念体系。由于政治文化具有过滤、消化和解释的功能，它能将政治系统的外在架构内化到人们的心理并赋予政治系统以相应的意义，政治系统离开政治文化其本身就失去了存在的意义。而对于民主政治来说，其确立必然离不开公民理性的文化支撑，我们有必要通过公民理性的发展来实现民主政治规范的社会化，将"民主理念内化为公民的人格系统，转化为公民内在的认知、情感和态度并培养公民符合民主政

---

① 王卓君：《文化视野中的政治系统——政治文化研究引论》，东南大学出版社1997年版，第175页。

治规范的行为模式"①，从而保证民主政治价值合理性和有效性的最终实现。

最后，公民理性是维护政治稳定的重要保障。政治稳定是指政治体系处于稳定状态，其中政治体系的核心组成要素并没有发生根本性的改变，即一国政治体系始终保持着连续性和有序性。公民理性对于政治稳定的作用可以从两个方面来看，一方面，公民理性对于政治体系整体的建构和运行起到稳定的维护作用，这个前面已经分析过；另一方面，公民理性对于政治稳定的作用主要是通过引导政治行为来实现的。政治文化不仅是政治行为的动机，而且还能为个体的政治行为提供理性的支持，并形成相应的政治行为规范和价值标准，这也是个体政治参与的必要前提。亨廷顿认为："任何一种政体的稳定都依赖于政治参与程度和政治制度化程度之间的相互关系，政治稳定依赖制度化和参与之间的比率。"② 也就是说，政治稳定和公民适当政治参与之间存在必然的联系，公民要对自身的政治参与活动进行分析和评价并选择理性地参与，而分析、评价与选择的价值依据就在于每个人所具有的政治意识。从这个角度上说，政治稳定实际上就是公民政治意识的稳定，要实现政治稳定，政治系统就需要获得社会系统对于自身合法性和权威性的支持，并把政治参与引到常态化的轨道上，从而将政治生活约束在理性的秩序范围内。而公民理性是公民对于自身政治角色及其价值的自觉反映，它不是公民权利和义务的简单合成，而是公民对于自身与国家之间权责关系的价值判断及规范化认同，公民理性意味着公民不仅要实现自身的权利和自由，而且还要自觉承担起公民应尽的责任。可以说，公民理性体现了自由与责任的内在均衡，它既能为民主政治提供稳固的合法性和权威性支持，同时也能通过调节公民政治行为的规范、引导公民政治行为的方向以及控制公民政治行为的强度来保障民主政治的稳定。

二　公民理性与经济市场化

从经济领域来看，经济现代化是指现代化进程在经济领域的体现，

---

①　邹广文：《科学发展观与中国文化产业实践》，中央编译出版社 2009 年版，第 240 页。
②　[美] 亨廷顿：《变化社会中的政治秩序》，王冠华等译，生活·读书·新知三联书店 1989 年版，第 79 页。

主要是指传统自然经济向现代市场经济转变,市场经济体系的建立和完善是经济现代化的重要标志。改革开放以后,我国经历了40年的市场经济改革,现在正处于从传统小农经济向现代市场经济转变的阶段。根据历史唯物主义的基本原理,社会意识归根结底是由一定的物质生活条件决定的,同时社会意识对于物质生产方式又具有反作用,因而公民理性对于市场经济的发展发挥着重要的作用。从社会经济发展的角度来说,"公民理性与市场经济密切相关,市场条件下所要求的'经济人'角色的另一面,就是民主制度下的'政治人',也就是公民;市场经济和民主政治都要求人作为独立的主体,承担相应的权利和义务,为自己的行为负责,都鼓励积极进取的精神并要求遵守运作规则,都提倡理性的行为方式、宽容和妥协的态度;所以,市场条件下的'经济人'与公民是相通的,在市场经济下自发形成的意识、情感、欲求、态度的升华,投射到政治领域,就是公民理性,如果'经济人'没有公民理性,市场就难以健康地运作"①。

首先,市场经济是主体性经济。市场经济是与自然经济相对立的经济形态,它是商品经济对自然经济的超越而自然出现的高级经济形态。市场经济通过市场机制来配置资源,市场主体独立、自由、平等地从事生产经营活动,它是一种主体性的经济。市场主体的经济行为不再或很少受非市场化因素的干预,而主要依据市场信息从事经济活动,这样经济主体就真正获得了自主性。公民理性是以公民主体身份为前提和基础的,它表达了公民之间独立、自由、平等的社会关系,即公民在人格上是独立自由的,在身份上是普遍平等的,在权利和义务方面是对等的。可以说,公民角色的意义就在于其对人主体性的颂扬,而这与主体性的市场经济无疑有着内在的契合。其次,市场经济是契约经济。市场经济的本质特征就是经济关系的契约化,即通过契约来建立经济关系和配置资源,契约是经济活动中经济主体通过交换实现双方利益的重要媒介。这种契约经济要求以法律的形式确认市场主体的平等资格、规范市场主体的交换行为并保障市场主体的财产权。契约是一种规范某种利益关系的法律承诺,这也意味着它是建立在交换双方自觉自愿基础上彼此之间

---

① 朱晓宏:《公民教育》,教育科学出版社2003年版,第16页。

权利和义务的强制性约束,而这种约束能将经济交换导入规范的交易秩序中。而公民理性的主要内容就是有关权利和义务的观念体系,一个国家或政治共同体在赋予其社会成员公民身份的同时,也就"赋予了个人以责任和权利、义务和权力,限制和自由"[1]。因此,公民理性中权利和义务的对等性要求本身就体现了一种契约的连接,这种契约精神的彰显无疑将有助于市场经济中契约关系的确立。最后,市场经济是法治经济。市场经济是以市场机制为配置资源的主要形式,这种机制要求依法鼓励投资者、生产者和经营者在市场上进行自由选择,即市场经济要求必须依法保障市场主体的自由选择权。同时利益需求是市场主体的行为目标和内在动力,而在市场经济中,利益关系并不是一种抽象的东西,而是具体表现为产权关系、经营关系、信用关系、交换关系等。这些关系在市场运作的过程中因种种原因总会发生矛盾和摩擦,为了理顺这些关系并保证市场的规范运行,就有必要将市场中的关系契约化、合同化。马克思曾指出,契约是一种反映经济关系的意志关系,是买卖双方意志借以得到共同的法律表现的最后结果。由此可以看出,市场经济的运行需要法治提供普遍而有效的秩序作为保障。而现代法治理念正是源于公民对正当性、合理性的价值评判和选择,即公民理性的自由理性精神和正义价值关怀,法治是公民理性价值追求制度化的表现。如果说法治在其发展的过程中需要保持其特有的规范性和稳定性,那么,作为其价值基础的公民理性则可以时时地为其提供崭新的内容,而这将有助于法治理念的更新和转换,并通过制度化的形式纳入法律规范体系,从而有力地推动社会法治化的进程。可以说,公民理性对于法治的这种引导对于保证市场经济的规范运行无疑具有重大的意义。

三 公民理性与人的现代化

在实践的基础上,比较系统而深入地研究人的现代化问题的学者是美国心理学家英格尔斯。英格尔斯等人在 20 世纪 60 年代曾对阿根廷、智利、以色列、尼日利亚、巴基斯坦、印度这六个发展中国家进行了大量的调查研究,并力图超越东西方的差异而找出现代人的基本素质。他

---

[1] [爱尔兰] J. M. 凯利:《西方法律思想简史》,王笑红译,法律出版社 2002 年版,第 104 页。

们提出:"我们相信综合现代性量表不是一个带有明显欧洲文化烙印的特征组,相反,我们相信,它有一个更高的目的,即指出一种更普遍的人类特性,它在意义上是泛文化的,在关系上是超越国家的,没有一个国家或一种文化能宣称这种现代性的特征组是其独有的财产,在所有社会都可以找到现代人;在任何社会中,不管它的历史文化传统是什么,现代人都能逐渐成为多数。"① 同时他们基于个人对自身事务的态度、对待他人事务的态度以及对周围环境的看法这三个指标而总结出现代人的四个特点:"他是一个见闻广阔的、积极参与的公民;他有明显的个人效能感;在同传统的影响来源的关系中,他有高度的独立性和自立性;他乐于接受新经验以及新的观念,也就是说具有开放而宽容的思维习惯。"② 而公民理性作为一种现代社会意识,它是公民对于公民角色及其内在价值的理性自觉,公民角色的基本特征就是公民在人格上的独立性以及在价值关系中的主体性,公民理性对于主体性价值的颂扬使现代人更加注重个体的权利和自由。同时公民理性中所蕴含的公共意识是现代人所应具备的核心品质,其中公共理性是公共意识的核心,也是公民进入公共生活的前提,它意味着公民要以理性和科学的态度来对待周遭的一切。公共关怀是公共意识的精髓,并表现为一种对公共事务的积极关注和勇于承担的心理倾向,它使现代人对公共秩序和公共空间、公共利益和公共价值有着深刻的理解和体认。积极参与是公共意识的重要表征,它使公民能自主自觉地参与公共生活并承担起公民应尽的责任。因此,无论是从结构内容上还是从价值取向上来说,公民理性都与现代人所应具备的人性品质和精神样态相契合。

---

① [美]阿历克斯·英格尔斯:《从传统人到现代人》,顾昕译,中国人民大学出版社1992年版,第434页。
② 郑永廷:《人的现代化的理论与实践》,人民出版社2005年版,第54页。

第六章　当代中国公民理性的构建

随着我国改革开放过程中经济、政治、文化各个领域的改革与发展，公民理性的水平相比之前已有较大提高，但同时我们也看到，公民理性在整体上还有待提高，并成为制约我国现代化进程的重要因素。在当前的社会转型过程中，各种矛盾层出不穷并相互交织，而这同时也意味着我国公民理性的发展将要面临诸多的困难和挑战。对此，我们应该从社会整体上去审视，并把公民理性的发展看作一个系统的社会工程，它只有通过个人、社会和国家的共同努力才能最终完成。具体而言，公民理性的发展既需要公民个人的自发启蒙，也需要国家有针对性地培养和引导，更需要社会整体氛围的熏陶和感染。公民理性发展的模式既需要借鉴西方那种自发生成模式，同样也需要国家和社会有计划地建构生成模式。其中社会公共领域的建构可以为公民理性的发展提供必要的社会根基，系统的公民教育可以为公民理性的发展提供专业化的培养和训练，政治社会化可以为公民理性的普及和传播提供多样化的形式和渠道，有序的政治参与可以为公民理性的发展提供必要的政治实践。可以说，我国公民理性的发展必将是多种力量、不同模式以及多元路径共同作用的结果。

第一节　重视公民教育

一　公民理性的发展得益于公民教育的培养和塑造

从历史上看，公民的产生与公民教育的发展始终是相互伴随的，公民理性的形成更是离不开公民教育的培养与塑造。在最早的古希腊时期，城邦与公民之间呈胶合状态，城邦的命运完全依赖于公民对城邦整体的归属、忠诚和奉献，每个城邦都十分重视通过公民教育来培养公民献身于城邦的良好品格和特性，因而当时的公民教育主要是基于建立理想城邦的需要而陶冶和训练公民的美德。亚里士多德认为城邦的存在必须依靠良好的教育来维护和巩固，而且这种公民教育只能由城邦集体来实施，每位公民从儿童起就要按照城邦的需要来抚养和教育。后来随着资产阶级革命的成功以及资本主义制度的确立，近代公民才得以产生，公民也成为一种成员资格并根据宪法规定而享有相应的权利和义务，同时近代的公民教育也开始逐步地兴起。法国是当时最早实施公民教育的国家，1789年的《人权与公民权宣言》和1791年宪法已经提出了有关公民教育的思想，后来在相继颁布的《塔来朗法案》《卡诺法案》《费里法案》中又对公民教育的内容做了具体规定。应该说，近代的公民教育最初还是比较注重公民义务的，它通过公民道德教育课或是公民训导课来教授有关政治制度形式、法律和道德行为规范、公民的权利和义务等内容，其主要目的是为共和国培养能主动负起相应责任的合格公民。后来其他西方国家也相继开设公民课程，不管在形式上还是在实质上都大同小异。

后来，随着民主政治的不断完善，公民主体地位日益巩固，公民参与的广度和深度都在强化，公民教育的内涵也发生着新的变化，现代公民教育已不仅仅满足于对一般政治、法律、道德等理论知识的灌输，而且更加注重公民权利意识和责任意识的培养、公民对于民主宪政精神的理解和认同以及公民对于公共利益或价值的参与和维护。公民身份最本质的特性就是其打破人身依附关系后的独立性，正是独立的人格赋予了公民对于自身权利深刻的体认和对自身责任使命般的承担。杜威认为："良好公民的训练并不意味着个人的活动屈服于阶级的权威，而是使一个人成为比较满意的合作伙伴，具有明智的判断力及采取各种措施的能力，如制定法律和服从法律时起决定作用的能力。"[①] 公民教育应该以培养公民人格为最主要的目标，这也是公民最基本的价值规定，同时公民教育还要负责使公民了解公民和国家之间的权责体系结构、宪政民主

---

① 转引自朱晓宏《公民教育》，教育科学出版社2003年版，第11页。

运作的原则以及公民政治参与的渠道和方式。现代社会中公民教育已经成为培养公民理性的关键环节，通过长期而系统的公民教育，公民理性水平将会得到很大的提升，这对于国家和社会的发展至关重要。凯兴斯坦纳认为，今天如果现代国家承认其每个成员的公民资格，如果赋予他们帮助国家完成其利于公众的职能的权利和义务，如果在一定的条件下，个人能够获得参与国家决策的发言权，包括行政和立法两个方面，那么，我们的答案就唾手可得了；它仅仅是通过给予每一个人最广泛的教育，以保证使他们懂得国家的职能，并使他们达到最高的个人效率；换言之，现代国家实现其目的的最明智的方式是教育每一个成员，使他们大体上懂得国家的职能，从而有能力也乐意尽最大努力担负起他们在国家组织中的职责。

二 公民教育与道德教育

对我国而言，除了在近代救亡图存过程中曾经出现过短暂的公民教育实践以外，古代社会只有伦理上的道德教化和政治教化，而无真正意义上的公民教育。面对我国近代的落后与屈辱，知识分子曾把希望寄托于对国民性的改造，严复指出："为今之计，惟急从教育上着手"[①]，"鼓民力、开民智、新民德"，从而通过教育来达到救亡图强的目的。梁启超指出："为政治家者，以勿摧压权利思想为第一义；为教育家者，以养成权利思想为第一义。"[②] 陈独秀面对当时人权普遍缺乏的现状曾提出："自唯心论言之：人间者，性灵之主体，自由者，性灵之活动力也；自心理学言之：人间者，意思之主体，自由者，意思之实现力也；自法律言之：人间者，权利之主体，自由者，权利之实行力也。"[③] 也就是说，每个人都应该是主体并有独立的人格和尊严，他有其自由的意志和自身的权利。鲁迅更是深刻地指出中国传统文化其实是造就奴隶的文化，而中国传统的伦理教化更是一种奴化的教育，他主张要"立国"必先"立人"，"其首在立人，人立而后凡事举，若其道术，乃必尊个

---

① 曹福成、杨五云：《中外近现代教育家》，山西人民出版社 1986 年版，第 38 页。
② 梁启超：《论权利的思想》，载梁启超《饮冰室合集》（专集之四），第 39 页。
③ 《陈独秀著作选》第 1 卷，上海人民出版社 1984 年版，第 166 页。

性而张精神"①。这意味着近代的个人需要彻底摆脱奴役,张扬独立个性,展现独立意识,确立独立人格,这也是关系到国家兴亡的根本。正是在这样的呼吁下,人们逐步认识到旧式的道德教化过于压制个性和自由,并提出要倡导公民教育来培养自由、平等、民主等精神,全国教育联合会曾提出要编订公民教材,中小学开始增设公民科并拟定课程标准,社会上的一些教育团体也发起了倡导公民教育的运动。但由于近代公民教育是在民族危亡之际寄希望通过教育造就"新民"来挽救国家危机,在当时救亡压倒启蒙的历史背景下,这种针对国民性的教育改造很难在时局动荡的条件下得以真正地实施。后来在国民党的一党专制下,短暂的公民教育实践就被"党化教育"给取代了。

当前,我国公民教育还有待于提高。在现实生活中,我们经常用道德教育来替代真正的公民教育,由于我国传统教育带有明显的伦理色彩,而这种教育的惯性思维延续到现在就导致我国公民教育和道德教育之间始终处于模糊的状态。其实从本性上来说,道德是指社会生活中基于良心和舆论的引导而形成的日常行为规范,道德教育主要侧重于对个人品性修养的提高和塑造,公民教育则是侧重于公民对公民身份和地位的自我确认,对于自身权利和责任的理性认知以及对于民主制度和精神的理解和认同。虽然现实生活中我们经常看到公民教育中也会涉及对公民德性的些许要求,道德教育中也会包含公民权利和义务的成分,但二者各自的效用却是不可相互替代的,否则,不仅会模糊各自教育的内容,而且还会直接影响到各自教育的实效性。同时尤为严重的是,公民教育的道德化将会导致对公民责任高调的理想主义追求而不可避免地会忽视对于公民权利的颂扬与强调,而这本身与公民教育的目标就是相背离的。

三 公民教育理念的转变以及公民教育体系的建构

马克思曾指出,"自由自觉的活动恰恰是人类的特性"②,人在与动物分化的过程中逐步摆脱了那种消极适应物种规定的本能性,并获得了

---

① 转引自邓晓芒《灵之舞:中西人格的表演性》,东方出版社1995年版,第251页。
② [德]马克思:《1844年经济学—哲学手稿》,刘丕坤译,人民出版社1979年版,第50页。

自我决定、自我创造、自我发展的自由，自由也就成为人之存在的基本特征。教育所面对的是具有自由意志的独立个体，这意味着任何教育过程的实现都离不开被教育者自我意志的内在转换这一关键环节，从某种意义上说，教育就是一种"自我建构"的实践活动。教育的本质不是对人程式化、格式化的复制，而是通过对种种限制的突破来实现自我解放和自我塑造，而且"教育这种人的自我改造实践，所要改变的不仅仅是人的自然规定性，从更普遍的意义上说，它所扬弃的是人所已经拥有的任何规定性，其中包括社会与历史所赋予的规定性，教育要使人在已有规定性的基础上不断创造出自己新的规定性来"①。也就是说，在整个教育过程中被教育者并不只是消极地反应或被动地塑造，更多的是要经历自我意志反思与筛选的过程，所有教育内容和目标的实现都必须基于被教育者自我选择的权利和自由。雅斯贝尔斯曾说过："教育的原则是通过现存世界的全部文化导向人的灵魂觉醒之本源和根基，而不是导向由原初派生出来的东西和平庸的知识。"② 对于公民理性的发展来说，公民教育的过程只有经历公民自我教育的环节才会真正有效，而这就需要采用尊重公民自我选择的民主方式进行教育。民主教育方式相对于灌输教育来说，它是以被教育者为中心，它更加注重被教育者的自由和权利，它本身就意味着对公民独立性和主体性的尊重，而且它不是居高临下强制性地灌输或压迫式地填充，而是通过理性地引导来让公民自己从内心深处真正理解并认同公民理性。这样公民教育的内容就通过内化而变为公民自己的认知和理解，公民不仅能理性地认识到自身的主体性以及相应的权利和责任，而且还在教育的过程中深刻地体会到自身权利的被尊重以及责任承担的使命感和价值感。可以说，这样的教育形式既不会形成那种僵化的记忆和教条式的理解，也不会产生那种阳奉阴违和消极服从的现象，它是通过对公民独立性和主体性不断地强化而使权利意识和责任意识的养成变成公民自觉自愿的选择。正如威尔逊对道德的分析，一个人要合乎道德地去行动，就必须知道他不仅在做什么，而且必须是自由地做这件事情，也就是说，这种行动必须是他实实在在去做

---

① 鲁洁：《教育：人之自我建构的实践活动》，《教育研究》1998 年第 9 期。
② [德] 雅斯贝尔斯：《什么是教育》，邹进译，生活·读书·新知三联书店 1991 年版，第 3 页。

的，而不是以某种威胁或强制的形式迫使他去做的。任何思想或精神并不是靠说教和灌输就能产生的，它们是需要从每个人的内心中生长出来的。同样，公民理性的生成也不是通过公民教育强制灌输的结果，它最终还是要经过公民对自身主体性权利和责任自我觉醒与自我认同的过程，这是经由公民理性思考和自由选择而自发形成的，合理的公民教育就应该摈弃那种灌输式的教育方式而采用尊重公民权利和自由的民主方式，这也是现代公民教育应该努力的方向。

四 发达国家公民教育的启示

发达国家在公民教育方面已经积累了相当丰富的研究成果和实践经验，通过必要的学习和借鉴将有助于我国公民教育体系的建构。美国的公民教育比较崇尚自由主义并强调公民权利和积极的参与。早在1790年，美国就开设了"公民科"来介绍国家的制度及其理念，但由于当时国家还处于初创时期，因而在教育的内容和方法上还存在诸多的限制。后来随着国家的稳定以及民主政治的日益完善，公民教育也成为维护和支撑民主制度的重要方面。为了加强公民教育，美国在1991年颁布了《公民教育大纲》，并于1994年在整个教育系统实施了《〈公民学与政府〉全国课程标准》，明确提出公民教育的内容应该包括政府的职能和作用、宪政的理念和价值、民主制度的程序和原则、公民的地位及其权利和责任等。同时，美国的公民教育并不是独立进行的，它还以品格教育和法制教育为辅助来强化公民教育的有效性。在品格教育中，美国非常注重爱国主义教育，中小学中通过悬挂国旗、歌唱国歌、国旗敬礼、背诵国旗誓言等一整套仪式来培养学生的民族自豪感和爱国主义精神。而且学校还十分重视学生诚实、正直、勇气、爱心、责任心等道德价值观的培养，并通过教育引导与社会实践相结合的形式，比如参加社区劳动、公益救助、学校团体活动等，来让学生亲身体验并自己养成这些良好的品质。在法制教育中，则通过专门的法制教育法案来确定教育的主要内容，其中包括法律的功能和价值、种类和结构、制定和执行，而且还围绕着自由、平等、公正等核心理念来阐述法律在维护公民自由以及推动社会平等和公正方面所发挥的重要作用。同时在法制教育的实践中还鼓励学生积极参与公民事务，并能通过对相关法律信息的搜集与分析、对法律问题的思考与判断来实践性地运用法律，这不仅提高了学生法律认知的水平，更强化了学生对法治的理解和坚信。应该说，美国的公民教育成功地实现了与道德教育和法制教育的互补与融合，而且在教育的方式上能将理论教学与实践训练良好地结合，在教与学的过程中更是通过引导学生对争议性问题进行自主地分析与讨论来充分发挥学生的主动性和参与性，这些都极大地提高了美国公民教育的实效性，这对我国公民教育体系的建构无疑具有重要的借鉴意义。

英国的公民教育长期以来并没有自成体系，而是比较重视学科之间的渗透，即将公民教育的信息隐形地融入不同学科中来培养，从而使自然知识、社会知识和人文知识实现相互的渗透与融合。从历史上看，英国最初是以宗教课为途径的道德教育为主，后来基于民主政治对于普选的要求，公民教育的作用也开始被认识到。19世纪70年代，全国教育委员会开始为中小学生制定公民教育的指导纲要，有关公民教育的教材《公民读本》也在地方出现，但当时主要以教授政治知识和历史知识为内容，以培养公民对国家的责任意识为目的。20世纪以后，伴随着民主制度的不断成熟以及"世界公民"理念的影响，公民教育的必要性日益凸显。1990年，全国课程委员会颁布了公民教育的官方教材《课程指导8：公民教育》，国会下议院随后通过发布《鼓励公民教育》报告来强调公民教育的重要性，到2000年，政府则正式将实施公民教育作为国家政策引入中小学，这样公民教育也同时被纳入国家课程中。与此同时，公民教育的内容也随着时代的发展而发生了新的变化，除了传授基本的政治和历史常识外，更加注重对公民权责的教育、对民主理念的培养以及对公共参与精神的鼓励。具体到教育实践中，则在2000年公民教育课程实施中将小学到中学分为四个阶段，然后按照不同阶段学生的认知水平和接受能力相应地从易到难来安排公民教育不同的内容。同时，在教育的方式上非常注重学科之间的渗透，尤其在历史教学中通过历史伟人的介绍来树立良好公民典范，还通过对本国民主政治发展史的讲解来增强学生对民主制度的认知以及对民主价值的信念，这种学科渗透的方法显然能有效地提高公民教育的效果。除此之外，学校在教学活动中也是鼓励学生积极地参与和互动，师生通过课堂或网络对重要的议题或共同关心的问题相互进行探讨，学校还会组织多种活动来给学生提供参与和互动的机会,从而使学生在实践中体验并理解公民教育的内容。

　　法国是最早实施公民教育的国家,1881年就通过《费里法案》废除了宗教课而开始创设公民道德课,最初的课程名称为"公民训导课",主要讲授政治法律常识、社会公德和公民的权利义务等内容,其中重点培养公民的责任意识和爱国主义情感。后来也是随着第二次世界大战后政治民主化的不断推进,政府实施了新的教育改革,在强调公民责任的同时也开始重视有关公民权利的教育。20世纪80年代以来更是强调要遵循《1789年的公民人权宣言》和《1948年的普通人权宣言》,突出以"人权"为核心的有关公民民主权利的启蒙教育。在具体的教育实践中则是以中小学开设的公民道德教育课为主,小学阶段主要教授社会中基本的行为准则、学习与生活的意义、在集体中良好的态度和习惯、政治和法律概念的初步含义等。中学和高中阶段则是对小学阶段所学内容的进一步延伸和扩展,其主要介绍国家政治制度、司法体制、机构或组织设置的原理和运作的程序、公民资格的行使和公民义务以及立国的精神和宪政民主的理念。在教育的过程中则非常注重联系学生的实际生活,比如班级模拟的形式、参观旅游活动、课外集体活动、社会公益活动、社区服务活动等,从而通过具体的实践使学生做到学以致用。同时法国的公民教育也很重视多学科之间的结合,尤其通过加强与历史、地理、哲学等学科的联系来强化公民教育的作用。而且在教与学这两个环节中教师和学生充分发挥各自的潜能,教师通常会采用讲解、演示、探讨、辩论、游戏等多种形式来进行教育,学生则在教师的引导下积极地参与、独立地思考、自由地创造,从而使学生养成良好公民的品质。

　　通过对发达国家公民教育实践经验的考察可以为我国公民教育的实施提供若干启示。首先,公民教育是一个系统教育的过程,它既需要国家从制度或法律层面上予以必要的认可和支持,也需在教育体系各个层次上的贯彻和落实,更需要遵循教育的规律以及学生阶段性的特点合理地制定教育的目标并适当地安排教育的内容。其次,公民教育不是学校独立地进行的教育,它还需要国家、社会、家庭等多种力量的参与;公民教育不是孤立的教育形式,它还需要道德教育、法制教育、人文教育等其他教育形式的辅助与配合；公民教育不能只由单一的公民课来承载，它还需要借助与其他学科之间的相互渗透与融合来自我强化。再次，公民教育不是教师对学生单向式的灌输教育，而是师生之间的互动教育，它需要师生相互尊重彼此的独立性并充分发挥各自的主动性和创造性，因而公民教育应当采用民主教育的形式。最后，公民教育不只是一种理论教育，更是一种实践教育，实践教育不仅提供了理论教育展现的机会和空间，而且还提供给理论教育必要的确证以及无限发展的可能性，公民教育的实施必定要经过理论教育和实践教育相结合的过程。与此同时，我们也需要注重在学习西方过程中的文化鉴别，借鉴那些适合我国国情的文化，对公民进行爱国主义、社会主义教育，增加对本国优秀传统文化的宣传与普及，培养我国公民抵制西方国家"文化入侵"的自觉性和主动性。正如鲁春晓在其著作《新形势下中国非物质文化遗产保护与传承关键性问题研究》中所论述的：

"随着各国文化交流的增多和文化贸易的繁荣，文化全球化已成为不可逆转的趋势。目前文化全球化正以两种情况进行：一是文化全球化作为人类在全球范围内进行的新的文化实践，不同的文化制度和文化习俗面对这一趋势做出不同的反应、不同的认可、不同的选择，从而发生文化的冲突、交流与融合。二是由于不同国家综合实力存在巨大差异，使发达国家能借助其强势文化推行'文化霸权'，进而与弱势民族文化的发展发生冲突。'经济上的支配性力量衍生出文化权势，以及文化上的霸权主义和强权政治，这是全球的一个特点。'如果说前者是文化全球化与民族文化的自然冲突，那么，后者则是文化全球化进程中的'民族文化主权'与'文化霸权'的人为冲突。我们一方面应该肯定跨国文化交流对我国的积极影响，但是也应该警惕一些国家在出口其文化产品的同时，打着'文化无国界'的旗帜，将其强势文化包括西方价值观念强行输出我国。随着文化全球化进程的加快，发达国家挟其强势经济之威力，打着'文化无国界'的旗帜，利用发展中国家在文化保护上的疏忽与漏洞，攫取发展中国家优秀民族文化资源宝库，满足自己的商业目的，进而输出其文化理念和价值观念进行文化殖民。大多数发展中国家与民族都成为'全球化的消极接受者，他们毫无保护地听任边缘化命运的摆布'。受文化霸权行径的影响，我国的文化安全问题也日趋严峻,我国《红楼梦》等诸多文学名著被游戏公司抢注商标牟利,传统中医验方和技艺被国外医药公司抢注专利等情况频频发生,同时,一些发达国家利用我国法制意识薄弱、法律体系不完善的弱点,肆意攫取我国丰富的'非遗'资源进行商业运作牟取暴利,这正是文化霸权主义肆虐,威胁我国文化主权的具体表现形态。在现有国际法律和规则不利于我国文化资源保护的情况下,在保护机制短期内不能有效完善的背景下,如何保护我国传统文化资源,如何捍卫我国文化主权,已成了关乎我国文化产业发展的重要问题。在我国对'非遗'进行国际保护的法律还很不完善的大背景下,一方面我们应加快立法保护好宝贵'非遗',但在现行法律法规不完善的情况下,也不能听之任之,而要遵循国际惯例对类似争端依法加以协调和解决,特别应将'文化例外'原则在涉外工作中进行具体和有效的应用。"[1]

因此,我国的公民教育应该增加对"文化主权"相关理念的内容,使我国公民真正意识到文化作为民族和国家精神基因的重要性。关于"文化主权"的相关理念,鲁春晓在其著作《新形势下中国非物质文化遗产保护与传承关键性问题研究》中有较为深入的论述:

"文化主权是国家主权的重要组成部分,是国家权力在文化领域的重要表征和体现。一个国家的文化主权,大抵包含四个方面内容:首创发明权、所有权、诠释权和优先使用权。首创发明权是指本民族的文化,不依赖于别国或其他民族为其创设,而是由本国人民首先创造并长久延续。所有权是指本民族文化相关权利,归属于本民族全体共有,在现代法律语境下,这种所有权一般体现为知识产权。诠释权是指本民族拥有其对文化价值、内涵、意义的最终话语权和解释权。在对外交往中,外来人对其文化的解释可以丰富其文化表现形式,但不能越俎代庖,最终诠释权归本民族所有。优先使用权是指本民族对其创造的文化拥有优先受益权和享用权。虽然本民族文化在历史延续和对外交往中,也会为其他民族所使用,但这种使用本质上属于滞后使用或被动使用,并且要付出相应的代价。中国加入世贸组织后,国际化进程明显加快,国际文化交流也是题中应有之义,但在正常的国家文化交流之外,发达

---

[1] 鲁春晓:《新形势下中国非物质文化遗产保护与传承关键性问题研究》,中国社会科学出版社2017年版,第226页。

国家挟其强势经济之威力，打着'文化无国界'的旗帜，将其强势文化包括它的价值观念输出到发展中国家，并利用发展中国家在法律和保护机制上的种种漏洞，以看似合理合法的手段，来攫取发展中国家优秀的文化遗产宝库，满足自己的商业目的，进而输出它的文化理念和价值观念进行文化殖民，而弱势文化'在面临着正控制和统治着一个复杂社会的强势文化时可能是很难守住阵脚的'。我国文化主权丧失的现象也日趋严峻，文学名著、民间故事、传统节日、中医等民族文化被盗用的现象频频发生。"[1]

因此，正如法国等国家也在倡导"文化例外"原则一样，我们也应培养公民维护与传承本国优秀传统文化的自觉性和主动性，理直气壮地普及和宣传"文化主权"相关理念的外延与内涵，使公民真正意识到完整理解国家相关文化政策及为维护"文化主权"所做的努力，增强我国公民的文化自豪感。

第二节 推进政治社会化

一 政治社会化是政治文化形塑自身的重要手段

从整体上来讲，人类社会发展和变迁的过程是由其中所有的社会成员来承载的，为了使社会得以稳定地延续，"社会需诱导社会成员去做那些要想使社会正常延续就必然做的事"[2]，从而也就有了"社会化"概念的提出。这一概念最初在社会学领域被广泛使用，具体指个人通过习得社会规范而成为合格的社会成员的过程，这也是任何最初的自然人要想转变为社会人而必须经历的过程。正是通过这个过程，个人在与社会的接触和互动中逐步学到社会基本的文化规范、行为模式以及各种必要的知识和技能，从而能顺利地融入社会并成为合格的社会成员。同时对于所有社会成员来说，"社会化"也是一个从他律转为自律的过程，它最终要经过每个人自我内化的环节后才能实现，而且基于社会的不断

---

[1] 鲁春晓：《新形势下中国非物质文化遗产保护与传承关键性问题研究》，中国社会科学出版社2017年版，第226页。

[2] 黄育馥：《人与社会：政治社会化问题在美国》，辽宁人民出版社1986年版，第5页。

变化以及个人成长的规律,"社会化"注定将是每个人伴其终生的漫长过程。总之,"社会化"不仅是社会延续和文化传递的必然过程,它更包含了每个人自由而全面发展的本质内涵。政治社会化就是人的社会化过程在政治领域的重要体现,其最早提出是在20世纪50年代前后,这主要归因于当时复杂的历史背景和深刻的社会危机。二战前区别于西方民主制度的社会主义政治体制开始出现,二战中法西斯政权给世界各国带去了深重的灾难,二战后殖民地半殖民地民族解放运动的风起云涌和西方国家内部反贫困、反歧视以及民权运动又造成了整个世界动荡不安的政治局势。此时西方学者们就开始研究国家政治体系和人们政治行为背后的原因,后来通过大量的调查和研究才逐步认识到一个国家的政治文化不仅直接决定着人们的政治态度并引导人们的政治行为,而且还间接地影响到国家政治体系的建构与运作。正如伊斯顿所说,一个政治体系要得以维持,必须与它所处的社会环境进行必要的能量交换,这种能量交换在输入方面主要表现为求得社会成员对这一政治制度的普遍认同和支持,而这种对政治制度的普遍认同和支持正是通过政治社会化来获得的。对此,其他学者也指出,当权力自动被服从时,比必须使用制裁手段或用制裁来威胁要稳定,而当一个政治体系认识到了它内部存在潜在的不稳定因素时,便明显感到有意识地进行政治社会化的必要性。可以说,任何政治体系的维持、变革和巩固都离不开政治文化这一内在结构的支撑,而政治社会化正是基于当时政治体系对于政治文化的内在需求而提出的,其目的就是要通过政治社会化来实现政治文化的建构并为政治体系提供必要的文化支撑。对此,丹尼斯等人曾指出,最近,人们之所以对政治社会化过程进行如此大量的研究,主要原因是人们认识到,政治社会化过程与政治体系的稳定和根本变化有关。

因而,伴随着当时政治文化重要性的凸显,对于政治社会化问题的研究也开始兴起。伊斯顿和丹尼斯认为,政治社会化是人们获得政治倾向和行为模式的成长过程。兰顿指出,政治社会化是人们把自己所属的社会团体对社会的信仰和观念融合到自己的态度和行为模式中去的过程,是政治社会代代相传政治文化的方式。道森和普鲁伊特也提出,政治社会化是公民通过学习而获得对政治世界认识的过程,是将政治标准和信仰从一代人传给下一代人的方式。格林斯坦则认为,政治社会化是由正式负责的教育机构对于政治知识、价值及习惯所做的有意识的工作。阿尔蒙德则是简明地总结道，政治社会化其实就是政治文化得以维持和变迁的过程。正是在以上研究的基础上，政治社会化的内涵、特点、目的等越来越清晰和明确。一般来说，政治社会化是指社会成员在与社会的互动中通过习得必要的政治文化而成为合格的政治成员的过程。对此，我们可以从两个方面来理解，从社会宏观视角来看，政治社会化主要是指政治体系教育和训练社会成员的过程，即将政治体系所需要的政治取向和行为模式传授给社会成员并培养其政治人格和政治能力的过程；而从个体微观角度来看，政治社会化主要是指社会成员习得政治文化的过程，即通过习得必要的政治认知、情感和价值观而形成一定政治人格并具有相应政治能力的过程。政治社会化过程是社会和个人共同作用的结果，正是通过两者之间的互动才使社会中的政治文化得以形成。可以说，政治文化与政治社会化之间构成目的和手段的关系，政治社会化以传递政治文化为主要目的，政治文化则是以政治社会化为形塑自身的手段，一个社会中政治社会化的程度如何将会影响到政治文化传递的状态，同时更关系到个体政治意识发展的程度。

二 政治社会化过程中公民理性发展的形式

公民理性作为现代政治文化的重要组成部分，其发展成熟自然也离不开政治社会化的过程。作为传递政治文化的过程，政治社会化通常采用两种形式，即间接的政治社会化和直接的政治社会化。所谓间接的政治社会化是指社会成员通过非政治性的渠道而获取特定的文化观念或行为方式，同时这些内容又会对日后政治文化的形成产生重要的影响。人们在社会交往中会获得有关人际关系、社会规范、行为方式等方面的认知和体验，而整个社会的文化价值体系在社会的各个领域间是相互影响和制约的，当社会领域中的认知和体验被引入政治领域时就会发生价值的转移并凝结为具体的政治意识和政治心理。正如韦伯所说，这种基本的文化的信念和价值类型——与特定政治对象无关的一般性的价值观——通常在政治文化的构建中起重要作用；这些基本观念，如人们对自然的关系、时间观、人性的看法以及对同伴的看法，与特定的政治态度有清晰的相互依存的关系。因而，对于公民理性来说，其发展成熟并不仅仅体现在政治领域，而且必须以社会生活领域中特定的价值规范和文化导向为基础，人们在社会关系中所形成的交互模式及其观念取向将会辐射到政治领域并形成公民理性。比如人们在人际交往中所确立的独立平等关系会泛化到政治领域并产生政治关系中的独立平等意识；人们在经济交往中的契约关系会被导向政治领域并形成权利意识和责任意识；人们还会将其对各种社会权威的信任移情为对政治权威的认同与支持。正如那些已经具备一系列人际关系的经验，依据他作为一个家庭的孩子或一个学校的学生，他已发展起与权威人物的多面关系，在日后与权威人物的关系中，他将参照早年生活的经验而建立类似的关系。除此之外，人们在社会活动或社会组织中所养成的参与意识、规则意识、法治意识等都将有助于公民理性的生成。

间接的政治社会化只是为社会成员进入政治生活提供了某种训练和准备，社会成员政治意识的真正形成最终还是需要通过直接的政治社会化过程。所谓的直接的政治社会化是指社会成员以直接的、明确的方式获取政治文化的内容并形成特定政治人格的过程。一般来说，直接的政治社会化过程主要包括政治模仿、政治教育、政治经历等形式，它们对公民理性的形成至关重要。模仿性学习是任何人完成其社会化过程的必然方式，同样对于那些还不具备成熟的政治意识和政治心理的人来说，政治模仿就是他们政治社会化过程的重要手段。政治模仿就是社会成员有意识或无意识地对他人的政治价值观念或行为进行模仿的过程。在社会生活中，每个人都有可能将父母、老师、朋友、政治人物等作为模仿的对象，同时他们的政治意识或行为也会成为被模仿的内容，公民理性就可以通过这种模仿的形式得以形成。政治教育可以说是直接的政治社会化过程中最为典型的方式，它是指通过实施教育和训练而有意识地培养社会成员的政治意识和政治素质的过程，其中实施的主体主要包括国家、学校、家庭、社会团体、大众传媒等，这种多元化的教育形式可以直接而有效地促进公民理性的发展。具体而言，国家可以通过塑造国家和民族形象，宣传榜样和典范人物的事迹，要求对国旗进行宣誓和致敬以及鼓励公民参与来不断地强化公民理性；学校可以通过正规而系统的公民教育来培养学生的公民理性；家庭教育则构成公民理性代际传递的最佳形式；社会团体可以通过组织各种活动来宣传公民理性；大众传媒可以通过政治信息的多元化传播来普及公民理性。政治经历则提供了人们直接的政治社会化过程中最真实的感受，正是它决定人们政治意识和政治心理的最终形成，公民只有在政治经历中切实地体验到公民角色及其价值和意义时，公民理性才会自然而然地产生，否则公民理性的发展永远是脱离实际的空想或幻想。总之，我们可以通过间接的政治社会化和直接的政治社会化这两种形式来发展公民理性。

三 政治社会化过程的阶段性与公民理性发展规律的内在契合

对个人来说，任何社会意识的形成都不是一蹴而就的，而是要经历从朦胧到清晰、从感性到理性、从抽象到具体、从弱小到成熟的过程，这也与人成长的过程有着紧密的联系。政治社会化作为个人贯穿毕生的持续社会化过程，它注定要经过儿童期、青春期、成人期和老年期。从整个生命历程来看，这四个政治社会化时期分别呈现出不同的内容和特点，它们对于公民理性的形成发挥着各自不同的作用和功能。儿童期是影响个人成长的关键期，"一个人的自我认同就是在整个儿童时代通过不断地、反复地评价和变化逐步形成的"①。现代心理学在探讨人的心理发展规律时都十分注重研究孩童阶段对于将来个体人格、价值观以及行为模式所起的重要作用。弗洛伊德的精神分析学就十分强调孩童7岁之前的早期经验对于其个性形成的决定性影响。伊斯顿和赫斯在对政治社会化过程的分析中认为，每一件证据都表明孩童的政治世界开始形成于他上小学之前，在这些年龄段中经历了很迅速的变化，这也意味着公民理性的最初发展可以从儿童期的政治社会化阶段开始。在这个阶段，儿童基于家庭的影响、学校的教育以及大众媒介的传播会对公民、国家、制度、法治等政治概念产生初步的认识。但由于会受到自身认知能力和辨别能力的限制，此时儿童会毫无辨别地接受来自政治生活的全部信息并通常会产生积极而肯定的反应，因而儿童初期所形成的政治认识更多是朦胧而抽象的、直观而感性的。到儿童成长的后期，一定时期的教育培训和儿童自身体验的增多逐步扩展了其对于政治生活的认知，儿童逐步跨过那个被动反应和简单吸收的阶段，并能对许

---

① [美]威廉·F. 斯通：《政治心理学》，胡杰译，黑龙江人民出版社1997年版，第64页。

多政治现象提出自己初步的看法，这也是自我主体意识产生的重要表现。

青春期是继儿童期之后在生理和心理上日益成熟的阶段，也是各种欲求和期望最为强烈的时期，更是基本的世界观、人生观和价值观形成的关键期。正如阿德尔松和奥尼尔的研究，他们认为这个阶段孩子在心理上呈现出明显的变化，即（1）对权威主义的瓦解；（2）对外部政治实体的本性和要求有进一步的把握；（3）知识和认同的吸收；（4）认知能力的提高；（5）意识形态的形成。可以说，在这个阶段的政治社会化过程中，随着学校系统性公民教育的基本完成，学生对于政治生活逐渐形成了稳定的认知结构，其对于公民角色的地位和要求、公民与国家之间的关系、政治制度及其运作的程序和原则等都有了更加清晰的认识，政治主体自我意识的觉醒也更加明显。但由于青春期是个体意识和心理起伏波动最为剧烈的时期，个人对生活的全部以及未来的图景都充满着无限的遐想和美好的憧憬，因而理想化的思考方式就赋予了此时个体在情绪上的高度敏感性。在政治领域中这往往会导致个体在政治判断或评价上的偏激化取向以及在政治参与过程中激情而盲目的情绪化表达。公民理性主要是侧重于公民对自身角色的理性自觉，青春期政治理性的欠缺意味着此时个体公民理性的发展还有待成熟。

接下来的成人期是政治社会化过程中最为重要的阶段，即从青春期后期到工作生涯结束，它是个体政治社会化过程中最为漫长的阶段，也是个体政治意识、政治心理和政治人格真正定型的时期，公民理性最终就是在这个时期内发展成熟的。根据对社会化过程的研究，成人期之前通常比较偏重于个体价值标准的自我建构，而成人期则侧重于将价值标准付诸实际的行动。正如有的学者对于"成人社会化特点的总结，即（1）以对原有的材料综合为主，而不是以获得新材料为主；（2）从理性主义观点转向现实主义观点；（3）学习如何应付相互冲突的要求；（4）为承担日趋具体的角色而社会化"[①]。对于公民理性的发展来说，儿童期和青春期的政治社会化阶段虽然使个体习得了公民理性的相关内容，但还缺乏政治实践所赋予的亲身体验和真实感受，这必然会弱化个

---

① 黄育馥：《人与社会：社会化问题在美国》，辽宁人民出版社1986年版，第41页。

体对公民理性的理解和认同。而成人期政治社会化的重要意义就在于它提供给个体践行公民理性的机会，个人在参与政治生活的过程中会不断地强化自己的公民理性，同时个人也可以在具体的政治实践中通过真实的体验来确证公民角色的价值和意义并完成公民理性的自我内化过程。而且个体在这个过程中不是对成人期之前所习得的公民理性简单地接受，而是能通过理智的思考来理性地对待公民理性，正是这种理性主义的思维取向最终引导公民理性不断地发展成熟。继成人期之后的老年期是人的政治社会化过程的最后阶段，通常情况下老年人都趋于保守并会稳定地延续他在成人期时所形成政治意识结构。可以说，个体公民理性的发展成熟可以通过个人成长过程中不同阶段的政治社会化过程来实现。

四 政治社会化为公民理性的发展提供多样化的渠道

如果我们把政治社会化看作政治文化传递或者是政治人格形成的系统过程，那么，这个过程是通过多种不同的渠道来实现的。家庭是个体政治社会化过程中的最初场所，家庭中父母的言传身教、家庭成员间互动的关系以及整个家庭的氛围对于个人政治意识、政治心理和政治人格的塑造都起着关键性的作用，因而公民理性的发展最早可以从家庭开始。在家庭中，父母如果在政治社会化过程中已经形成比较成熟的公民理性，那么，子女必然会通过模仿父母的言行而受到潜移默化的影响，而且家庭成员之间独立平等关系的确立以及家庭中自由民主氛围的熏陶也都会促使子女公民理性的早期发展。学校教育是最正式的政治社会化渠道，学校不仅通过专门的公民课程来传授系统的政治理论，而且还通过与其他课程相互的渗透来传递相关的政治价值和信念。这既巩固了个人在家庭中所接受的公民理性教育，而且还进一步扩展并深化了他对于公民理性的认知和理解，因而学校教育对于个体公民理性的形成起着举足轻重的作用。正如阿尔蒙德所指出的，"教育是政治态度的最重要的决定因素，它可以发展公民的许多重要成分，可以训练个人参与政治的技巧，教导人们获取知识的方法，引导人们接触大众传播媒介，了解政治的正式结构及政府和政治制度的重要性等"[①]。社会组织是继个体走

[①] [美]阿尔蒙德：《公民文化——五国的政治态度和民主制》，马殿君等译，浙江人民出版社1989年版，第550页。

出学校之后政治社会化过程中的重要媒介,其中包括政党、工会、教会、学会、协会、俱乐部等,它们不仅提供给个人参与社会生活和组织生活的经验和训练,而且还对个人价值观念和行为模式的养成发挥着重要作用。作为社会成员自愿结社的产物,这些组织的存在本身就体现了个人自由的理念和精神,而组织规则的制定则赋予了个人对于自身权利和责任的认知与了解,个人在组织内外更是以独立而平等的地位来参与各种各样的活动。组织生活不仅能强化个人对独立、自由、平等价值的珍视和追求,而且还能有效地培养个人的权利意识、责任意识和参与意识,而这些都是公民理性的重要体现。政治社会化过程中另一重要的渠道就是大众传媒,其中主要包括报纸、杂志、广播、电视、互联网等。在现代信息社会中,个人每天需要面对并处理大量来自各种媒体所传播的信息,这种高密度和高强度的信息接触就使得个人的政治意识和政治心理很容易受到媒体政治导向的影响。"新媒体以其数字化、多媒体、实时性和交互性传递信息的独特优势而成为信息资源最为丰富和相互交流最为便捷的媒介"[1],对于公民理性的形成来说,大众传媒可以凭借其传播的便捷性和普及的广泛性特点而起到有效的引导作用。

五 政治社会化引导公民理性发展的总体性评价

在现代社会中,公民理性的培养已经成为每个人政治社会化过程中非常重要的内容,而要达到理想的效果则需要我们对政治社会化过程进行深入而细致的研究。政治社会化是多种力量和多种途径交互作用的复杂过程,连贯而统一的信息传递过程往往能够强化并增加信息作用的效力,因而各种政治社会化媒介或机构之间相互的配合与协调对于公民理性的发展至关重要。正如奥罗姆所说:"如果社会或社会中的某一特定机构想要有意识地塑造其年轻的公民,建立各种社会化机构之间的一致性是首要的促进因素。"[2] 同时,政治社会化是一个长期的过程,它通过不同阶段的文化接续与延展而达到文化积累的效应,这也意味着公民

---

[1] 鲁春晓:《新形势下中国非物质文化遗产保护与传承关键性问题研究》,中国社会科学出版社2017年版,第203页。
[2] [美] 奥罗姆:《政治社会学:主体政治的社会剖析》,张华青等译,上海人民出版社1989年版,第29页。

理性的发展必然要经历一个由浅到深、从弱到强的过程。在这个过程中，隐形的文化传递过程构成了公民理性形成的关键环节。当审视政治社会化的整个过程，我们发现除了学校会通过实施正规的公民教育来培养公民理性以外，其他的政治社会化渠道或途径基本上都是以一种"潜隐"的方式来培养，家庭会通过家庭教育中的代际传递以及家庭氛围的熏陶来发展，社会组织会通过组织生活的训练来培养，大众传媒则通过信息的传播来引导。正如阿尔蒙德所说："这些经历虽然不是政治经历，但它们具有潜在的政治影响，就是说，并非是它们有意要产生政治影响，且这种影响也不易识别。"① 因而，我们应当将公民理性的培养隐形地落实到人们的日常生活、工作和学习中，从而使个人在不知不觉中形成公民理性。这也同时意味着在政治社会化过程中，公民理性不仅仅是通过各种途径和媒介进行教育或传播就能形成的，它还必须以个人内在的心理驱动为基础。威廉·F. 斯通曾指出："我们必须考虑正在社会化的整个人，即使是在一个正式的政治环境里活动，一个人也会给环境带上他的性格烙印，换句话说，从广义上看，只有了解了个体的性格，才能理解基本的政治定向。"② 因而，个人在政治社会化过程中并不是消极的受动者，而是会自主地展现自己的个性和心理，政治社会化过程应该以个人为中心，并需要考虑到个体的心理演变和个性发展的规律，只有这样才能把公民理性的培养建立在可靠的现实基础上。总而言之，政治社会化过程通过多种渠道形成了一个系统的信息传递网络，这不仅能为公民理性的有效传播提供必要的平台或媒介，而且还能将公民理性的发展渗透到社会中的每一个角落和细节。

第三节 实现有序参与

公元前 5 世纪伯里克利在阵亡将士国葬典礼上的演讲中曾对城邦民主和公民情操之间的关系作了很好的描述，他指出："阵亡将士为之慷

---

① ［美］阿尔蒙德：《发展中地区的政治》，任晓晋等译，上海人民出版社 2012 年版，第 28 页。

② ［美］威廉·F. 斯通：《政治心理学》，胡杰译，黑龙江人民出版社 1997 年版，第 69 页。

慨而战、慷慨而死的是这样一个城邦：她实行民主政治，政权是在全体公民手中，而不是在少数人手中；政治生活自由而公开，由公民们而不是由官员决定城邦的政策；每个公民在法律上是平等的，人们只服从法律，特别是那些保护被压迫者的法律，那些违反了就算是公认的耻辱的法律；每个公民在许多生活方面能够独立自主，并表现自己的温文尔雅和多才多艺……这样的城邦一旦面临危险，公民们会奋不顾身地去保卫她；在保卫城邦的战斗中，雅典人的勇敢既不是出自艰苦训练，也不是因为国家法律的强迫，更不是由于无知，而是从我们的生活方式中自然产生的。"① 可以说，正是城邦的民主制度塑造了当时公民伟大而高尚的政治德性。在人类社会历史的变迁中，制度与文化始终是一对相互依存的共生体，制度要以文化为自身存在和运行的心理基础，而文化的形成则需要经历制度内化的过程才能得以生成。正如普列汉诺夫所说："人的心理一部分是由经济决定的，一部分是由生长在经济上的全部政治制度所决定的。"② 因而，一国民众的观念意识和本国的政治制度有着密切的关系。公民理性是和民主制度相契合的一种现代政治意识，它是现代社会成员对于公民角色及其价值的自觉反映，其主要体现在公民对于自身在政治和法律上的地位、自身的权利和义务以及公共政治参与的感受、认知和评价。公民理性强调公民主体间的相互独立与平等，重视公民与国家间彼此尊重和相互制约的权责体系，并同时崇尚公民对于公共事务或价值深切关怀和体认的公共意识，而这些都离不开民主制度的建构和完善。根据马克思主义认识论的基本原理，意识并不是在人的头脑中自然产生的，而是来源于人的实践活动，实践构成人类意识形成的现实途径和必要环节。任何人都不是天生就是公民并具有公民理性，公民理性的形成除了自我主体意识的觉醒外，更重要的是公民还必须经过公民角色自我塑造的实践过程。民主制度之于公民理性发展的重要意义就在于它提供了公民实践的经历和训练，公民实践不仅是很好的公民教育过程，而且亲身的体验更加强化了公民对于自身角色的理解和认

---

① ［古希腊］修昔底德：《伯罗奔尼撒战争史》，谢德风译，商务印书馆1960年版，第164页。

② 《普列汉诺夫哲学著作选集》第3卷，生活·读书·新知三联书店1962年版，第195页。

同，公民理性的发展必须要有民主制度的支持。正如阿伦特曾经强调的那样，"政治的真正体现是公民们在公共领域内协商共议群体公共事务，政治行为的价值不在于达成实用性的协议，而在于它能实现每个参与者的主体性，锻炼他的判断辨识能力，并在与他人的关系和共同行为中成为群体的有效成员"[①]。

纵观人类社会政治文明发展的历程，传统政治体系造就的永远都是依附顺从的臣民，而不是独立平等的公民，个体的权利总是迫于权力的压制而难以确认和彰显，独立性的缺失以及个体权利的缺位导致个人根本无法体验到那种对自身主体地位的尊重，公民理性也自然无法产生。而当人们驱散了君主的幽灵并推翻了国王的宝座，传统的专制制度逐渐被现代民主政治所取代。从此，建构于社会契约意义上的现代国家成为"自由的人民根据公约结合而成的政治共同体"[②]，人民是主权者，而民主制也成为最好的政府形式。民主制度坚持主权在民，它以尊重和维护个人权利为核心，并坚信国家权力和公民权利之间是一种信托关系，国家权力来源于公民权利的契约式授予。但同时强大的国家权力又有侵犯公民权利的可能性，正所谓"权力导致腐败，绝对的权力导致绝对的腐败"[③]，民主制度正是基于对国家权力的高度警惕而在制度安排中将国家权力置于有效的制约体系内，即通过权力内部的结构性分权以及权力外部有效的社会制约体系来规范权力的运行。民主制度对于国家权力的有效制约使得公民权利得到了充分的尊重和保障，这种对自身安全的确信也同时赋予公民一种力量感。公民的性质不在于形式上的成员身份，其本质在于公民的价值、作用和能力。我国学者肖雪慧曾指出，正是这种力量感以及在行使这些权利的过程中获得的公民训练使得自豪、从容、理性、成熟的精神状态和自律、负责、团结、合作、尊重规则的公共意识等品质得以普遍产生并成为人们的整体精神特征。而且更为重要的是，民主政治是大众参与的制度，它为民众提供了多种制度化、规范化和程序化的参与途径和渠道，这样公民不仅能被动地去感受自身地

---

① 徐贲：《知识分子：我的思想和我们的行为》，华东师范大学出版社2005年版，第67页。
② 何勤华：《破万卷书：享受法律思想的智慧》，清华大学出版社2009年版，第172页。
③ ［英］阿克顿：《自由与权力》，侯健等译，商务印书馆2001年版，第342页。

位、权利和义务,同时也能通过积极主动地参与实践去真实地体验公民角色的价值和意义。在参与过程中,平等地讨论、公平地协商与合理地妥协会使公民慢慢习惯并认同民主的价值,而公民权利的行使和义务的履行会不断地强化公民主体地位以及公民对于自身权利和责任的肯定与追求,而这些都是公民理性成熟的重要表现。而对于我们国家来说,我国公民理性的发展迫切需要不断地建立健全民主制度来真实地保障公民权利和责任的实现,并能提供给公民一个合理的参与结构来切身地践行和体验公民角色,这也是公民理性发展所必需的制度条件。

一 公共参与是公民践行公民角色的重要形式

卡罗尔·佩特曼曾说过:"参与不仅仅是一套民主制度安排中的保护性附属物,它也对参与者产生一种心理效应,能够确保政治制度运行和在这种制度下互动的个人的心理品质和态度之间具有持续的关联性。"[1] 也就是说,政治参与和个人内在的心理结构之间存在密切的关系。在现代社会中,有序的政治参与是政治民主化的重要标志,它不仅构成民主政治得以维系的基本要件,同时也是现代民主制度下公民角色的内在诉求。从某种意义上说,现代政治体系与传统政治体系的主要区别就在于它为公民提供了更多制度化的政治参与机会,政治参与又赋予了公民对于自身角色更多的认知与体验。公民在政治参与的过程中不仅强化了其对于自身的政治主体地位、公民的权利和责任以及公民和国家之间关系的理解与认同,而且还培养了民主的意识并提高了民主的能力。政治参与是公民践行公民角色的重要形式,同时也是孕育公民理性的重要途径。"参与民主主义理论就十分注重使公民拥有政治参与的场所,以便培养优秀的民主公民,稳定政治体制,从而达到政治参与的效果。"[2] 可以说,政治参与的民主实践是发展合格公民的有效方式,公民政治参与的过程同时也是公民接受民主制度教育的过程,更是公民理性不断发展的过程。

从 20 世纪 60 年代起,伴随着当时西方民主制度完善过程中选举活

---

[1] [美] 卡罗尔·佩特曼:《参与和民主理论》,陈尧译,上海人民出版社 2006 年版,第 22 页。

[2] [日] 蒲岛郁夫:《政治参与》,解莉莉译,经济日报出版社 1989 年版,第 31 页。

动的日益兴起以及后来公民其他政治行为的不断出现,公民政治参与问题逐渐成为政治学研究的重要领域,这也引发了西方许多学者的关注。帕特里克·孔奇指出:"政治参与是在政治体制的各个层次中,意图直接或间接影响政治抉择的个别公民的一切自愿活动。"① 亨廷顿和纳尔逊认为政治参与就是"平民试图影响政府决策的活动"②。西德尼·伏巴则提出政治参与是平民或多或少以影响政府人员的选择及他们采取的行动为直接目的而进行的合法活动。这些界定虽然在表述上有差别,但大体上都抓住了政治参与的基本内涵,即政治参与其实就是公民试图通过一定的途径和方式来影响政治过程的行为。对此,我们可以从以下几个方面来理解。首先,政治参与的主体是普通公民而不包括政府官员、政党领袖、政治活动家等那些职业化的政治从业人员。正如亨廷顿和纳尔逊所说:"我们确定的政治参与概念,不包括作为角色行为的政府官员、政党骨干、政治候选人和职业院外活动分子的活动。"③ 其次,政治参与的范围涉及整个政治过程的各个层面和环节,大到国家政策的制定与执行,小到基层事务的讨论与决定,而不仅仅局限于政治过程中的特定方面。最后,政治参与具体体现为公民实际的政治行为,而不包括政治认知、情感、态度、心理等主观因素。对此帕特里克·K.孔奇曾指出:"意图可以解释人们参与的原因(而不是解释什么是政治参与),而结果(无论是预料到,还是未料到的)解释政治参与的结局(也不是解释其性质),个别参与者的目的和他们行动的结果是以经验为根据的问题,不应当把它们放在这个概念的定义中加以解释。"④ 在现实的政治生活中,政治参与根据不同的标准可以分为不同的形式,其主要的分类有以下几种。首先,根据参与主体的特征可以分为个体参与和组织参与。个体参与是指公民以个人身份所进行的政治参与活动,比如公民投票、公民游说、公民投诉、公民检举等行为。组织参与是指公民通过

---

① [美]帕特里克·孔奇:《政治参与概念如何形成定义》,《国外政治学》1989年第4期。
② [美]塞缪尔·P.亨廷顿、琼·纳尔逊:《难以抉择:发展中国家的政治参与》,汪晓寿等译,华夏出版社1989年版,第5页。
③ 同上。
④ [美]帕特里克·孔奇:《政治参与概念如何形成定义》,《国外政治学》1989年第4期。

与他人合作而以组织的形式参与政治的活动，比如公民参加由政党或团体所发起的政治宣传、集会、请愿、游行等活动。其次，根据参与者的态度可以分为主动参与和被动参与。主动参与是指公民出于自己的意愿而参与政治的活动，比如公民积极地通过各种形式和渠道来维护自己的权益或承担责任的政治行为。被动参与是指公民并非出于自愿，而是在他人或组织的规劝、引导或强制下而参与政治的活动，我国现阶段存在的动员式参与就属于典型的被动参与形式。再次，根据参与环节的性质可以分为直接参与和间接参与。直接参与是指公民亲自地、直接地参与政治过程的行为，比如公民选举、投票、示威、抗议等行为。而间接参与是指公民通过一定的中间环节去影响政治过程的行为，比如公民通过所选出来的议员或代表来管理政治事务，公民通过媒体发表意见来试图影响政府决策，公民通过理论宣传来试图改变政府的执政理念等。最后，根据参与的规范性可以分为制度化参与和非制度化参与。制度化参与又称合法参与，具体指公民在法律规定的范围内所进行的政治参与活动，比如公民依照法定的程序来进行选举、监督、举报等行为。非制度化参与又称非法参与，具体指公民超越了相关的法规而进行的政治参与活动，比如政治骚乱、暴力抗法、政治暗杀等行为。可以说，政治参与涵盖着多种多样的参与方式，它是公民政治实践的重要途径。

二 新中国成立后公民参与模式的转换

政治参与往往表征着一个国家公民影响政治过程的程度和深度，同时也与国家的政治发展状况密切相关。我国政治参与制度真正得以实现是在新中国成立以后，随着当时社会主义制度的确立和稳固，政治参与也开始慢慢模式化。但面对新中国成立初期百废待兴的局面以及过多地受革命战争年代战争动员式工作方式的影响，我国最初的政治参与是以动员式参与为主的模式。所谓动员式参与是指"为实现社会政治、经济发展的目标，执政党或一些单位运用所拥有的政治权力、政治威信、政治工具等政治资源，动员社会力量积极参与政治的方式"[1]。1978年改革开放以来，我国的政治参与模式开始发生某些转变。政治上的拨乱反

---

[1] 赵红卫：《论中国现代政治参与模式的演变及发展趋势》，《黑龙江社会科学》2009年第3期。

正以及经济上的市场化改革使人们逐渐走出了那个以阶级斗争为纲的年代，政治参与在我国政治制度的自我完善中实现了某些制度化的建构，如选举制度、人大制度、政协制度、政府决策制度以及基层自治制度都通过政治体制改革而相应地增加了公民参与的程度。经济利益格局的多元分化也同时赋予了人们对于个人权利更多的诉求以及对于自身利益自主的表达，人们不仅通过个人参与来争取权益或承担责任，而且还形成了组织化的参与模式，即通过各种政治性社团或社会性组织来进行意志或利益的聚合与表达并同时传递到政治决策的过程中。这种组织化的参与模式既能有效地吸纳公民多元的需求，也能强化公民和国家之间的良性互动与连接并缓冲两者之间的矛盾和冲突，更能通过组织化运作而增加公民参与的广度和强度。应该说，改革开放后我国的政治参与模式逐步由之前的动员式参与向自主型参与转变、由纯政治性参与向利益导向型参与转变、由非制度化参与向制度化参与转变、由单一化参与向多元化参与转变。而在政治参与模式转变的同时，公民个人对于自身主体地位的追求也越来越强烈，对于自身权利和责任的认知和理解也不断地深化，公民理性的水平整体上得到了一定程度的提高。

三 当前公民参与模式的分析

我国现在正处于政治参与模式转换的过程中，甚至可以说还处于转换过程的初期，因而当前的政治参与呈现出明显的独特性和复杂性。首先，政治参与制度在落实中还存在某些问题。政治参与一般来说是指公民通过主动而有效的参与来影响政治过程并实现自身权利和责任，但我国政治参与制度的设计还有很多不足之处。政治选举本是"普通公民控制政府的重要的、制度化的最为有效的手段"[1]，也是我国公民参与管理国家事务的重要途径和形式，但在我国选举制度具体的落实过程中，有关选举对象、选举方式和选举程序方面的制度设计还无法真正满足人们自主选择的要求。其次，政治参与过程中存在明显的非制度化特点。非制度化参与是我国当前社会转型过程中产生的现象，其参与的主体通常以社会上的弱势群体为主，如农民、普通工人、进城务工人员、失业

---

[1] 王浦劬：《政治学基础》，北京大学出版社1995年版，第216页。

半失业人员、贫困人口等。这些非制度化参与既不是通过正规的参与渠道，又缺乏必要的参与规则和程序，因此往往会超出法律和制度许可的范围，并使整个参与的过程呈现出完全无序化的状态。最后，政治参与的动机极具功利性。改革开放以后，公民政治参与热情的提高很大程度上与经济的市场化改革有关，经济利益的分化激发了人们追求各自利益的积极性，因而我国现阶段公民政治参与的动机主要是基于个人利益的考量，而不是出于对公民主体地位以及公民权利和公民责任的理性自觉。"凡是与自己利益关系不大的事，就不愿参与，一旦涉及了自身的利益，就有了参与的积极性。"[①] 政治参与只是被用来实现个人利益的工具和手段，"要参与民主，就要从中为自身、为自己的家庭、为自己的单位带来好处，参加选举，也必须选自己身边的人，要不然参与政治有什么用，既不能带来吃，也不能带来穿，搞不好还会冒风险，倒不如发财致富来得实惠"[②]。这或许能代表现实生活中很大部分人的所思所想。政治参与过程中的功利性追求虽然有助于提高公民参与的主动性，但这种参与动机和价值取向具有明显的狭隘性，并且很容易导致政治参与过程的异化。政治参与本身是公民基于对自身权利和责任的理性认识而自觉地通过参与政治来实现利益并承担责任，这也是保障民主政治良性运作的基础性条件，然而，对于个人利益的过度强调往往会引发对自身责任以及其他公民利益或价值的漠视，从长远来说，这必然会影响到我国民主政治的健康发展。

四 健全公民有序参与制度

民主政治的建立和运行离不开公民有序的政治参与，所谓公民参与的有序性主要是指公民基于自身的权利和责任而在法律的规范下通过制度化的渠道和形式理性并有序地参与政治过程，政治参与制度的创设以及完善是公民有序政治参与的必要前提。对我国来说，当前社会转型的过程同时也是社会诉求日益多元化的过程，多元的诉求必然会引发政治参与的急剧性增加，如果政治参与制度无法容纳并满足这些需求，政治秩序就将面临严峻的考验。正如亨廷顿所说："在政治制度化落后的国

---

① 马振清：《中国公民政治社会化问题研究》，黑龙江人民出版社2001年版，第160页。
② 王振海：《民主与中国人》，北京广播电视出版社1989年版，第95页。

家，对政府的这些要求要想通过合法途径表达，并在政治体系内予以调节和综合，即使并非不可能，但也十分困难，因此，参政的急剧增加引起了政治的不稳定。"① 因而，公民政治参与的制度化不仅意味着公民权利和责任得以程序性和规范性地表达，而且它还是维护民主政治的重要保障。从我国当前的实际情况来看，制度化参与的薄弱与缺失无疑是影响公民政治参与的重要因素，建构和完善政治参与制度既可以保证公民有序政治参与的实现，同时也可以稳步地推进我国的政治民主化转型。

第四节 完善社会公共领域

有学者曾指出，中国现代化两难症结真正的和根本的要害在于国家与社会之间没有形成适宜于现代化发展的良性结构，确切地说，在于社会一直没有形成独立的、自治的结构性领域。而这个结构性领域就是指社会公共领域，它的缺失影响到现代制度和文化生成的社会机制。从历史上看，家庭小农经济结构和家国一体的宗法政治结构共同打造了一个典型的宗法式社会，整个社会就是一个贵贱有等、长幼有序、男尊女卑的等级身份体系，每一个人都被紧紧束缚在自上而下的等级依附关系中，而礼教伦常则牢牢禁锢着人们的观念并约束着人们的行为。对此，韦伯曾说过："中国的城市之所以难以获得西方城市所获得的那种自由，原因在于宗族的纽带从未断绝，由农村迁入城市的市民，与其宗族、祖产、祠堂所在的故乡保持着千丝万缕的联系，也就是说，和他出生的村庄保持着所有礼仪和人际上的重要联系。"② 也正是中国古代发达的血缘关系导致了宗法伦理不仅构成社会普遍的规范体系，同时也上升为政治统治的有效法则。这样，社会和国家都因打上血缘宗法的烙印而结成"家族结构式国家"，从而下层的父权、家族、伦常与上层的君权、国家、律法实现同构化结合，这种国家与社会之间超稳定的结构不仅导致了政治权力对于私人领域全面的渗透和控制，而且国家也实现了对于私

---

① [美] 塞缪尔·P. 亨廷顿：《变动社会的政治秩序》，张岱云等译，上海译文出版社1989年版，第60页。
② [德] 马克斯·韦伯：《儒教与道教》，王容芬译，商务印书馆1995年版，第6页。

人领域生活领域的吞噬。到了近代，持续了 2000 多年的家国同构社会格局终于在外在侵略力量的客观影响下慢慢解体，传统社会结构的崩溃必然意味着新的秩序体系的形成，而在当时内忧外患的严峻挑战下，救亡图存的重任赋予了民族主义强烈的社会需求和历史使命感。或许是近代反帝的压力太过巨大，又或许是传统社会秩序体系过于顽固，更或许是古今中外矛盾和冲突的相互交织使得我国现代化转型实在太复杂且任务繁重，总之从鸦片战争、洋务运动，到辛亥革命、五四运动，甚至到新民主主义革命、社会主义革命和建设，深深的民族危机所引发的民族主义总是不断地推动着集权体制的建构来挽救危机四伏的近现代社会。正如菲利普·库恩所说，民族主义是一股强大的体制力量，它既铲除了身份的界限，又促进了社会参与和动员，但是，民族主义的主要特点是，它总是锲而不舍地致力于创造一股强大的中央集权国家；在这种情况下，20 世纪中国体制的变化始终显示出强烈的国家主义色彩，这种趋势也使中国想发展出一个足以维持生存的私人领域的希望，几至完全破灭。可以说，民族主义作为近代社会的主题，它不仅有力地推动着近代的反帝运动以及传统社会秩序体系的崩溃，同时也作为一股强大的凝聚力而不断地整合着千疮百孔的中国社会并自然地选择了国家主义强权体制的建构，其间传统政治文化强大的历史惯性以及对西方民主体制嫁接的失败教训也正好从正反两面赋予这种选择某种程度上的合理性。这种国家主义的强权统合虽然与传统的君主专制统治有着本质的不同，但形式上仍存在很大的相似性，即政治上的高度集权架构，而这也同时决定了我国私人领域发展过程的艰难和曲折。

近代西方的入侵不仅导致了一系列的革命和运动，而且还引发了社会各个领域的改革和变迁。我国的民族工业就是在振兴民族的动力下慢慢发展起来的，到 19 世纪末 20 世纪初，在我国沿海地区发达的工商业城市相继出现，而且独立的商会、行会、教育会、体育会、自治公所等自治组织已经产生，城市中的公共自治领域逐步涉及工商、慈善、教育、治安、舆论等各方面，这些也被后来的许多学者认为是我国近代私人领域的雏形。应该说，当时各种民间团体和自治性机构确实在社会生活中发挥着重要的作用，也在一定程度上弥补了国家控制之外的社会自主空间，但其能否发展成真正强大的私人领域则需要我们从整体的社会结构和社会关系上去审视。私人领域本质上是独立个人间的自主交往领域，它是在商品经济充分发展的基础上而形成的社会交往体系。而从我国近代的历史背景来看，当时社会中自治性社团组织和一定范围的公共自治领域并不是伴随着商品经济的发展强大而与国家进行力量博弈的结果，而只是国家政权的暂时性弱化而留下的社会自主空间，其实社会整体上仍是处于高度集权的强力统合状态。不管是近代工业的发展还是社会自治领域都无法真正地脱离国家权力的干预和控制，它们的独立性都还很脆弱，而这主要归因于近代工业的兴起是清政府面对西方挑战而做出的无奈之举，它一开始就带有浓厚的官办色彩，虽然后来也呈现出一定程度的民间化趋势，但在民族危亡之际社会中任何的力量和领域都必须服从国家权力的统一支配。可以说，近代国家主义的集权整合模式是当时内外交困特殊历史境遇下的必然选择，而这也同时意味着当时私人领域发展的空间相当有限。

　　从新中国成立到改革开放之后，我国逐步确立了社会主义市场经济体制。市场经济主要是按照供求、价格、竞争等灵活的市场机制来配置资源，它更加强调社会内部机制的自主调节和运作，这也意味着传统的国家与社会关系将发生结构性改变。随着市场经济的发展以及社会自主性的增强，国家对社会的管制也在逐步地减弱。经济上从单一的国有制形式到多种所有制经济共同发展，从国家对资源的全面垄断到社会上部分资源的自由流动，公社和单位体制的打破也使得国家放松了对社会和个人的管制。在这样相对宽松的环境下，大量的社团组织开始出现并彻底改变了在此之前只存在于国家体制框架内的几个半官方社团的尴尬局面，社团组织的兴起不仅能有效弥补市场和政府的双重失灵，更重要的是它扩大了私人生活的空间和范围，并进一步加快了社会与国家分化的进程，这也预示着我国私人领域正在慢慢成长，公民理性在不断地提高。同时我们也应该看到，我国社会结构的调整还没有完全到位，政府职能的转变还要继续，如此才能为我国公民理性的发展提供良好的社会基础。纵观西方社会历史演进的过程，现代公民理性最初是孕育于市场经济中的，而后随着以市场经济为基础的社会公共领域的产生与强大并逐步实现了与政治国家的相互分离和独立，公民理性又在社会公共领域的发展过程中不断地发展成熟，社会公共领域构成了公民理性形成的社会基础,社会公共领域与政治国家的二元分化和良性互动则成为现代社会结构的基本特征。

一 社会公共领域发展的历史

社会存在决定社会意识,人们思想观念的产生离不开对社会历史和现实的考察。社会公共领域理论是不断地适应社会的政治、经济、文化变迁而产生和发展的,并在悠久的思想文化传承过程中逐步演化,自古至今社会公共领域理论先后经历了三个发展阶段。

(一) 古典形态

社会公共领域的古典含义主要来源于古希腊罗马的城邦文明以及中世纪封建体系夹缝中出现的城市文明这两大古典的社会公共领域形态,它跨越了从公元前4世纪到公元17—18世纪漫长的历史时期。社会公共领域最早出现在古希腊先哲亚里士多德的著作《政治学》中,指的是"自由和平等的公民在一个合法界定的法律体系之下结成的伦理——政治共同体"[①],在这里,每个公民都有权利和义务参加城邦的公共事务。公元前1世纪时,古罗马政治家西塞罗将其转译为拉丁文,不仅指单个国家,而且指业已发达到出现城市的文明政治共同体的生活状况,这些共同体有自己的法典(民法),有一定程度的礼仪和都市特性(野蛮人和前城市文化不属于私人领域),市民合作及依据民法生活并受其调整,以及"城市生活"和"商业艺术"的优雅情致。也就是说,社会公共领域是指人类超越野蛮状态并将步入的文明社会,它开始拥有以都市文化、工商业活动、政府和律法等为标志的文明成果。此后一直到近代之前,包括奥古斯丁、托马斯·阿奎那等基督教神学家在内的西方思想家都是在亚里士多德和西塞罗理解的基础上使用这一概念的。

17—18世纪,为适应近代资本主义生产方式发展的要求,洛克、孟德斯鸠、卢梭等资产阶级思想家提出了社会契约论以反对封建王权的君权神授思想。他们认为人类最初是生活在无政府的自然状态中,但这种自然状态由于缺乏和平、安全、人身保障等,因而要通过权利让渡并订立社会契约的方式过渡到社会公共领域。于是社会公共领域获得了与

---

① [古希腊]亚里士多德:《政治学》,吴寿彭译,商务印书馆1965年版,第1页。

自然状态相对应的含义，其与政治国家是同义语，指的是人们生活在政府之下的一种法治的、和平的政治秩序。不管是古希腊罗马时期国家与社会的高度复合，还是中世纪时期国家对于社会的监护和压制，又或者是资本主义萌芽时期与自然状态相对的社会公共领域，这些都反映出了西方文明一直到17世纪前资本主义的社会状况，即国家与社会并未分离，或者并未完全分离，整个社会表现为高度政治化的国家结构，社会公共领域与政治国家是相重合的，它还无法独立出来并获得自身完整的意义。

（二）近代发展

现代社会公共领域理论是在社会公共领域与政治国家分化的过程中形成的。近代资本主义的快速发展及其所引起的资产阶级民主革命推翻了封建君主专制，并确立了资本主义制度，从而为工商业活动的自由发展和私人领域的独立存在确立了根本的政治保障，极大地促进了社会公共领域的发展及其与政治国家的分离，此时社会公共领域逐步获得了自身发展的独立性并具有了自己独特的内涵。

现代意义的社会公共领域理论是在黑格尔和马克思那里形成的。黑格尔主要是从伦理精神的角度来理解社会公共领域的，他认为人类意志自由的充分实现需要经过三个阶段——家庭、社会公共领域和国家。家庭是以血缘为纽带的爱为核心的，其体现了最直接、最自然的伦理精神。"所谓精神的直接实体性的家庭，以爱为其规定，而爱是精神对自身统一的感觉；因此，在家庭中，人们的情绪就是意识到自己是在这种统一中，即在自为地存在的实质中的个体性，从而使自己在其中不是一个独立的人，而成为一个成员。"[1] 但随着商品经济的发展，人对于独立经济利益的要求会越来越强烈，商品经济的冲击使得家庭伦理遭受一定程度的解体，而适应商品经济发展要求的私人领域伦理开始慢慢形成。黑格尔认为社会公共领域就是处于家庭和国家之间的伦理阶段，这一阶段已经超越了以血缘为基础的家庭伦理，"家庭的直接统一已涣散为多数"[2]，社会公共领域成为各个成员作为独立的单个人的联合体。在这个联合体中，每个人都作为特殊的独立个体而存在，并表现为意志

---

[1] ［德］黑格尔：《法哲学原理》，张企泰译，商务印书馆1961年版，第175页。
[2] 同上书，第198页。

自由的任性，个人的利益和需要、权利和自由成为私人领域的最终目的。同时黑格尔认为："特殊的个人在本质上是同另一些这种特殊性相关的，因为如果他不同别人发生关系，他就不能达到他的全部目的；因此，其他便成为特殊的个人达到目的的手段，但是，特殊目的通过同他人的关系就取得了普遍性的形式，并且在满足他人福利的同时，满足自己。"① 也就是说，此时社会公共领域是以独立的个体为核心的，同时个体需要的实现还要依赖普遍的形式，即个体之间"相互需要的体系"。

黑格尔对于社会公共领域的理解奠定了现代社会公共领域理论的基本框架，马克思继承了这一思路，并在批判的基础上实现了某种程度的超越。而有所不同的是，黑格尔是从唯心主义的角度出发把历史发展归结为伦理精神的自我运动过程，认为社会公共领域是介于家庭和国家之间伦理精神发展的中间环节，而马克思则坚持唯物主义的立场，其直接从物质生产生活的实践中考察社会公共领域。他指出，"社会公共领域包括各个个人在生产力发展的一定阶段上的一切物质交往"②，它包括该阶段上的整个商业生活和工业生活，社会公共领域始终标志着直接从生产和交往中发展起来的社会组织。在这里，相对于黑格尔把社会公共领域归结为"相互需要的体系"，马克思则直接指出了社会公共领域的本质规定，即社会公共领域作为一种私人利益的体系，乃是一切物质交往关系的总和以及由此而形成的社会生活领域。在这里，他们其实是应用"政治国家—社会公共领域"两分法来分析社会的总体结构，把市场经济当作社会公共、领域的核心部分，认为社会公共领域是相对独立于政治国家的，主要由"需要的体系"构成的经济交往领域以及在商品经济社会中直接从生产和生活交往中发展起来的社会组织所构成的不能与政治国家相混淆，也不能为政治国家所淹没的非政治的社会自主领域。黑格尔和马克思的社会公共领域观念是自由竞争时期资本主义社会现实的观念反映。

（三）当代转型

20世纪以后，随着自由竞争资本主义阶段进入垄断阶段，社会公共领域观念也进入新的发展时期，对社会公共领域的理解也由之前的经

---

① ［德］黑格尔：《法哲学原理》，张企泰译，商务印书馆1961年版，第197页。
② 《马克思恩格斯全集》第1卷，人民出版社1972年版，第41页。

济视角开始慢慢转向了社会文化视角,而这主要归因于当时整个世界所正在经历的深刻变化。在自由资本主义阶段,社会公共领域的发展主要表现为逐渐摆脱传统专制国家特权等级社会关系的束缚而发展独立、自由和平等的市场交换体系,此时尊重和保障社会公共领域、经济交往领域的自主发展成为政治国家的主要职责,这同时也构成当时社会公共领域的基本内涵。但随着垄断资本主义阶段国家干预主义盛行,强大的官僚体系对社会的全面控制使国家日益成为脱离社会公共领域的异己力量,这引发了人们对于社会公共领域本身以及其与政治国家之间内在结构的深层反思。葛兰西是最早关注这一问题并对社会公共领域重新进行思考的学者,与黑格尔和马克思强调社会公共领域的经济意义不同,他更加强调社会公共领域的文化功能。在他看来,政治社会与社会公共领域共同构成上层建筑的两大领域,资产阶级国家一方面通过政治社会的强制权力来实施对社会的统治,另一方面又通过社会公共领域传播统治阶级的意识形态,确立文化领导权并构筑自身合法性的基础。在这里,葛兰西是把社会公共领域看作包括政党、工会、学校、教会等各种民间组织的总和,资产阶级国家通过影响和统合这些自治组织从而在社会中普及符合统治阶级要求的文化意志形态。葛兰西这一开创性的分析赋予了社会公共领域全新的内涵,人们对社会公共领域的关注开始从经济关系领域慢慢转向文化批判领域。

随之哈贝马斯的社会公共领域理论就是沿着这个思维转向展开的,但他认为葛兰西把社会公共领域仅仅看作各种民间组织的总和而抛弃了非常重要的经济关系领域,这使得其对于社会公共领域的理解有失全面。哈贝马斯认为,"社会公共领域是随着资本主义市场经济的发展而形成的独立于政治国家的私人自治领域,它本身又由两个领域构成:一是以资本主义私人占有制为基础的市场经济体系,它包括劳动市场、资本市场、商品市场及其控制机制;二是由私人组成的、独立于政治国家的非官方组织所构成的社会文化系统,它包括教会、文化团体和学会、独立的传媒、运动和娱乐俱乐部、辩论俱乐部、市民论坛和市民协会、职业团体、政治党派、工会等"[①]。对于当代资本主义社会来说,其主

---

① [德]哈贝马斯:《公共领域的结构转型》,曹卫东等译,学林出版社1999年版,第29页。

要危机已经不是那种因生产的无政府状态而导致的经济危机，而是国家干预社会生活领域时所要面对的合法性危机。按照哈贝马斯的理解，社会公共领域作为社会文化系统，它是一个具有文化批判功能的公共领域，其构成了政治国家合法性的基础，只有当社会文化系统在私人领域中获得高度的自治和空前的解放，并且与政治国家之间形成一种良性的互动关系，现代国家才具有不竭的合法性资源，社会才能获得良性的发展。应该说，哈贝马斯对社会公共领域研究视角的转向做了很好的理论总结，当代的社会公共领域理论越来越倾向于把社会公共领域看作私人自治的领域，被称为后马克思主义者的当代美国政治学家科亨和阿拉托更是提出了重建社会公共领域的理论主张。他们认为社会公共领域是指介于经济和国家之间的社会相互作用的一个领域，由私人的领域（特别是家庭）、团体的领域（特别是自愿性的社团）、社会运动及大众沟通形式组成。因而应该把经济领域从社会公共领域中分离出去，把社团组织和民间公共领域当作社会公共领域的主体，从而完成了将社会公共领域指向社会文化领域的当代转型。

二　社会公共领域的基本内涵

对于社会公共领域的界定，目前学界众说纷纭，其中主要存在两种视角：一种建立在国家与社会两分法的基础上，认为社会公共领域是指独立于国家但又受到法律保护的社会生活领域及与之相关联的一系列社会价值和原则，具体是指社会成员按照契约性规则，以自愿为前提，以自治为基础进行经济活动和社会活动的私人领域。另一种观点则建立在政治社会—经济社会—社会公共领域三分法的基础上，认为社会公共领域是指独立于政治国家和经济系统，并介于国家和家庭或个人之间的一个社会相互作用领域及与之相关的社会价值或原则。社会公共领域追求社会生活领域的独立性以及维护公民基本的权利和自由，它既反对国家职能的任意扩张对社会公共领域的干预和压制，也反对经济系统的过度渗透及其商业化模式对社会生活领域的侵蚀。

从当前学界的实际情况来看，三分法的社会公共领域视角逐渐被大多数学者所接受，对此戈登·怀特认为，当代使用社会公共领域这个术语的大多数人所公认的社会公共领域的主要思想是：它是国家和家庭之间的一个中介性的社团领域,这一领域由同国家相分离的组织所占据,这些组织在同国家的关系上享有自主权并由社会成员自愿结合而形成,以保护和增进他们的利益或价值。他主张将企业或经济机构同社会公共领域分开来对待,前者作为经济社会或经济系统构成了社会公共领域的基础。我国也有学者指出,"社会公共领域是指国家或政府系统,以及市场或企业系统之外的所有民间组织或民间关系的总和,它是官方政治领域和市场经济领域之外的民间公共领域。社会公共领域的组成要素是各种非政府和非企业的公民组织,包括公民的维权组织、各种行业协会、民间的公益组织、社区组织、利益团体、同人团体、互助组织、兴趣组织和公民的某种自发组合等。由于它既不属于政府部门(第一部门),又不属于市场系统(第二部门),所以人们也把它们看作是介于政府与企业之间的'第三部门'"[①]。概括来说,社会公共领域就是公民在官方政治领域和市场经济领域之外自愿结社、自由讨论公共问题和自主从事社会活动而自发形成的民间公共领域。

作为一种独立于国家和自由市场之外的社会公共领域,社会公共领域有其特定的内涵,并彰显着独特的价值追求。首先,社会公共领域是倡导独立意识的自治社会。独立、自主、自律、自治是社会公共领域的基本特征。根据《布莱克维尔政治学百科全书》的解释,自治是指某个人或者集体管理其自身事务,并且单独对其行为和命运负责的一种状态。社会公共领域通过公民和社会公共领域组织的自我管理、自我约束、自我服务和自我发展来实现社会的高度自治,它非常强调公民和社会公共领域组织的独立性、自主性以及它们所需要承担的社会责任。其次,社会公共领域是高扬个性自由的多元社会。社会公共领域理论是以个人主义为其理论预设,个人是社会生活的基本单位,国家和社会的存在都是为了实现个人的价值和需求,保障个人的权利和自由。社会公共领域鼓励个性自由,追求价值观念多元化、个体需求多元化、组织形式多元化、生活方式多元化,并主张通过宽容、妥协、沟通、协商等形式来维系这种多元状态。再次,社会公共领域是鼓励公民参与的民主社会。公民参与是社会公共领域最为重要的政治内涵,积极的参与意识更

[①] 俞可平:《中国社会公共领域:概念、分类与制度环境》,《中国社会科学》2006年第1期。

是社会公共领域健康发展的重要保证。托克维尔认为，社会公共领域是免费的民主大学校，公民可以从中学到团体生活的理论，并培养人们在更高层次、更大规模上参与合作的资本。社会公共领域能够激发公民参与的热情，培养和强化公民的民主意识，使其积极而负责地参与社会行动，自觉履行公民责任。最后，社会公共领域是崇尚契约精神的法治社会。梅因在关于人类发展的论著中曾说过："所有进步社会的运动，到此处为止，是一个'从身份到契约的运动'。"① 契约是现代社会文明的结晶，契约关系的核心在于契约主体间权利与义务的平衡，而契约精神则体现在对于这种规则的普遍认同。社会公共领域是一个以契约为基石的社会，个体之间、团体之间、个体、团体和国家之间都通过法律、法规确立了种种的契约关系。从根本上说，契约的实现主要基于人们发自内心对法律的信仰和对法律神圣性的敬畏，正如伯尔曼所说："法律只在受到信仰，并且因而并不要求强制力的时候，才是有效的……真正能阻止犯罪的乃是守法的传统，这种传统又植根于一种深切而又热烈的信念之中，那就是，法律不仅是世俗政策的工具，而且还是生活终极目的和意义的一部分。法律需要被信仰，否则它形同虚设。"② 因此，契约精神是社会公共领域的精神支柱，更是现代法治社会健康发展的基础。

三　社会公共领域与国家关系的理论透视

社会公共领域是与政治国家相对应的分析范畴，作为与公共政治领域相区别的社会自主领域，社会公共领域与国家的关系也就成为社会公共领域理论的核心问题。当代国家与社会公共领域关系的理论主要源于近代西方思想家对社会与国家关系的诠释，而近代西方国家与社会关系的架构通常基于两大理论视角。

一是"国家高于社会"的国家主义，即以国家为中心，强调国家的作用。这种理论自马基雅维利开始，后经布丹、霍布斯进一步发挥，并最终由黑格尔完成。现代意义的国家观念，即把国家视为一种抽象的公共权力的观念在文艺复兴时期就已萌芽。马基雅维利认为国家产生于

---

① ［英］梅因：《古代法》，沈景一译，商务印书馆1959年版，第97页。
② ［美］伯尔曼：《法律与宗教》，梁治平译，生活·读书·新知三联书店1991年版，第43页。

人的邪恶本性而导致的战争状态，国家的核心问题就是权力，没有权力的约束，整个社会就会在人们对狭隘私利的追求中趋于崩溃，由此主张统治者要不择手段地夺取、扩大和保有自己的权力，并通过掌控这种至高无上的专断权力而实现整个社会的统一和秩序。布丹则赋予国家以主权的含义，他认为国家就是由许多家庭及其共同财产所组成的、具有最高主权的合法政府，主权具有绝对性、永久性和至高无上性，它超乎社会和个人之上，不受法律限制。

霍布斯在布丹主权理论的基础上又通过社会契约理论重新阐释了国家的作用。他认为主权是人们摆脱战争状态的唯一庇护，国家是生活于自然状态的人们基于和平与安全的需求通过彼此间订立契约而建立的，由于人们在订立契约时让渡了全部权利，而主权者却没有参加契约，因而主权者不受契约的约束，其权力具有最高权威。"主权不论是像君主国家那样操于一人之手，还是像平民或贵族国家那样操于一个议会之手，都是人们能想象得到使它有多大，它就有多大。"[①] 不过，主权者的权力也有底线，即为权利让渡者保留保卫自己生命而抵抗他人侵害的权利。显然霍布斯所推崇的是能为个人提供和平与安全的国家，这里虽然国家能为社会和个人提供必要的保护，但同时也为国家支配、干预、渗透社会生活提供了过多的空间和机会。

黑格尔的视野较霍布斯开阔，他以系统而全面的理论形式深刻解析了国家与社会的关系。黑格尔认为，社会公共领域中"每个人都以自身为目的，其他一切在他看来都是虚无"[②]。这种以私利为根基的社会本身带有"异化"的特征，它意味着追求私利的特殊性是没有节制的，无休无止的冲突和斗争最终会导致整个社会的道德沦丧和秩序混乱。社会公共领域在伦理原则上的内在缺陷是无法通过自身来克服的，而唯有依赖普遍性的体现者——国家才能得以克服。国家代表并反映普遍利益，是伦理理念的现实，国家在伦理原则上高于社会公共领域，同时作为绝对自在自为的理性存在，国家本身就是目的，而个人和社会是为国家而存在的，个人的自由和权利只有符合实现国家进步这一最高目的时才有意义。

---

① [英] 霍布斯：《利维坦》，黎思复等译，商务印书馆1985年版，第161页。
② [德] 黑格尔：《法哲学原理》，张企泰译，商务印书馆1961年版，第197页。

二是"社会先于或外于国家"的自由主义,即以社会为中心,注重社会的功能。思想家洛克、亚当·斯密、潘恩、孟德斯鸠、托克维尔等坚持这一思路。个人权利的目的性与公共权力的工具性是近代自由主义的核心理念,也是近代自由主义国家与社会关系理论的逻辑起点。洛克与霍布斯同样以社会契约论为分析的逻辑起点,得出的结论却截然不同。洛克认为在自然状态中,人们既然都是平等和独立的,任何人就不得侵害他人的生命、健康、自由或财产。生命权、自由权和财产权是人最基本的自然权利,不可侵犯、剥夺或转让。他同时认为国家权力获得的基础在于个人权利的让渡,"而且要按照社会所一致同意的或他们为此目的而授权的代表一致同意的规定来行使,这就是立法权和行政权力的原始权利和这两者之所以产生的缘由,政府和社会本身的起源也在于此"①。也就是说,个人和社会先于国家而存在,国家产生的目的是保障个人权利,要以不损害个体权利为国家权力的范围和限度。洛克所设定的这种关系范式也引出了两种思想导向,一是对限制国家权力、维护个人权利的倡导,二是对社会摆脱国家干预而自治的自信。紧随其后亚当·斯密认为社会经济领域是通过"看不见的手"进行自我调节的,主张自由放任的经济政策,反对国家干预经济生活,正是经济与政治的分离才为后来国家与社会的二元分化奠定了坚实的基础。潘恩则将这条思维路线引向极致,他认为社会代表着绝对的良善,而国家不过是社会为维护其公共利益而进行权力委托的载体,除保障公共安全之外的任何其他国家行为都应禁止。他坚决支持社会要监督和制约国家,并抵制国家专制主义的干预,因为他坚信政府"即使在最好的情况下,也不过是一件免不了的祸害,在其最坏的情况下,就成为不可容忍的祸害"②。

而如何防止国家权力侵犯个人和社会的自由,孟德斯鸠在洛克分权思想的启发下系统地阐述了他的分权理论。他说:"一切有权力的人都会滥用权力,这是万古不易的经验。有权力的人们使用权力一直到遇到边界的地方才休止。……要防止滥用权力,就必须以权力约束权力。"③

---

① [英]洛克:《政府论》(下),叶启芳等译,商务印书馆1964年版,第78页。
② [美]潘恩:《潘恩选集》,马清槐等译,商务印书馆1981年版,第3页。
③ [法]孟德斯鸠:《论法的精神》(上册),张雁深译,商务印书馆1961年版,第154页。

这就必须要在制度上将不同的权力分开掌控、相互制约、彼此协调，即立法权、行政权和司法权间的分立与制衡，否则"如果司法权不同立法权和行政权分立，自由也就不存在了。如果司法权同立法权合而为一，则将对公民的生命和自由施行专断的权力，因为法官就是立法者。如果司法权同行政权合而为一，法官便握有压迫者的力量，如果同一个人或是由重要人物、贵族或平民组成的同一机关行使这三种权力，即制定法律权、执行公共决议权和裁决私人犯罪或争讼权，则一切便完了"①。托克维尔最终对这一思维路线进行了系统性的总结。他认为国家专制主义的强势很容易造成对社会的威胁和冲击，在民主的名义下，社会往往会沦为国家权力的支配之物，必须要防止权力垄断。他提出以社会制约权力的思路，即一个由各种独立、自主的社团组成的多元社会具有一只独立的眼，监督着国家，使之不沦为专制。可以说，独立于国家之外的社会公共领域是实现社会制约国家的重要力量，更是保障政治民主不可或缺的条件。总之，近代自由主义强调个人权利优先，倡导社会自主自治，主张社会对国家权力进行监督和制约，坚持"小政府、大社会"的关系模式。

从某种意义上说，近代国家主义和自由主义有一个共同的思维取向，都是过多关注国家或社会中的一方，而忽略了另一方的作用。正如皮尔逊所注意到的，要么单纯强调国家对社会的安全保障、利益整合和福利供给，成为"国家中心型社会"；要么片面强调社会与国家的分离和对立，倡导社会的自主和自治，忽略国家与社会的统一，成为"社会中心型国家"。这种偏重一方的思维倾向在 20 世纪以后实现了新的转换，国家与社会从分化、独立又逐步趋向交融与整合，如当代的新自由主义理论、社会公共领域理论、善治理论、第三条道路等。通过当代各理论流派对于国家与社会关系的定位和诠释来看，国家主义和自由主义两种视角会始终存在并相辅相成，而其中关键的问题是如何消解、调和国家与社会间的本源性张力，并强化两者间良性的互动与合作，这也是当代国家与社会关系理论应该关注的重要问题。

---

① ［法］孟德斯鸠：《论法的精神》（上册），张雁深译，商务印书馆 1961 年版，第 156 页。

四 我国社会公共领域的发展

1978年改革开放以来，中国社会深刻的经济、政治、文化变迁不断地为社会公共领域的成长提供着生存的条件和空间，从某种意义上说，改革开放的过程就是中国社会公共领域萌芽、发展的过程。市场化取向的改革为社会公共领域萌发奠定了必要的经济基础。相对于计划经济时代对于经济活动的总体性安排，市场经济主要是按照供求、价格、竞争等灵活的市场机制来配置资源，它更加强调社会内部机制的自主调节，更加鼓励社会的多元与自治、个人的自由与平等。政治体制改革为社会公共领域的成长营造了相对宽松的政治环境。通过政企分开、政社分开、政事分开等一系列政府职能转变，政府重新厘定与市场、企业、社会的关系。市场成为社会资源配置的主要方式，政府由微观的全面计划改为间接的宏观调控。企业则由政府的附属物转为独立的经济利益主体，政府不再过多干预企业的经营自主权，原先的农村公社制和城市单位制也逐步被打破，并分别被村民自治和城市社区自治所取代。经济和政治体制改革的逐步深入使整个社会日益呈现出开放、宽松、活跃的氛围，同时民众的文化价值观念也发生巨大的变迁，并为社会公共领域的发展提供了坚实的思想基础。市场经济对于利益主体自由、平等地位的尊重激发了民众权利意识的觉醒，普遍交换的体系又强化了个人参与的广度和深度，并提高了民众参与的意识。政治体制改革更是加深了民众对于民主法治、公平正义、自由平等价值观念的理解和认同。换句话说，改革开放过程中现代公民理性对于传统臣民观念的否定和超越是政治文化领域变迁的重要内核，它不仅使民众更加崇尚自由、平等、民主、理性、宽容等精神，而且还培养了民众对于公共性价值深刻的体认与关怀。正是在这样的社会变革背景下，国家逐步放松了对于社会和个人的管制，也从对资源的全面垄断到允许社会上部分资源的自由流动，社会与国家逐步分化的同时赋予了社会更多自主自治的空间和资源，我国社会公共领域就是在这样的背景下慢慢发展起来的。

社会公共领域是公民在官方政治领域和市场经济领域之外自愿结社、自由讨论公共问题和自主从事社会活动而自发形成的民间公共领域，它以各种非政府和非企业的社会公共领域组织（各种行业协会、民间的公益组织、社区组织、利益团体、同人团体、互助组织、兴趣组织)为自己的核心要素。从我国实际情况来看,改革开放以来民间社团组织的迅猛发展为社会公共领域的萌发提供了最主要的结构性支撑。从20世纪50年代一直到改革开放前的70年代,我国各种社团和群众组织的数量非常少,50年代初,全国性社团只有44个,60年代也不到100个,地方性社团大约有6000个。到了1989年,全国性社团增至1600个,地方性社团达到20多万个。此后,1989年和1998年政府两次对社团进行了重新登记和清理,其数量有所减少。截至2016年年底,全国共有社会组织70.2万个,其中社会团体33.6万个,基金会5559个,民办非企业单位36.1万个,最近十几年我国团体组织的数量不断增加,各类社会组织呈现出多元化、规范化、规模化的发展态势。

从这些社团组织的成长过程来看,我国民间社团组织的发展呈现出很大的特殊性和复杂性,其特殊性在于政府在这个过程中扮演着非常重要的角色,而复杂性则在于各种类型的社团组织产生的动力或路径是多元的。那些与社会经济生活最密切相关的行业性协会或专业性协会主要是由政府主导形成的。经济领域的市场化改革需要政府职能转变和权力下放,把以前那些政府不该管和管不好的事务交由市场和社会,政府为了适应这一趋势便主动开始了创办社会中介组织的潮流。政府先是将内部的一些专业部门改成管理服务本行业的行业性协会组织,如中国纺织工业协会、中国建筑业协会、中国钢铁工业协会等,进而将各个政府部门所管辖领域中的一些非核心的职能管理部门转变为社会中介组织。例如工商管理部门把对个体工商户的管理转变为个体劳动者协会,把对私营企业主的管理转变为个体私营企业协会,把对消费者事务的管理转变为消费者协会,等等。除此之外,政府为了解决特殊群体的问题而成立了由其直接领导下的工会、青年团和妇女联合会,以及其他少数特殊的团体,如中国残疾人联合会、中国文学艺术家联合会、中国科学技术协会、中国作家协会等。政府通过这些形式在很短的时间内便掀起了成立各种行业协会的高潮。与此同时,市场经济的深入推进也引发了各种市场主体为了维护行业利益和规范行业发展而自发成立行业协会或专业协会的要求,在民间力量的推动下,这些自发成立的协会又很快在各地发展起来,尤其是那些市场经济比较发达的地区。在行业性和专业性社团产生的同时，各种学术性社会团体也不断出现，其一般是由某些学科领域的学术精英联合发起的，然后寻找挂靠单位，再向民政部门登记并宣布学会成立。除此之外，大量其他联合性社团的产生则主要是出于人们共同的兴趣、爱好、利益、友情以及其他的社会联系。

这些社团组织的成长不断地积聚着社会公共领域的力量，并在我国社会管理转型中发挥着重要的功能。社团组织不仅通过组织化的利益表达和利益综合来反映不同行业、群体或个人的要求，而且还就某些公共问题或重大政策方案提出建设性意见，有的甚至成为政府决策过程中的智囊和参谋。社会公共领域对政策过程的参与极大地推动了政府决策的科学化和民主化。在社会公共事务的治理上，社会公共领域的发展更是彻底打破了政府对公共事务治理权的垄断，社会公共领域积极广泛参与社会公益事业，并在提供公共产品方面有着政府无法替代的优势，如助残扶弱、支援灾区、自然环保、慈善救济、支教助学、老人福利、妇女权益、青年服务、动物保护、文化交流、公益宣传等。人们也逐步认识到政府在供给公共产品时不仅存在效率低下、成本过高的弊端，更为严重的是根本无法满足民众多元化、动态化的公共需求。可以说，社会公共领域的兴起极大地推动了政府与社会合作共治的进程，并同时引发社会整体治理结构的变化，原先政府垄断下的那种一元治理结构将逐步被社会多元参与的网络式治理格局所取代。社会公共领域的萌发发展在我国已成为不可否认的事实，虽然尚未达到成熟和理想化的程度，但其已经在我国社会生活中发挥着举足轻重的作用。

五 社会公共领域与国家的关系

社会公共领域的兴起是当代中国社会经济、政治、文化各领域深刻变革的产物。改革开放以来，市场经济的推进使得社会利益主体日益多元化、社会分工日益专业化、社会关系日益复杂化，同时经济领域的市场化不断地催生着社会领域的自治化。政治民主化、法治化的趋势要求政府能在依法行政、透明行政、服务行政方面做出更加系统且合理的制度性安排。文化领域则通过依托现代传媒的发展以及教育的普及而逐步大众化、理性化和世俗化。民众不再盲目迷信权威，而是更加注重客观、理性和公正；民众不再无奈压抑个人的需求，而是勇于维护自身的权益；民众不再满足于消极被动的状态，而是希望能有更多参与的空间和机会。正是在经济、政治、文化环境的变迁过程中，社会拥有了更多可以利用的自由流动资源和活动空间，并以此为基础发展出了独立于国家的物质生产和社会交往形式。伴随着社会资源占有与控制的多元化，不但个人独立性相对扩大，而且在政府行政体系之外开始了民间社会的组织化过程，中国民间社团组织呈现出爆发式的增长趋势，社团组织的数量和种类越来越多，不但活动范围涉及科技、教育、文化、卫生、劳动、民政、体育、法律服务、社会中介服务、救灾、扶贫、环保、奥运会、慈善活动等社会生活的各个领域，而且规模和实力越来越大，在社会管理中发挥的作用和产生的影响越来越广泛，并日益成为国家不可忽视的社会主体，这标志着社会公共领域在我国已经初露端倪。社会公共领域的兴起意味着我国社会结构将会发生整体性转型，在政治系统和经济系统之外形成了一个相对独立的社会系统，同时国家与社会间的权利界定、功能分化、力量平衡、规范法则等都将有所变化，而这必然会引发两者关系的调整与重构。

（一）社会公共领域与国家间的监督制衡关系

对于中国社会公共领域与国家之间关系结构的解析是十分复杂的问题，社会公共领域虽已出现，但还没有完全形成，其与国家间的关系还处于不断的发展中，我们很难用一种分析模式来完全概括，而只能从社会公共领域的发展脉络中去探析两者关系的特征和趋势。改革开放以来，社会公共领域的成长引起了广泛的关注和争论，对于社会公共领域及其与国家间关系的解读也在不断地修正和补充。中国社会公共领域的产生是国家经济政治体制改革的产物，更是国家正式制度与社会力量在复杂背景下进行互动的结果。这个过程中计划经济时代政治、经济、社会、文化领域高度统合的全能国家逐渐消解，国家权力从无处不在的高度管控到逐步从非政治领域退让出来，以前被压抑在全能国家管制下的不同利益主体（包括个人、企业、社会中介组织等各种社会组织）获得了追求自身利益最大化的活力和自由。可以说，社会公共领域的成长既是与政治国家相分离的过程，也是社会领域形成相对独立的利益实体的过程。

社会公共领域在我国最初是从与政治国家的二元结构中获得其本质

规定性的。国家与社会公共领域被视为各具逻辑的实体，假定了双方目标和行为模式的异质性，强调两者间的分化独立与相互制衡，从而主要关注那些不能与国家混淆或不能被国家湮没的社会生活领域。政治国家是依靠公权力来调节的公共政治领域，它是以社会公共利益或公共价值为依归，而社会公共领域是私人自主交往和独立自治的社会生活领域，它更多的是以私人利益或个体价值的实现为目的。可以说，社会公共领域是个体独立性和自主性的现实表达，它能满足个人对自身利益或价值的追求，同时作为独立于国家的社会性力量，社会公共领域又能将分散的个人诉求进行凝聚和升华，这不仅能为政治国家提供权威合法性的支持，而且还能起到监督和制约国家权力并抑制其过分膨胀的作用。正如安东尼·吉登斯所说："一个健康的社会公共领域可以保护个人免受过于强大的国家权力的侵害。"[1] 但这并不意味着社会公共领域就是自给自足的完备体系，它同时也存在自身无法克服的缺陷。社会公共领域是由纷繁复杂的社会组织在利益多元分化组合的基础上构成的，其中包含着竞争与合作、制约与妥协、抗衡与联合等利益关系。与西方国家相比，中国社会公共领域多元竞争所需要的条件并不充分，再加上国家的主导作用依然很强，各种社团组织的自我表达、团体认同和自主性发展都十分缓慢，这样一来，社会公共领域在中国的发展不仅是困难的，而且可能是充满冲突的，甚至可能导致社会的分裂。此时就需要国家这个权威性力量来从外部规范社会公共领域的运行，国家可以通过社会规则的制定以及强制性地实施来有效地防止社会公共领域中多元化利益或价值间矛盾和冲突的激化，这不仅能保证社会公共领域中自主交往体系的规范性，而且还能防止对特殊利益的过度追求而造成对公共利益或公共价值的危害与破坏，政治国家在社会公共领域的发展中发挥着不可替代的作用。因此，"社会公共领域也不像某些人天真地想象的那样是自生自发的、秩序与和谐的源泉。……国家还应当保护个人免受社会公共领域中经常出现的利益冲突之害"[2]。国家不能消解为社会公共领域，如

---

[1] [英] 安东尼·吉登斯：《第三条道路：社会民主主义的复兴》，郑戈译，北京大学出版社 2000 年版，第 89 页。

[2] [英] 安东尼·吉登斯：《第三条道路：社会民主主义的复兴》，郑戈译，北京大学出版社 2000 年版，第 57 页。

果国家无所不在,那么它也就不存在。当然,国家作为建立在社会之上的权威性力量,其本身也存在权力扩张的倾向,当权力超越自己的合法性与合理性限度而以强制性的手段来宰制社会公共领域时,政治国家与社会公共领域之间的良性互动就会因相互制衡的缺失而破坏。社会公共领域和政治国家之间彼此需要,并且从两全其美的角度看,它们能够并行不悖地发展,而不是以消解对方为发展的代价。

(二) 社会公共领域与国家间的合作共强关系

受我国 20 世纪 90 年代以来民间社团组织爆发式增长现象鼓舞,社会公共领域又在政治国家—市场经济—社会公共领域三元结构框架下被重新审视,此时对于社会公共领域的解读不再只是强调其与政治国家的分化独立和相互制衡,而是作为一个政府、市场之外的第三部门及其与政府合作中共同维持社会稳定的角色,并更加注重社会公共领域与国家之间合作共强关系结构的建立。作为"一个介于经济和国家之间的互动领域,构成这个领域的首先是亲密领域(尤其是家庭),结社领域(尤其是自愿结社),社会运动,以及各种形式的公共交往,社会公共领域的核心机制是由非国家和非经济组织在自愿基础上组成的"[①],这些组织的功能与使命在于"通过两个相互依赖而且同时发生的过程,来维系并重新界定社会公共领域与国家的界限:一个过程是社会平等与自由的扩展,另一个过程是国家的重建与民主化"[②]。我国社会公共领域的成长推动着社会自主交往体系的发展,独立个人间自主交往的广度和深度有所加强,社会组织化的程度也相对提高。同时,基于当前社会转型阶段的特点,各种矛盾和冲突的集聚效应极为明显,这给原有政治权威带来了严峻的挑战。国家既需要通过改革来激发社会活力并推动社会进步,同时又需要避免社会变革过程中政治权威的流失以及社会整体的失序。托克维尔指出,公民的自由和平等不能通过废除国家机构或将它们减少到最低限度的方式而得到保障。积极的且强大的政治机构是自由和平等的必要条件。一起生活在一种民主制度中的公民有义务服从于一个政治权威,否则他们就会陷入混乱和无序。如果没有一个强有力的政府

---

① [德] 哈贝马斯:《公共领域的结构转型》,曹卫东等译,学林出版社 1999 年版,第 29 页。

② 同上书,第 14 页。

机构，就不能使公民的共同利益得到有效的维护。

对此，我们认为应超越那种片面强调社会公共领域对立或对抗国家的简单看法，而应探求它们之间联结的基础。泰勒提醒我们，将社会公共领域与国家互相对立，即使在西方自由民主的情况下，也失之过于简单抽象化。事实上，社会公共领域与国家在深层次上是相互扶持和纠缠牵连的。从我国社会公共领域成长的实际过程来看，社会公共领域对独立于国家的社会自主性也从未真正地抱有持久的追求，反而更加注重和政府的互动与合作。斯林格尔发现，改革开放以来城市经济创造的新的商人阶级仍是依赖官僚的支持而生存的，他们虽然希望增加独立操纵的能力，但也不会忘记纯自由竞争会把他们从特别的内部渠道中驱逐出去。怀特也指出，目前社会团体扩大影响的主要方式仍是接近体制，而不是形成压力。通过国家来保护社会团体的代表性地位和它们与国家之间的制度化联系渠道，减少竞争，这样的结构产生了两方面的结果，即利益的聚合和被委托推行政府政策的责任，"这意味着社会和国家双方能够通过合作而获益：一方面，社会中分散的利益按照功能分化的原则组织起来，有序地参与到政策形成的过程中去；另一方面，从这种制度化的参与机制之中，国家权力获得了稳定的支持来源（合法性）和控制权"①。

著名合作主义理论家斯密特认为，合作主义，作为一个利益代表系统，是一个特指的观念、模式和制度安排类型，它的作用，是将社会公共领域中的组织化利益联合到国家的决策结构中。……这个利益代表系统由一些组织化的功能单位构成，它们被组合进一个有明确责任（义务）、有数量限定的、非竞争性的、有层级秩序的、功能分化的结构安排之中。它得到国家的认可（如果不是由国家建立的话），被授予给予本领域内的绝对代表地位。作为交换，它们的需求表达、领袖选择、组织支持等方面受到国家的一定控制。也就是说，国家引导社会公共领域参与公共事务，在广泛参与的基础上寻求共识，使各个阶层、行业的利益要求都能够在政策中得到体现，扩大了国家权力的合法性基础，这种协作式参与还有利于政策的输出和执行。公众参与的讨论不仅"改善了

---

① 张静：《法团主义》，中国社会科学出版社1998年版，第7页。

集体决策的质量，而且作为改善集体决策的副产品，更多的团体成员会达成一致，因此，更多的成员将会一起正确地实施这个决策，或情愿地服从……通过全民讨论，大量民众可以明白政策变化的原因，所以，更便于实施和执行政策"[1]。因此，社会公共领域与国家建立良好的合作关系可以实现对公共事务的善治，它是政府与公民对公共生活的合作管理，是政治国家与社会公共领域的一种新颖关系，是两者的最佳状态。社会学家安东尼·吉登斯也认为："政府可以同社会公共领域中的机构结成伙伴关系，采取共同行动来推动社会的复兴和发展。"[2]

（三）社会公共领域与国家间的互塑重构关系

观察当前中国社会实际变迁的现实，社会公共领域与国家的分立并未完成，但国家主导下的社会整合却已经开始。可以说，当前国家和社会公共领域正处于分化与整合同一的进程，同时意味着它们之间将是一种互塑重构的关系。政治学家米格代尔在其著作《国家在社会中：研究国家和社会如何相互转化和相互构造》中曾指出，国家和社会都不是固定的实体，在相互作用的过程中，它们的结构、目标、支持者、规则和社会控制都会发生变化，它们在不断地适应当中互相转化和互相构造。国家和社会之间总是存在经济、政治、文化等方面的关联，这些关联又常常影响国家和社会各所管控的领域及相互间的关系，国家既无法摆脱社会的影响而独断专行地决策，社会的不同群体也非团结一致对抗国家，它们之间的竞争会导致多种不同的规则制定逻辑和各种公开或者隐蔽的社会冲突，这就使国家和社会之间既边界模糊而又经常移动。因此，无论是国家还是社会都无法独立主导社会的变迁。国家及社会各自的行动是互相作用的，双方在社会结构中的相对位置及行动都是互动的结果。

改革开放以来，社会公共领域从政府的助手到政府的伙伴，在从国家分离出来的同时又以多样化的形式与之建立起新的连接。为了规范和引导民间社团组织的健康发展，政府出台了《社会团体登记管理条例》《民办非企业单位登记管理暂行条例》《基金会管理条例》等多个文件。

---

[1] 陈家刚：《协商民主》，上海三联书店2004年版，第14页。
[2] ［英］安东尼·吉登斯：《第三条道路：社会民主主义的复兴》，郑戈译，北京大学出版社2000年版，第73页。

在这些条例中规定社团成立的前提是找到一个业务主管机关，而其唯一合法代表就是政府机构及其授权的组织，国家通过这种形式对民间组织进行管理。为了更有效地推进社团组织的发展，国家不仅自主创立了多数有重要社会影响的民间组织，如工会、共青团、妇联、工商联等人民群众团体，提供相应的人员配备、经费支持和办公场所，而且还积极探索对社会组织实行分类管理的方式，对工商经济类、公益慈善类、社会福利类、社会服务类社会组织逐步取消业务主管单位登记关口，实行民政直接登记。与此同时，逐步完善社会组织扶持政策，建立多渠道投入方式，为初创期的公益性社会组织和中小社会组织提供服务场所、寻求资金项目等全方位的支持，增强社会组织的发展能力。进一步加强对社会组织的监管，建立政府为主、社会辅助、社会组织自律相结合的管理机制，拓展政府监管方式，建立社会组织评估制度，健全信息公开制度，促进社会组织加强自律建设。重新理顺政府和社团的关系，推进政社分离，在人员、办公场所、经费、职能等方面实现脱钩。加强社会组织规范化建设，完善法人治理结构和内部管理制度，提高社会组织的服务能力和公信力。

（四）社会公共领域与国家关系展望

当前，国家和社会公共领域还处于互动发展中，各自的结构、功能、目标及相互间的规则体系都在不断地变化，以更加开放的、发展的和全面的视角来看待社会公共领域与国家的关系则更为理性。目前，社会公共领域的显著特征是国家主导下的官民二重性，传统惯性和现实问题的交织与融合共同确立了国家的主导地位，行政权力支配社会是根深蒂固的社会存在，这也意味着社会公共领域在渐进改革背景下其生存空间也不会有太多实质性的变化。中国社会公共领域的成长既是社会追求多元与自治的过程，同时也是国家对社会自由化现象进行重新整合的过程。也就是说，社会公共领域的发展实际上也带来了政府组织的扩张，只不过这种扩张方式不再是行政命令，而是一种基于利益表达基础上有组织的服务。这个过程中双方的能力都有所加强，国家变得更靠近社会，其合法性、渗透能力和控制能力都有所增强，而社团组织也得到了政府和社会双方面的认同，得以利用自身的双重身份来获得政府体制内外的资源，行动更有效也更为灵活。

未来政府会更多通过间接管理的方式将各种民间社团组织进行重构，并实现自身组织体系的扩张和整合能力的提高，而社会公共领域的成长将取决于国家的认可以及自身能力的建构。社团组织一方面需要主动靠近党政机关，并积极争取国家对其承认和支持的合法性；另一方面则需要通过不断地健全和完善内在结构和功能来摆脱国家对其过多的限制和干预。双方作用力强弱对比的变化将直接影响到社会公共领域与国家之间的联系方式及其程度，这就要求国家管控和社会公共领域发展之间需要保持适当的平衡，否则对政府的过分依赖会严重削弱民间组织的代表性，并进而降低其政策影响力和活动的有效性，而完全脱离国家的支持也会使民间组织的发展面临合法性的困境。只有取得这种平衡，民间组织才可能有能力主动选择是规避政府力量还是利用政府力量，以使自身的能力和影响得到最大程度的发挥。正如德国前总理格哈德·施罗德在《文明的社会公共领域：论重新确定国家和社会的任务》一文所表达出的核心思想：一个公道、合理的社会要求政府、市场和社会公共领域这三方面的力量必须均衡。需要一个好的、主动的政府，但政府管得过多就会很快官僚化。还需要一个合理的市场经济，但过分强大的市场会使一切都商业化，而这是不值得企求的。最后还需要一个强大的社会公共领域，但是如果它太强大，社会会蜕化成无政府状态。一个好的社会要使这三方面保持平衡。

在中国社会公共领域与国家的关系变革中，国家通过体制改革催生了社会公共领域的成长，并成为引导、规范社会公共领域良性运行的监护者，反之，社会公共领域的发展又成为改革传统官僚制、改善政府治理模式的重要推动力。当前，我们必须警惕两种倾向：一是无视作为国家基础的社会，而盲目崇拜国家权力，国家权力向社会过度扩张，甚至国家取代和吞并社会的集权或极权主义模式；二是片面强调社会决定国家，过分凸显国家的消极意义，鼓动社会对国家的盲目抵制和对抗，这最终会导致无政府主义、社会失序和政治动荡。我国社会公共领域与国家关系结构的理想目标应该是两者良性互动基础上的监督制衡、合作共强和互塑重构关系，这样既能保证社会公共领域发展所需要的相对自主性，同时又能增强国家的能力和权威，实现国家对于社会生活适当的调控。正如社会学家安东尼·吉登斯在其著作《第三条道路：社会民主主义的复兴》中所指出的,"国家和社会公共领域应当开展合作,每一方都应当同时充当另一方的协作者和监督者"[①]。

六 推进社会公共领域发展的对策

现代社会中社会公共领域不仅是推进政治民主化的重要力量,更是保障国家长治久安的重要基础,现代国家发达的程度与社会公共领域发展的程度密切相关。中国社会公共领域的成长得益于现代化进程中经济、政治、文化领域改革的日益深化,社会自治的空间和领域不断地得以拓展,但后发外生型现代化的场域同时又将社会公共领域置于传统与现代交织融合的复杂背景下。社会公共领域的出现虽凝聚着强烈的现实要求,但发展的内在动力和外部环境并不尽如人意。因此,探寻推动我国社会公共领域发展的路径就成为当前重大的现实议题,而议题的破解需要我们从对社会公共领域现实特征的客观审视以及发展困境的深刻反思开始。社会公共领域作为现代社会生活和政治生活中的重要力量,在政治、经济、文化各个领域都发挥着不可替代的作用。从当代西方成熟发达的社会公共领域来看,行业自律、慈善环保、扶贫济困、利益表达、社会监督、公民维权、社区自治、民办教育、娱乐休闲等方面都有着强大的社会公共领域和众多的社会公共领域组织为依托,而当下中国社会公共领域发展仍然面临着诸多难题。如大多数后发现代化国家一样,中国社会公共领域成长环境中社会自主性缺失和权威性权力运作体制同时存在,历史传统和现实状况决定了中国社会公共领域发展不可能单凭社会自身的力量抑或在反对国家的路径中完成,而只能是在通过合理调节国家与社会关系结构的过程中去实现。中国未来国家和社会关系结构的理想模式应该是既不断地趋向于增强社会的独立性与自主性,同时又能适时地实现国家权威调控的"强国家—强社会"模式。国家与社会之间强调的不是冲突和对立,而是注重充分发挥各自优势彼此制约又相互合作、彼此独立又相互依赖,从而推动国家和社会之间良性的互动与发展。

---

① [英]安东尼·吉登斯:《第三条道路:社会民主主义的复兴》,郑戈译,北京大学出版社 2000 年版,第 83 页。

(一) 政府定权限权,适当还权社会

现代社会中作为社会公共利益的代表者和公共价值的维护者,国家首先需要扮演好社会中的公共角色并承担起相应的公共责任。国家是实现人民主权的政治形式和政治保障,通过民主制度的安排畅通民主参与的渠道,保证公民参政议政的权利,监督权力合理规范地运行,从而切实推进政治民主化进程。国家是社会生活的公共服务者,通过提供包括公共安全、公共设施、社会保障、公共教育、公共医疗、国防建设、环境保护等,对社会公共事务进行管理并为民众提供优质的公共产品和公共服务。国家还是社会经济生活的规范者,通过法律、法规、政策的制定和实施宏观调控经济运行,调整不合理的利益结构,制止各种侵犯个人权益、集体利益和公共利益的现象。国家职能的公共本位回归同时意味着对于社会生活的管理应该从传统的微观控制向宏观管理转变,从直接控制向间接管理转变,从传统集权向合理放权转变。国家权力要从广泛的社会经济领域中逐步退出,将市场自律的权利交给市场,将社会自治的权利还给社会,并且通过法制的不断健全来清晰地限定国家和社会各自的权责,以避免相互侵权和职能重叠,从而为国家和社会的相互独立、良性互动、合作发展提供有力的法律保障。

(二) 发展社团组织,健全社会自治

社会公共领域是政治领域和市场经济领域之外的民间公共自治领域,其主要载体是各种各样的民间社团组织,其中包括从行业协会、学术团体、休闲俱乐部,到工会、农会、教会、职业团体、公民维权组织以及有关种族、性别、环保、慈善、扶贫、救灾等问题的民间社团。这些组织不仅承担着对公民权益进行表达、综合、维护的功能,而且还发挥着监督公共权力、发展合格公民、弥补政府失灵以及稳定社会秩序的作用,社会公共领域的发展要以多元的社团组织以及发达的社会自治为基础。政治学家爱德华·希尔斯在《新兴的政治发展》一书中也认为,如果发展中国家想变得更加民主,那就必须建立具有相当密度的、个人自愿结合的、精巧的社团体制。社团作为整个非营利部门的一部分,是社会公共领域的推动力量。

改革开放以来,不管是经济领域的市场化改革,政治领域的民主化、法治化推进,还是社会领域公共管理取向的转型都直接或间接地为社会公共领域发展创造了一定的条件和空间。然而，现实中社会公共领域发展状况却不尽如人意，其结构和功能都还没有真正健全。大多数社团组织属于规模小、实力弱的草根性和地方性社团，部分社团组织存在明显的营利化倾向，公益服务性社团所占比例较小且志愿捐赠和志愿者工作还处于较低水平，多数社团组织因依赖政府而自治程度较低，同时表现出追求行政级别和待遇的强烈行政化色彩。社团组织所存在的诸多缺陷意味着鼓励社团组织发展、健全社会自治对于推进社会公共领域发展显得尤为重要。对此，当前政府应该做好两点：一是构建规范的社会组织监管体系，为社团组织发展创造良好的制度环境；二是通过各种措施提升社团组织的自治性，提升其自主发展的能力。学者彼得·斯拉茨认为，一个有利于社会公共领域发展的环境应该包括明晰的法律框架、有利的税收待遇、均衡的调节系统、适用于非营利组织有效治理和运作的规范以及足够的资源。具体来说，社会公共领域发展首先需要加强法律保障。至今我们还没有一部正式的《社团法》，现行的《社会团体登记管理条例》又更重视控制与监管，严格而烦琐的审批手续极大地限制了社团组织的发展。我们应该借鉴发达国家的社团组织管理办法，实行法治化管理下的方便申请登记制度，只要不从事违法活动，各种社团组织的成立、存续、发展都应该给予必要的法律保护，尤其是要保障它们的财产安全和成员人身安全。除此之外，政府还需要加大政策鼓励。党政业务主管单位不仅要减少通过推荐或派遣社团领导人、出席社团会议、参加社团活动、审查社团年度工作报告和财务报告、派遣人员到社团任职等方式干预社团内部管理，而且还应通过制定多种政策加强资源配置，在人员、经费、场所等基本资源方面给予社团组织必要的支持，并对那些非营利的公益性社团可以考虑给予更多的减免税待遇和奖励措施。随着社团组织的壮大以及社会自治的成熟，社会公共领域发展也就拥有了坚实的基础。

（三）注重法团合作，推进政社共强

改革开放以来，市场化改革的不断深化推动了国家与社会关系深刻的变革。国家对社会管制的放松激发了社会自主交往体系的发展，独立个体间自主交往的广度和深度正在不断加强，社会组织化程度也相对提高并日益与国家相分化。同时，现实生活中我们也看到原有集权式的权力结构和权威形态依然很顽固，对立思维和不信任的心态导致政治强力对于社会公共领域发展仍然有所顾忌并施以诸多的限制和干预。面对社会与国家势不可挡的分化趋势以及社会公共领域对于现代社会发展的重要意义，我们不能仅把视角停留在社会公共领域与国家的相互分离和独立上，还应重视它们之间的互动与合作，对此，社会公共领域建构的法团主义路径为我们提供了很好的思路。作为社会公共领域与国家关系的特定形式，学者菲利普·施密特认为，法团主义是"以社团形式组织起来的社会公共领域的利益同国家的决策结构联系起来的制度安排"[①]。法团主义具有如下特征：（1）在某一社会类别中社团组织的数量有限，因此形成非竞争性的格局；（2）社团一般以等级方式组织起来；（3）这些组织要么由国家直接出面组建，要么获得国家的批准而具有某种垄断性；（4）国家在需求表达、领袖选择、组织支持等方面对这些组织行使一定的控制。因此，在法团主义占上风的地方：（1）都有一个强有力但并不具有全能性的国家；（2）社会群体的组织方式具有非竞争性，因而结社自由受到一定的限制和规范；（3）代表利益群体的社团并不完全独立于国家，但也不是国家的内在组成部分。

韩国、日本等东亚国家在现代化进程中曾经出现的法团主义发展模式对我国有很好的借鉴意义。事实上，东亚社会公共领域的成长与西方社会公共领域发展道路是不同的。西方社会公共领域是在私人资本的推动下并通过市民阶层、第三等级与国家的公开抗衡而实现自主性的，而东亚社会公共领域是经由法团主义路径，通过政府、法团和个人之间协商机制的建立与发展，国家对社会由强控制逐渐转向弱控制的过程中完成的。这些国家中一些功能性社团组织曾经隶属于国家，或受到政府的严密管控，政府通过这些社团把工人、农民、教师、医生、律师等群体分别整合到相应的职业协会中，同时国家和社团通过合理的协商机制共同制定公共政策。随着社团组织化和自主性程度的提高，这些功能性团体越来越多地代表这些利益群体而与政府进行双向沟通，由此在政府和民众之间有效地开展着各种积极的对话与协商。当国家意识到这种自主性社团的发展能极大地发挥诉求表达、利益协调、社会整合、稳定秩序

---

① 顾昕：《社会公共领域发展的法团主义之道》，《浙江学刊》2004年第6期。

的功能时就会逐渐放宽社会管控并谋求与社团组织的合作。国家通过把现有国家管控的社团组织发展成自主性社团并将其作为协商的对象，进而避免了国家与民众的直接对峙与摩擦，社团组织也才能真实有效地代表团体成员的利益。国家可通过对法团的组织控制，以保证自己的谈判地位上的优势，功能法团的存在又能帮助社会成员解决实际问题，以社会成员的利益代表者的身份与政府协商，这就是法团主义模式。当前，国家管控下的工会、妇联、商会、行业协会等社团组织已经存在，权威主义政治体制又先天具有国家控制社会的特点，国家只需为社团组织发展创造良好的条件和空间，加强与社团组织的双向互动与合作，并最终推动这些本来依附于政府的垄断性社团逐步过渡为自主自治社团。从我国现实国情来看，推动社会公共领域发展的法团主义路径显然是政府最能接受，且实施难度相对较低的可行性发展路径。

参考文献

一　中文著作

1. 谭安奎：《公共理性与民主理想》，生活·读书·新知三联书店 2016 年版。
2. 辛世俊：《公民权利意识研究》，郑州大学出版社 2006 年版。
3. 柯卫：《当代中国法治的主体基础：公民法治意识研究》，法律出版社 2007 年版。
4. 刘雪松：《公民文化与法治秩序》，中国社会科学出版社 2007 年版。
5. 孙永芬：《中国社会各阶层政治心态研究》，中央编译出版社 2007 年版。
6. 马振清：《中国公民政治社会化问题研究》，黑龙江人民出版社 2001 年版。
7. 严利华：《从个体激情到群体理性》，武汉大学出版社 2013 年版。
8. 冯天瑜、周积明：《中国古代文化的奥秘》，湖北人民出版社 1986 年版。
9. 王沪宁：《当代西方政治学分析》，四川人民出版社 1988 年版。
10. 王沪宁：《当代中国村落家族文化》，上海人民出版社 1991 年版。
11. 蒋云根：《政治人的心理世界》，学林出版社 2002 年版。
12. 远志明：《沉重的主体：中国人传统价值观考察》，人民出版社 1987 年版。
13. 刘广明、王志跃：《中国传统人格批判》，江苏人民出版社 1995 年版。
14. 王卓君：《文化视野中的政治系统》，东南大学出版社 1997 年版。

15. 刘泽华：《中国的王权主义》，上海人民出版社 2000 年版。
16. 高洪涛：《政治文化论》，中国广播电视大学出版社 1990 年版。
17. 北京大学哲学系：《古希腊罗马哲学》，商务印书馆 1982 年版。
18. 孙美堂：《文化价值论》，云南人民出版社 2005 年版。
19. 辛鸣：《制度论：关于制度哲学的理论构建》，人民出版社 2005 年版。
20. 许纪霖、陈达凯：《中国现代化史》，上海三联书店 1995 年版。
21. 谢鹏程：《公民的基本权利》，中国社会科学出版社 1999 年版。
22. 高兆明：《现代化进程中的伦理秩序研究》，人民出版社 2007 年版。
23. 曾盛聪：《伦理变迁与道德教育》，广东人民出版社 2006 年版。
24. 万俊人：《现代性的伦理话语》，黑龙江人民出版社 2002 年版。
25. 刘泽华、张荣明：《公私观念与中国社会》，中国人民大学出版社 2003 年版。
26. 曹天予、钟雪萍：《文化与社会转型》，浙江大学出版社 2006 年版。
27. 周国文：《公民伦理观的历史源流》，中央编译出版社 2008 年版。
28. 晏辉：《公共生活与公民伦理》，北京师范大学出版社 2007 年版。
29. 王振海：《民主与中国人》，北京广播电视出版社 1989 年版。
30. 何宗思：《中国人格病态批判》，中国社会出版社 2003 年版。
31. 肖川：《教育的理念与信念》，岳麓书社 2002 年版。
32. 茅于轼：《中国人的道德前景》，暨南大学出版社 2003 年版。
33. 应奇、刘训练：《公民共和主义》，东方出版社 2006 年版。
34. 贾新奇：《公民伦理教育的基础与方法》，北京师范大学出版社 2007 年版。
35. 焦国成：《公民道德论》，人民出版社 2004 年版。
36. 李萍：《公民日常行为的道德分析》，人民出版社 2004 年版。
37. 《陈独秀著作选》第 1 卷，上海人民出版社 1984 年版。
38. 江炳伦：《政治文化研究导论》，正中书局 1983 年版。
39. 方克立：《走向二十一世纪的中国文化》，山西教育出版社 1999 年版。
40. 吴增基：《中国人的社会心理与社会改革》，江苏教育出版社 1996 年版。

41. 朱汉民：《忠孝道德与臣民精神——中国传统臣民文化论析》，河南人民出版社 1994 年版。
42. 王浦劬：《政治学基础》，北京大学出版社 1995 年版。
43. 邵道生：《现代化的精神陷阱：嬗变中的国民心态》，知识产权出版社 2001 年版。
44. 朱日耀：《中国传统政治文化的现代思考》，吉林大学出版社 1990 年版。
45. 刘旺洪：《法律意识论》，法律出版社 2001 年版。
46. 姜汝真：《中国传统文化的历史阐释与现代价值》，山西教育出版社 1997 年版。
47. 荆学民：《社会转型与信仰重建》，山西教育出版社 1999 年版。
48. 任中平：《我国社会转型期人的问题》，西南交通大学出版社 2002 年版。
49. 罗归国：《中国现代化若干重大理论问题》，中共中央党校出版社 2004 年版。
50. 郑奋明：《现代化与国民素质》，广东人民出版社 2003 年版。
51. 邓晓芒：《灵之舞：中西人格的表演性》，东方出版社 1995 年版。
52. 袁传银：《小农意识与中国现代化》，武汉出版社 2008 年版。
53. 叶南客：《中国人的现代化》，南京出版社 1998 年版。
54. 武斌：《现代中国人：从过去走向未来》，辽宁大学出版社 1991 年版。
55. 袁洪亮：《人的现代化：中国近代国民性改造思想研究》，人民出版社 2005 年版。
56. 殷陆君：《人的现代化：心理·思想·态度·行为》，四川人民出版社 1985 年版。
57. 魏磊：《中国人的人格：从传统到现代》，贵州人民出版社 1988 年版。
58. 沙莲香：《社会学家的沉思：中国社会文化心理》，中国社会出版社 1998 年版。
59. 张明澍：《中国"政治人"：中国公民政治素质调查报告》，中国社会科学出版社 1994 年版。

60. 李勇锋：《变革中的文化心态：当代社会心理分析及传统文化的渗透作用》，国际文化出版公司 1988 年版。
61. 马守良：《大转折时期的社会心态》，浙江人民出版社 1996 年版。
62. 孙春山：《中国的个人崇拜：表现、危害、根源及克服的途径》，河南人民出版社 1994 年版。
63. 蔡拓、吴志成：《市场经济与政治发展——转型时期的中国政治》，福建人民出版社 1998 年版。
64. 杨海蛟：《政治意识论》，山西教育出版社 2001 年版。
65. 戚珩：《政治意识论》，浙江人民出版社 1995 年版。
66. 孙晓莉：《中国现代化进程中的国家与社会》，中国社会科学出版社 2001 年版。
67. 赵渭荣：《转型期的中国政治社会化研究》，复旦大学出版社 2001 年版。
68. 宋锦添：《自觉能动性研究》，中国人民大学出版社 1986 年版。
69. 施雪华：《政治现代化比较研究》，武汉大学出版社 2005 年版。
70. 刘汉东：《灵魂与程序：中国传统政治文化分析》，国际文化出版公司 1989 年版。
71. 吕元礼：《政治文化：转型与整合》，江西人民出版社 1999 年版。
72. 李培林：《现代西方社会的观念变革：巴黎读书记》，山东人民出版社 1993 年版。
73. 陆震：《中国传统社会心态》，浙江人民出版社 1996 年版。
74. 朱学勤：《书斋里的革命》，长春出版社 1999 年版。
75. 丛日云：《西方政治文化传统》，黑龙江人民出版社 2002 年版。
76. 李步云：《论人权》，社会科学文献出版社 2010 年版。
77. 朱晓宏：《公民教育》，教育科学出版社 2003 年版。
78. 徐邦友：《传统行政的逻辑》，中国经济出版社 2005 年版。
79. 施惠玲：《制度伦理研究论纲》，北京师范大学出版社 2003 年版。
80. 常健：《当代中国权利规范的转型》，天津人民出版社 2000 年版。
81. 赵军：《文化与时空：中西文化差异比较的一次求解》，中国人民大学出版社 1989 年版。
82. 刘承华：《文化与人格：对中西方文化差异的一次比较》，中国科学技术大学出版社 2002 年版。

83. 冯钢：《文化轨迹与社会变迁》，浙江大学出版社 1999 年版。
84. 陈序经：《东西文化观》，中国人民大学出版社 2004 年版。
85. 王振亚、王保贤：《政治文明与当代中国政治发展》，人民出版社 2006 年版。
86. 时延春：《公民政治素质研究》，郑州大学出版社 2004 年版。
87. 唐宏强：《国家与社会：传统东方法律的运动机理》，人民出版社 2008 年版。
88. 任剑涛：《从自在到自觉：中国国民性探讨》，陕西人民出版社 1992 年版。
89. 姚蜀平：《现代化与文化的变迁》，陕西科学技术出版社 1988 年版。
90. 宫志刚：《社会转型与秩序重建》，中国人民公安大学出版社 2004 年版。
91. 侯建新：《社会转型时期的西欧与中国》，高等教育出版社 2005 年版。
92. 李淑梅：《社会转型与人的现代重塑》，山西教育出版社 1998 年版。
93. 刘玉照、张敦福：《社会转型与结构变迁》，上海人民出版社 2007 年版。
94. 王乐理：《政治文化导论》，中国人民大学出版社 2000 年版。
95. 吕元礼：《政治文化：传统与现代的会通》，人民出版社 2004 年版。
96. 黄育馥：《人与社会：政治社会化问题在美国》，辽宁人民出版社 1986 年版。
97. 孙左花：《中西方传统政治文化简论》，山西人民出版社 2002 年版。
98. 马庆钰：《告别西西弗斯：中国政治文化分析与展望》，中国社会科学出版社 2002 年版。
99. 刘永佶：《中国文化现代化》，河北大学出版社 1997 年版。
100. 潘一禾：《观念与体制：政治文化的比较研究》，学林出版社 2002 年版。
101. 杨国荣：《现代化过程的人文向度》，上海古籍出版社 2006 年版。
102. 胡承槐：《现代化：过程、特征与回应》，浙江人民出版社 2000 年版。

103. 张德祥：《现代化与精神境遇》，广西教育出版社 1999 年版。
104. 陈义平：《政治人：模铸与发展》，安徽大学出版社 2002 年版。
105. 柏维春：《政治文化传统：中国和西方对比分析》，东北师范大学出版社 2001 年版。
106. 刘学军：《政治文明的文化视角：中国现代化进程中的政治文化走向》，江西高校出版社 2004 年版。
107. 丁青、刘东：《中国传统文化的现代转换》，四川人民出版社 1991 年版。
108. 金耀基：《从传统到现代》，中国人民大学出版社 1998 年版。
109. 曹德华：《中国传统政治文化的现代价值》，清华大学出版社 2006 年版。
110. 郑永廷：《人的现代化理论与实践》，人民出版社 2006 年版。
111. 刘雪松：《公民文化与法治秩序》，中国社会科学出版社 2007 年版。
112. 史卫民、雷兢璇：《直接选举：制度与过程》，中国社会科学出版社 1999 年版。
113. 刘军宁：《民主与民主化》，商务印书馆 1999 年版。
114. 袁银传：《小农与中国现代化》，武汉出版社 2000 年版。
115. 公丕祥：《权利现象的逻辑》，山东人民出版社 2002 年版。
116. 高兆明：《制度公正论》，上海文艺出版社 2001 年版。
117. 许纪霖：《共和、社群与公民》，江苏人民出版社 2004 年版。
118. 徐新：《西方文化史》，北京大学出版社 2002 年版。
119. 马啸原：《西方政治思想史纲》，高等教育出版社 1997 年版。
120. 董炯：《国家、公民与行政法》，北京大学出版社 2001 年版。
121. 刘玉安：《西方政治思想史》，山东大学出版社 2003 年版。
122. 李海青：《法的信仰》，知识产权出版社 2008 年版。
123. 《毛泽东选集》第 4 卷，人民出版社 1991 年版。
124. 季卫东：《宪政新论》，北京大学出版社 2002 年版。
125. 马长山：《法治的社会根基》，中国社会科学出版社 2003 年版。
126. 汪辉：《文化与公共性》，生活·读书·新知三联书店 1998 年版。
127. 葛荃：《中国政治文化教程》，高等教育出版社 2006 年版。

128. 陈振明：《政治学》，中国社会科学出版社1999年版。
129. 常健：《当代中国权利规范的转型》，天津人民出版社2000年版。

二　中文译著

1. ［德］黑格尔：《精神现象学》，王诚等译，中国社会科学出版社2007年版。
2. ［德］雅斯贝尔斯：《什么是教育》，邹进译，生活·读书·新知三联书店1991年版。
3. ［德］马克斯·韦伯：《新教伦理与资本主义精神》，彭强等译，陕西师范大学出版社2002年版。
4. ［奥地利］赖因哈德·西德尔：《家庭的社会演变》，王志乐等译，商务印书馆1996年版。
5. ［德］斐迪南·滕尼斯：《共同体与社会》，林荣远译，商务印书馆1999年版。
6. ［德］黑格尔：《历史哲学》，王造时译，上海书店出版社2001年版。
7. ［德］黑格尔：《法哲学原理》，张企泰译，商务印书馆1961年版。
8. ［德］马克思：《1844年经济学—哲学手稿》，刘丕坤译，人民出版社1979年版。
9. ［古希腊］亚里士多德：《政治学》，吴寿彭译，商务印书馆1965年版。
10. ［古希腊］修昔底德：《伯罗奔尼撒战争史》，谢德风译，商务印书馆1960年版。
11. ［古罗马］西塞罗：《西塞罗三论》，徐奕春译，商务印书馆1998年版。
12. ［古罗马］西塞罗：《论共和国　论法律》，王焕生译，中国政法大学出版社1997年版。
13. ［美］阿历克斯·英格尔斯：《人的现代化》，段陆君编译，四川人民出版社1985年版。
14. ［美］亨廷顿：《变化社会的政治秩序》，张岱云等译，上海译文出版社1989年版。

15. ［美］T. 帕森斯：《现代社会的结构与过程》，梁向阳译，光明日报出版社 1988 年版。
16. ［美］约翰·罗尔斯：《政治自由主义》，万俊人译，译林出版社 2000 年版。
17. ［美］阿尔蒙德：《公民文化——五国的政治态度和民主制》，马殿君等译，浙江人民出版社 1989 年版。
18. ［美］亨廷顿、哈里森主编：《文化的重要作用：价值观如何影响人类进步》，程克雄译，新华出版社 2002 年版。
19. ［美］阿尔蒙德：《比较政治学：体系、过程和政策》，曹沛霖译，东方出版社 2007 年版。
20. ［美］乔治·萨拜因：《政治学说史》，邓正来译，上海人民出版社 2010 年版。
21. ［美］汤普逊：《中世纪社会经济史》（上），耿淡如译，商务印书馆 1961 年版。
22. ［美］伯尔曼：《法律与革命》，贺卫方等译，中国大百科全书出版社 1993 年版。
23. ［美］托马斯·雅诺斯基：《公民与文明社会》，柯雄译，辽宁教育出版社 2000 年版。
24. ［美］列奥·施特劳斯、约瑟夫·克罗波西：《政治哲学史》，李天然等译，河北人民出版社 1993 年版。
25. ［美］安德森：《想象的共同体》，吴叡人译，上海人民出版社 2003 年版。
26. ［美］斯蒂芬·L. 埃尔金：《新宪政论：为美好的社会设计政治制度》，周叶谦译，生活·读书·新知三联书店 1997 年版。
27. ［美］罗伯特·A. 达尔：《现代政治分析》，王沪宁译，上海译文出版社 1987 年版。
28. ［美］奥斯特罗姆：《制度分析与发展的反思》，王诚等译，商务印书馆 1992 年版。
29. ［美］埃德加·博登海默：《法理学：法律哲学和方法》，张智仁译，上海人民出版社 1992 年版。
30. ［美］L. A. 怀特：《文化与进化》，韩建军等译，浙江人民出版社

1987 年版。

31. ［美］布莱克：《现代化的动力》，段小光译，四川人民出版社 1988 年版。

32. ［美］阿历克斯·英格尔斯：《从传统人到现代人》，顾昕译，中国人民大学出版社 1992 年版。

33. ［美］巴林顿·摩尔：《民主与专制的社会起源》，拓夫等译，华夏出版社 1987 年版。

34. ［美］杜威：《民主主义与教育》，王承绪译，人民教育出版社 1990 年版。

35. ［美］杜威：《我们怎样思维·经验与教育》，赵祥麟译，人民教育出版社 1991 年版。

36. ［美］詹姆士：《实用主义》，陈羽纶译，商务印书馆 1979 年版。

37. ［美］威廉·F. 斯通：《政治心理学》，胡杰译，黑龙江人民出版社 1987 年版。

38. ［美］萨托利：《民主新论》，冯克利等译，东方出版社 1998 年版。

39. ［美］卡罗尔·佩特曼：《参与和民主理论》，陈尧译，上海世纪出版集团 2006 年版。

40. ［美］塞缪尔·P. 亨廷顿、琼·纳尔逊：《难以抉择：发展中国家的政治参与》，汪晓寿等译，华夏出版社 1989 年版。

41. ［美］约翰·克莱顿·托马斯：《公共决策中的公民参与》，孙柏瑛等译，中国人民大学出版社 2005 年版。

42. ［美］诺斯：《制度、制度变迁与经济绩效》，刘守英译，生活·读书·新知三联书店 1994 年版。

43. ［美］A. 麦金太尔：《德性之后》，龚群等译，中国社会科学出版社 1995 年版。

44. ［美］克鲁克洪：《文化与个人》，高佳译，浙江人民出版社 1986 年版。

45. ［美］理查德·C. 博克斯：《公民治理》，孙柏瑛等译，中国人民大学出版社 2005 年版。

46. ［美］布罗姆利：《经济利益与经济制度》，陈郁等译，上海三联书店 2006 年版。

47. ［美］本尼迪克特：《文化模式》，王炜等译，上海三联书店 1988 年版。

48. ［美］汉密尔顿：《联邦党人文集》，程逢如等译，商务印书馆 1980 年版。

49. ［美］卡尔·戴格勒：《一个民族的足迹》，王尚胜等译，辽宁大学出版社 1991 年版。

50. ［美］菲利克斯·格罗斯：《公民与国家》，王建娥等译，新华出版社 2003 年版。

51. ［法］卢梭：《社会契约论》，何兆武译，商务印书馆 1997 年版。

52. ［法］孟德斯鸠：《论法的精神》（上册），张雁深译，商务印书馆 1961 年版。

53. ［法］迪尔凯姆：《社会分工论》，渠东译，生活·读书·新知三联书店 2000 年版。

54. ［法］卢梭：《论人类不平等的起源和基础》，高煜译，广西师范大学出版社 2002 年版。

55. ［法］托克维尔：《论美国的民主》，董果良译，商务印书馆 1988 年版。

56. ［法］贡斯当：《古代人的自由与现代人的自由》，阎克文等译，上海人民出版社 2005 年版。

57. ［荷］斯宾诺莎：《神学政治论》，温锡增译，商务印书馆 1963 年版。

58. ［荷］格劳秀斯：《战争与和平法》，何勤华等译，上海人民出版社 2005 年版。

59. ［日］蒲岛郁夫：《政治参与》，解莉莉译，北京经济日报出版社 1989 年版。

60. ［意］葛兰西：《狱中札记》，曹雷雨等译，中国社会科学出版社 2000 年版。

61. ［苏联］伊·谢·科恩：《自我论：个人与个人自我意识》，佟景韩译，生活·读书·新知三联书店 1986 年版。

62. ［爱尔兰］J. M. 凯利：《西方法律思想简史》，王笑红译，法律出版社 2002 年版。

63. ［英］维特根斯坦：《文化和价值》，黄正东等译，清华大学出版社 1987 年版。
64. ［英］马林诺夫斯基：《文化论》，费孝通译，中国民间文艺出版社 1987 年版。
65. ［英］格雷厄姆·沃拉斯：《政治中的人性》，朱曾汶译，商务印书馆 1995 年版。
66. ［英］泰勒：《文化之定义》，顾晓鸣译，浙江人民出版社 1987 年版。
67. ［英］德里克·希特：《何谓公民身份》，郭中华译，吉林出版集团有限责任公司 2007 年版。
68. ［英］阿克顿：《自由与权力》，侯健等译，商务印书馆 2001 年版。
69. ［英］鲍桑葵：《关于国家的哲学理论》，王淑均译，商务印书馆 1997 年版。
70. ［英］戴维·赫尔德：《民主的模式》，燕继荣等译，中央编译出版社 1998 年版。
71. ［英］戴维·米勒、韦农·波格丹诺编：《布莱克维尔政治学百科全书》，邓正来译，中国政法大学出版社 2002 年版。
72. ［英］J. S. 密尔：《代议制政府》，汪瑄译，商务印书馆 2007 年版。
73. ［英］威廉·葛德文：《政治正义论》，商务印书馆 1980 年版。
74. ［英］恩靳·伊辛、布雷恩·特纳：《公民权研究手册》，王小章译，浙江人民出版社 2007 年版。
75. ［英］梅因：《古代法》，沈景一译，商务印书馆 1959 年版。
76. ［英］沃克：《牛津法律大辞典》，北京社会与科技发展研究所译，光明日报出版社 1988 年版。
77. ［德］康德：《法的形而上学原则：权利的科学》，沈叔平译，商务印书馆出版 1997 年版。
78. ［英］洛克：《政府论》（下），叶启芳等译，商务印书馆 1964 年版。
79. ［英］鲍桑葵：《关于国家的哲学理论》，王淑均译，商务印书馆 1997 年版。
80. ［英］霍布斯：《利维坦》，吴福刚译，中国社会科学出版社 1999

年版。

81. ［英］约翰·麦克里兰：《西方政治思想史》，彭怀栋译，海南出版社 2003 年版。

82. ［德］哈贝马斯：《公共领域的结构转型》，曹卫东等译，上海学林出版社 2004 年版。

83. ［德］汉娜·阿伦特：《人的条件》，竺乾威译，上海人民出版社 1999 年版。

三　期刊文章

1. 公丕祥、李义生：《商品经济与政治文化观念》，《政治学研究》1987 年第 5 期。
2. 赵来文：《西方"公民文化"之政治文化传统论评》，《东北师大学报》（哲学社会科学版）2008 年第 3 期。
3. 许章润：《国家理性与公民理性建设》，《中国法律》2013 年第 1 期。
4. 刘泽华、葛荃：《中国传统政治文化导论》，《天津社会科学》1989 年第 2 期。
5. 赵军：《如何认识政治文化及其研究的社会意义》，《政治学研究》1987 年第 3 期。
6. 张慧卿：《公民文化：从政治文化的角度解析政治文明》，《海南大学学报》（人文社会科学版）2004 年第 2 期。
7. 巴凤琴、王世岚：《论培养公民的独立人格问题》，《辽宁大学学报》（哲学社会科学版）2002 年第 6 期。
8. 戚珩：《政治文化结构剖析》，《政治学研究》1988 年第 4 期。
9. 董敏志：《从臣民到公民：角色转换界及其生成与发展》，《江苏行政学院学报》2003 年第 3 期。
10. 郑敬高：《从三个层面看中国传统文化的特质》，《政治学研究》1989 年第 4 期。
11. 胡象明：《政治体制改革中的文化障碍及其克服途径》，《社会主义研究》1989 年第 4 期。
12. 俞可平：《政治文化论要》，《人文杂志》1989 年第 2 期。
13. 俞可平：《中国当代政治文化的基本格局与主要特征》，《学术研究》

1989 年第 2 期。

14. 孙晓春：《平均主义与中国传统政治心态》，《天津社会科学》1992 年第 3 期。

15. 张积家、刘国华：《论公民理性的结构及其形成》，《烟台师范学院学报》（哲社版）1994 年第 4 期。

16. 王存刚：《试论培养现代化的公民理性》，《理论与现代化》1995 年第 12 期。

17. 刘彤：《论政治文化的内涵与结构》，《政治学研究》1996 年第 1 期。

18. 红卫：《论中国现代政治参与模式的演变及发展趋势》，《黑龙江社会科学》2009 年第 3 期。

19. 冯钢：《政治文化与西方政治发展理论》，《浙江大学学报》1997 年第 1 期。

20. 王卓君：《政治文化研究的缘起、概念和意义评价》，《南京大学学报》1997 年第 2 期。

21. 张浚：《政治文化研究的背景及其思想渊源》，《政治学研究》1998 年第 2 期。

22. 王运生：《中国转型时期政治文化对政治稳定的二重作用》，《政治学研究》1998 年第 2 期。

23. 马庆钰：《论家长本位与权威主义人格》，《中国人民大学学报》1998 年第 5 期。

24. 马庆钰：《中国传统政治文化发展的发展逻辑》，《政治学研究》1998 年第 5 期。

25. 金太军：《论中国传统文化的政治社会化机制》，《政治学研究》1992 年第 2 期。

26. 赵红卫：《论中国现代政治参与模式的演变及发展趋势》，《黑龙江社会科学》2009 年第 3 期。

27. 丛日云：《构建公民文化——面向 21 世纪中国政治学研究的主题》，《理论与现代化》1999 年第 12 期。

28. 姜涌：《中国的"公民理性"问题思考》，《山东大学学报》（哲学社会科学版）2001 年第 4 期。

29. 毛德胜：《探讨移动互联时代公民理性"发声"机制》，《新闻研究导刊》2016 年第 13 期。
30. 李传柱：《论当代中国公民政治文化的历史演进》，《理论学刊》2001 年第 2 期。
31. 魏健馨：《论公民、公民理性与法治国家》，《政治与法律》2004 年第 1 期。
32. 徐长安、宋新夫：《传统法律心理对培养现代公民理性的二重作用》，《社会科学》2002 年第 8 期。
33. 朱军勇：《浅析当代中国公民理性的生成机制》，《学术前沿》2009 年第 3 期。
34. 孙西克：《政治文化与政策选择》，《政治学研究》1988 年第 4 期。
35. 王帆宇：《网络政治空间背景下的公民理性政治参与之道——基于政府善治的视角》，《行政论坛》2013 年第 5 期。
36. 赵志刚、孙绍燕：《中国现代化进程中的政治文化建设》，《西安电子科技大学学报》（社会科学版）2002 年第 3 期。
37. 丁春芳：《政治文化与政治发展》，《政治学研究》1988 年第 5 期。
38. 鲁洁：《教育：人之自我建构的实践活动》，《教育研究》1998 年第 9 期。
39. 马庆钰：《公民文化建设的价值尺度》，《文史哲》2003 年第 3 期。
40. 黄海昀、王素平：《构建我国公民理性生成机制的探析》，《河北法学》2003 年第 3 期。
41. 沙季超：《增强公民理性法律意识的路径与对策》，《湖州师范学院学报》2014 年第 5 期。
42. 曹雪：《重新认识公共利益：公民理性的形成》，《法制与社会》2009 年第 3 期。
43. 张康之：《政治文化：功能与结构》，《中国人民大学学报》1999 年第 1 期。
44. 张华青：《论政治现代化与公民文化》，《复旦学报》（社会科学版）2003 年第 1 期。
45. 储建国：《市场经济、私人领域和民主政治》，《武汉大学学报》（哲学社会科学版）1999 年第 1 期。

46. 王希泉：《从历史视角看中国公民理性的发展》，《前沿》2004 年第 11 期。
47. 金艳：《我国公民理性培养的现实基础分析》，《社会主义研究》2004 年第 4 期。
48. 鲁品越：《中国历史进程与私人领域之建构》，《中国社会科学季刊》1994 年夏季卷。
49. 程寿：《论制度正义与道德自觉》，《四川行政学院学报》2004 年第 1 期。
50. 刘小兰：《论政治文明建设进程中公民理性的发展》，《经济与社会发展》2004 年第 12 期。
51. 张华青：《论社会转型期的公民文化发展》，《当代世界社会主义问题》2004 年第 4 期。
52. 朱日耀：《中国传统政治文化的结构及其特点》，《政治学研究》1987 年第 6 期。
53. 吕元礼、李波婷：《现代民主社会的公民精神》，《社会科学家》2004 年第 6 期。
54. 张青兰、李建生：《论公民人格的价值内涵》，《南昌大学学报》（人社版）2004 年第 2 期。
55. 李萍：《论公共意识的培养》，《北京行政学院学报》2004 年第 2 期。
56. 胡弘弘：《论公民理性的内涵》，《江汉大学学报》（人文科学版）2005 年第 1 期。
57. 靳志高：《当代中国公民理性的生成机制探析》，《理论与改革》2005 年第 1 期。
58. 刘义昆：《公民新闻发展与公民理性培育》，《新闻传播》2013 年第 10 期。
59. 汤啸天：《引导公民理性有序表达意愿》，《社会观察》2005 年第 3 期。
60. 刘世慧：《当前我国公民教育面临的困难及出路》，《山西师大学报》（社会科学版）2005 年第 3 期。
61. 顾成敏：《当代西方公民德性理论与我国公民精神的建构》，《北京科技大学学报》（社会科学版）2005 年第 3 期。

62. 蔡晓兰：《论转型社会期民众公德伦理与公民理性培养》，《理论导刊》2005 年第 7 期。

63. 张雪：《试论公民理性的培养》，《华南师范大学学报》（社会科学版）2005 年第 2 期。

64. 周国文：《公共性与公民伦理》，《人文杂志》2005 年第 5 期。

65. 杨金颖：《公民理性：法治社会的保障》，《理论与现代化》2005 年第 4 期。

66. 李洁珍、叶锦萍：《公民理性的法治功能及其实现》，《江西社会科学》2005 年第 11 期。

67. 辛世俊：《我国公民权利意识淡薄的原因》，《南都学坛》（南阳师范学院人文社会科学学报）2005 年第 1 期。

68. 张民省：《公民理性与中国现代化》，《山西大学学报》（哲学社会科学版）2005 年第 2 期。

69. 祝小宁：《韩国公民民主意识培养的成果与经验》，《河北理工学院学报》（社会科学版）2005 年第 2 期。

70. 张健：《公民理性内涵：公民现象的反思与公民特质的认同》，《人文杂志》2009 年第 1 期。

71. 曾盛聪：《论中国现代化进程中的公民伦理》，《社会科学》2005 年第 2 期。

72. 邓正来、景跃进：《建构中国的私人领域》，《中国社会科学季刊》创刊号。

73. 张昌林：《共和主义的公民身份理念及其价值》，《武汉理工大学学报》（社会科学版）2008 年第 5 期。

74. 赵映诚：《古希腊社会私人领域与公民精神》，《学术论坛》2005 年第 5 期。

75. 徐雪平：《论中国现代化进程中的公民日常生活伦理》，《经济与社会发展》2006 年第 3 期。

76. 马长山：《俄罗斯的私人领域诉求与"法治国家"定位》，《求是学刊》2003 年第 1 期。

77. 黎玉琴：《论当代中国社会中的公民精神》，《当代世界与社会主义》

2006 年第 5 期。

78. 邓新年:《论当代中国公民伦理建构的基本特征》,《湖南社会科学》2006 年第 6 期。

79. 姜淼:《论我国公民文化建设的意义》,《经济与社会发展》2006 年第 12 期。

80. 林修果:《论中国现代化进程中的契约精神》,《福建论坛》(人文社会科学版) 2006 年第 1 期。

81. 刘须宽:《从伦理视野审视中国公民观》,《伦理学研究》2006 年第 3 期。

82. 李艳霞:《西方公民身份的历史演进与当代拓展》,《厦门大学学报》(哲学社会科学版) 2006 年第 3 期。

83. 姚庆武:《人民民主的实现与公民理性的培养》,《实事求是》2009 年第 2 期。

84. 谢桂娟:《试析我国公民政治文化的建构》,《东疆学刊》2006 年第 3 期。

85. 刘起军:《试论社会转型时期公民文化权益保障》,《湖南社会科学》2006 年第 6 期。

86. 杜永明:《专制政治与中国古代臣民的社会心理》,《内蒙古社会科学》(汉文版) 2006 年第 5 期。

87. 李朝祥:《公民政治意识作用的逻辑》,《政治学研究》2007 年第 5 期。

88. 俞睿、皋艳:《公民理性:中国政治现代化的驱动力》,《求实》2006 年第 1 期。

89. 李艳霞:《公民资格视域中中国公民理性发展基础初探》,《人文杂志》2007 年第 3 期。

90. 郭嘉汾:《公民理性教育与社会私人领域的培养》,《法制与社会》2008 年第 7 期。

91. 朱白薇:《中国现代化进程中的公民理性》,《经济与社会发展》2007 年第 3 期。

92. 金友渔:《现代"社会私人领域"公共生活之意义彰显与民众公共人格的养成》,《人文杂志》2007 年第 6 期。

93. 晏辉：《公共生活与公民伦理》，《河北学刊》2007 年第 2 期。
94. 姜磊、戴烽：《公共意识的人文视界》，《兰州学刊》2007 年第 7 期。
95. 刘鑫淼：《公共意识：现代公民的核心品质》，《经济与社会发展》2007 年第 6 期。
96. 章秀英：《公民理性结构研究》，《心理科学》2009 年第 3 期。
97. 王南湜：《日常生活理论视野中的现代化图景》，《天津社会科学》1995 年第 5 期。
98. 马文辉：《论政治文化的实质与属性》，《政治学研究》1996 年第 4 期。
99. 梅萍：《论公民的主体意识与现代公民教育机制》，《中南民族大学学报》（人文社会科学版）2007 年第 4 期。
100. 李洁珍：《论伦理秩序，法治秩序与公民理性》，《求实》2007 年第 5 期。
101. 柳伍氏：《当代中国公民政治参与的五大特征》，《学术探索》2004 年第 9 期。
102. 马长山：《塑造公民文化促进和谐秩序》，《山东社会科学》2007 年第 10 期。
103. 程建平：《中国文化转型的路径分析》，《河南师范大学学报》（哲学社会科学版）2007 年第 4 期。
104. 邵龙宝：《中西方社会私人领域的历史嬗变及其文化传统之比较》，《同济大学学报》（社会科学版）2008 年第 4 期。
105. 夏金华：《民主催生下的公民理性》，《法制与社会》2009 年第 1 期。
106. 王琼：《论五四时期中国社会的公民观念启蒙》，《北方论丛》2008 年第 5 期。
107. 尹学朋：《从公民教育角度看公民文化发展》，《湖北社会科学》2008 年第 11 期。
108. 彭定光：《论公民政治参与的道德性》，《理论与现代化》2006 年第 4 期。
109. 李鸿渊：《政治参与视野下的公民理性培养》，《法制与社会》2008

年第 9 期。

110. 陈振明、李东云：《"政治参与"概念辨析》，《东南学术》2008 年第 4 期。

111. 梁纪毅：《公民理性发展：扩大公民有序政治参与的关键》，《江西师范大学学报》（哲学社会科学版）2008 年第 5 期。

112. 邰会远：《当前我国非制度化政治参与问题探析》，《云南行政学院学报》2005 年第 2 期。

113. 杨雅杰：《网络民粹主义行为映射下公民理性的缺失》，《今传媒》2017 年第 2 期。

114. 颜峰：《亚里士多德公民理性思想对现代公民教育的启示》，《贵州社会科学》2011 年第 1 期。

115. 张舒婷：《当代中国公民理性构建探究》，《四川文理学院学报》2011 年第 3 期。

116. 王新强：《公民理性、政府善治与国家治理现代化》，《湖北行政学院学报》2014 年第 3 期。

117. 黄晓妹：《论公民理性与法治文明》，《老区建设》2016 年第 14 期。

118. 杨瑞萍：《公民理性视野下的微信公共秩序》，《北京邮电大学学报》（社会科学版）2016 年第 4 期。

119. 胡东：《公权力运行宽容与公民理性政治参与的实现》，《求是学刊》2008 年第 4 期。

120. 王强：《塑造公民理性法律意识推进中国法治进程》，《学术交流》2003 年第 2 期。

后 记

经过两年的坚持和努力，本书终于完成，回想这段时间的写作历程，感慨万千。写作的过程既充满了艰辛，同时也是乐在其中。公民理性研究是一个很大的主题，它和社会领域的很多方面都息息相关，写作开始时真的是毫无头绪，后来通过阅读大量相关的中西方著作以及近些年来的研究动态和成果才逐步深入地了解了这一领域。在分析之前研究成果的基础上，重新确立自己的研究方案和研究内容，在这个过程中我的导师孔令栋老师给了我很多重要的意见，也肯定了我的这一研究方向，这给了我很大的研究勇气。在写作的过程中，通过与同学的交流，也获得了很多启发，在这里我深深地感谢老师和同学对我的帮助。对于自身来讲，研究的过程同时也是享受的过程。每天都需要面对新的问题和挑战，需要大量的阅读和思考，需要严密的规划和设计。对于每一个小问题，从一开始的模模糊糊到后来的越来越清晰，每一次问题的解决都感到由衷的兴奋，这个探索的过程让我受益颇多。随着著作一天一天的完善和成型，我深深地感受到了付出的意义。学术之路漫长，未来还将重新出发，继续努力。

曲丽涛

2018 年 1 月 3 日